PIERLUIGI ROMEO DI COLLOREDO MELS

VENEZIA 1848- 1849
ASPETTI MILITARI DI UN ASSEDIO DEL XIX SECOLO

SPS 038

AUTORE:

Pierluigi Romeo di Colloredo Mels, archeologo e storico militare, è nato a Roma nel 1966. Capitano dei Granatieri (Riserva Selezionata) è uno dei più importanti storici militari italiani, autore di fondamentali lavori sulle unità combattenti delle Camicie Nere in Etiopia, Spagna e Fronte Orientale, sulle guerre fasciste e sulla Grande Guerra, tra cui la più accurata biografia di Luigi Cadorna.
Per Soldiershop ha pubblicato : *Cuil Lodhair, la fine dei clan; Montecelio 1498. La battaglia dimenticata; Rodolfo di Colloredo. Un Feldmaresciallo italiano nella Guerra dei trent'Anni.*

NOTE AI LETTORI - PUBLISHING NOTE

Tutto il contenuto dei nostri libri, in qualsiasi forma prodotti (cartacei, elettronici o altro) è copyright Soldiershop.com. I diritti di traduzione, riproduzione, memorizzazione con qualsiasi mezzo, digitale, fotografico, fotocopie ecc. sono riservati per tutti i Paesi. Nessuna delle immagini presenti nei nostri libri può essere riprodotta senza il permesso scritto di Soldiershop.com. L'Editore rimane a disposizione degli eventuali aventi diritto per tutte le fonti iconografiche dubbie o non identificate. I marchi Soldiershop Publishing ©, e i nomi delle nostre collane - Soldiers&Weapons, Battlefield e War in Colour sono di proprietà di Soldiershop.com; di conseguenza qualsiasi uso esterno non è consentito.

None of images or text of our book may be reproduced in any format without the expressed written permission of Soldiershop.com. The publisher remains to disposition of the possible having right for all the doubtful sources images or not identifies. Our trademark: Soldiershop Publishing ©, The names of our series: Soldiers&Weapons, Battlefield, War in colour, PaperSoldiers, Soldiershop e-book etc. are herein © by Soldiershop.com.

STORIA

ISBN: 9788893271967   1st edition Gennaio 2017

Title: - **VENEZIA 1848-1849   Aspetti militari di UN assedio nel XIX secolo (SPS-038)**
by Pierluigi Romeo di Colloredo Mels. Editor: Soldiershop publishing - Cover & Art Design: Luca S. Cristini.

Cover: Torre di San Martino della Battaglia. Affresco di Vittorio Emanuele Bressanin (1860-1941), particolare assedio di Venezia.

▲ La liberazione di Manin e Tommaseo dalle carceri di Venezia, 17 marzo 1848

VENEZIA 1848-1849
ASPETTI MILITARI DI UN ASSEDIO DEL XIX SECOLO

In appendice:
CARLO MEZZACAPO
GIORNALE DELL'ARTIGLIERIA NELLA DIFESA DI MARGHERA AVANTI ALL'ASSEDIO GENERALE DI VENEZIA (1859)

INDICE:

Premessa	Pag. 5
La rivoluzione nazionale a Venezia	Pag. 7
L'ora di Carlo Alberto	Pag. 23
Venezia torna Repubblica	Pag. 35
Bandiera rossa su San Marco	Pag. 43
Forte Marghera e la Sortita di Mestre	Pag. 51
Venezia resisterà all'Austriaco ad ogni costo	Pag. 59
L'assedio di Marghera	Pag. 63
Venezia bombardata	Pag. 65
La fine	Pag. 75
Appendice: Armata Veneta	Pag. 83
Appendice 2: Diario di Carlo Mezzacapo	Pag. 95
Cronologia	Pag. 133
Bibliografia	Pag. 135

PREMESSA

Io amo tutti, amo l'Italia, odio solo i nemici d'Italia.
Alessandro Poerio, Venezia 27 ottobre 1848.

La storia delle insurrezioni europee del 1848 è assai ben studiata, e dovrebbe essere nota; eppure, per quanto riguarda l'Italia, negli ultimi vent'anni è calata su di essa una torpida coltre di ignoranza e di luoghi comuni legati a sciagurate riletture in chiave clerico- reazionaria e nostalgica dell'*Austria [in]felix* in una visione da oleografia da film di Sissi, ben diversa dalla realtà storica ed ancor più sciagurate, e storicamente assurde, interpretazioni localistiche, e nel caso della Repubblica Veneta, secessioniste e federaliste.

Eppure si tratta di uno dei momenti più interessanti del risveglio nazionale iniziatosi sotto la dominazione napoleonica e destinato a culminare, anche se a qualcuno spiace, con la vittoria di quella che Metternich aveva definita espressione geografica, sulla duplice monarchia danubiana sulle sponde del Piave nel novembre 1918.

Potrà essere duro da mandare giù per qualcuno, ma è così.

Basti pensare che, con i soldi pubblici, la regione Veneto ha diffuso un volumetto sul plebiscito del 1866 per denunciarne, centocinquant'anni dopo, la falsità: come se l'Austria, dopo Campoformido o dopo il Congresso di Vienna si fosse preoccupata di organizzare, vera o falsa che sia stata negli esiti, una simile consultazione.

Ignorando, peraltro, che si trattava del secondo plebiscito del genere, e che il primo si era tenuto il 12 maggio del 1848 *per decidere se entrare o no a far parte di un Regno dell'Alta Italia* [sotto Carlo Alberto, ndA]. *La consultazione dette un esito schiacciante a favore della fusione*, come scrive lo storico britannico Paul Ginsborg, il massimo biografo di Manin[1]. E ciò malgrado le riserve repubblicane dello stesso Manin e la lontananza dell'esercito sabaudo.

Come scrisse il francese Alexandre le Masson nel 1851,

Nel vedere il governo [della Repubblica Veneta] *ricusare di entrare in quella via* [l'adesione al regno di Carlo Alberto] *ed ostinarsi a conservare la sua repubblica, senza alcun riguardo per il paese, quattro delle otto provincie venete, Treviso, Padova Vicenza e Rovigo, protestarono formalmente e, seguendo l'esempio della Lombardia, aprirono dei registri su cui tutti i cittadini corsero ad inscrivere i loro voti, che furono presso a poco unanimi per la fusione*[2].

Parole scritte quindici anni prima del fatidico 1866…

Nel 1848, per essere chiari, nel Nord Italia c'è un regime malvisto, che sfrutta economicamente il Lombardo- Veneto usandolo come serbatoio per la tassazione, la più alta dell'Impero, imponendo forti dazi doganali e utilizzandolo come sbocco dei prodotti d'Austria, Boemia e Ungheria e per la leva militare, che dura otto anni, con un sistema che è ben lontano dall'efficienza millantata nei ricordi di vecchi catarrosi e brontoloni. Terra di fame: moltissimi veneziani hanno diritto all'assistenza dello stato, e il regno è amministrato come una colonia da funzionari in gran parte di lingua tedesca o slava. Solo l'Imperial Regia Marina è veneta: e lo si vedrà il 22 marzo del '48 con il passaggio al completo dei suoi uomini nelle file repubblicane.

E quale fosse lo spirito con cui i veneziani guardassero i loro padroni (le *patate porche*) lo dicono

---

[1] P. Ginsborg, *Venezia, l'Italia e l'Europa nel 1848- 1849*, in A. Bernardello, P. Brunello, P. Ginsborg, *Venezia 1848-49. La rivoluzione e la difesa*, Venezia 1979, p. 28.

[2] A. Le Masson, *Venise en 1848 et 1849*, Paris 1851 (trad.it. Venezia [ma in realtà Lugano] 1851), p. 55. E aggiunge: *Le intenzioni però del governo* [veneto] *erano poco leali;* **conoscendo l'opinione delle masse troppo favorevole per il Piemonte**, *non volle aprire dei registri come si era praticato da per tutto, e preferì di convocare un'assemblea, incaricata di decidere la questione, e sulla quale calcolava di esercitare più facilmente la sua influenza* (ivi. Il neretto è nostro, ndA).

poche righe del miglior storico veneziano degli ultimi decenni, Alvise Zorzi, patrizio di Casa Vecchia e conoscitore come pochi della storia della sua città:

La consegna non scritta della popolazione era l'astensione da ogni rapporto con gli Austriaci, ma anche da ogni manifestazione di festa e di allegria: l'unica volta che [l'imperatrice] Elisabetta era andata a teatro, al Goldoni, non c'erano che Austriaci, ufficiali e spie, e c'era soltanto una famiglia veneziana[3].

Ma non sarà, il nostro, un lavoro polemico: semmai un racconto asciutto il più possibile, basato sugli avvenimenti militari in primis, ma anche politici, con i documenti riportati nel testo, così come molte testimonianze coeve dei protagonisti. Si tratta di materiale assai poco noto al di fuori della cerchia degli specialisti, per lo più riprodotto qui per la prima volta da oltre un secolo e mezzo. La seconda parte è dedicata all'episodio più importante, forse, dell'intero ciclo operativo: l'assedio di Forte Marghera, che resistette per un mese alla migliore artiglieria europea, quella uscita dalle riforme di Liechtenstein e Colloredo, che pure disponeva di un numero assai superiore di pezzi più moderni e più potenti: abbiamo riportato per intero il *Diario dell'Artiglieria durante l'assedio di Marghera* del generale napoletano Carlo Mezzacapo, che diresse l'artiglieria veneta durante le operazioni, e che divenne poi, primo meridionale, ministro della guerra del regno d'Italia e vicepresidente del Senato del Regno nel 1904.

Documento eccezionale, mai più ripubblicato dopo il 1859 e che vale la pena di essere riportato all'attenzione degli appassionati di storia militare. Una descrizione giorno per giorno, notte per notte, di un assedio del XIX secolo, che secondo le aspettative austriache sarebbe dovuto durare una sera e invece durò un mese.

Seguono le relazioni ufficiali delle due parti. Infine sono riportati gli organigrammi con i nomi di tutti gli ufficiali dell'esercito e della marina veneti nel 1849.

L'interesse militare della difesa di Venezia è assai notevole, e degno di essere riportato all'attenzione degli appassionati di storia militare del XIX secolo, a fianco di conflitti ben più grandi e conosciuti, dalla Seconda Guerra d'Indipendenza alla Crimea, dalla rivolta dei Sepoys alla Guerra Civile Americana a quella Franco-Prussiana, per citarne solo alcune, eppure in Italia è pressoché dimenticato, anche rispetto ad episodi quali la difesa della Repubblica Romana del medesimo anno (che pure meriterebbe assai maggiore interesse!).

Questo lavoro, volutamente rapido e senza note ad appesantirlo, è destinato ad un pubblico di non specialisti: per questo l'ho voluto rapido e sintetico. La bibliografia indicata sarà spero di sprone ad ulteriori letture.

Aggiungo che tutto è iniziato con la richiesta di un mio intervento in un convegno sui 150 anni della riunione del Veneto alla Madrepatria, tenutosi a Fiesso Umbertiano: dalle ricerche per quell'intervento, dedicato ai cinque veneti fucilati a Piove di Sacco nel luglio 1849 dagli austriaci per aver tentato di introdurre viveri in Venezia assediata è iniziato tutto[4].

Alla loro memoria dedico il libro, insieme a quella di Rossaroll, di Poerio, di Fusinato, degli Artiglieri del Corpo Bandiera e Moro, alle Guardie Civiche, ai napoletani, romani, bolognesi, lombardi, svizzeri, veneti, friulani morti per il sogno di una parola che faceva, e fa, paura: *Libertà*. Ringrazio dunque il cav. Gennaro Belladonna, responsabile per Venezia delle Guardie d'Onore alle RR Tombe del Pantheon per la grande liberalità, e il prof. Marco Chinaglia che ha promosso il convegno di Fiesso.

Pierluigi Romeo di Colloredo Mels.   Chioggia 21 dicembre 2016.

---

3 A. Zorzi, *Canal Grande*, Milano 1991, p. 403. Zorzi ha dedicato all'occupazione austriaca di Venezia il suo *Venezia austriaca*, Milano 1986.

4 *"Ad onore a memoria ad eccitamento di fatti gloriosi...". Memorie risorgimentali fiessesi*. Pomeriggio di studi storici nel 150°anniversario della liberazione del Veneto dal dominio austriaco, 3 dicembre 2016.

UN TERNO CHE SI GIOCA E NON SI PERDE
LA RIVOLUZIONE NAZIONALE A VENEZIA

...Noi anderemo alla Venezia per cacciare lo straniero:
stracceremo il giallo e il nero,
pianteremo il Tricolor.

E lo mio damo se n'è ito a Siena,
M'ha porto il brigidin di due colori.
Il bianco gli è la fé che c'incatena,
Il rosso l'allegria de' nostri cuori.
Ci metterò una foglia di verbena
Ch'io stessa alimentai di freschi umori.
E gli dirò: che il rosso, il verde il bianco
Gli stanno bene con la spada al fianco.
E gli dirò: che il bianco, il verde, il rosso
Vuol dir che Italia il suo giogo l'ha scosso.
E gli dirò: che il rosso, il bianco il verde
Gli è un terno che si gioca e non si perde!

Francesco dell' Ongaro[5] (1808-1873)

Alle due pomeridiane del 15 luglio 1849 un plotone di esecuzione austriaco eseguiva la sentenza di morte emessa la mattina stessa in nome di Sua Maestà Imperiale e Reale Apostolica Francesco Giuseppe I, Imperatore d'Austria e re d'Ungheria, etc. etc., fucilando Giuseppe Bullo, nativo di Chioggia, provincia di Venezia, di anni 54, cattolico, ammogliato con prole, pescatore; Vincenzo Signoretto, anch'egli nativo di Chioggia, di anni 54, cattolico, ammogliato con prole, pescatore; Angelo Monticello, nativo di Pozzo Nuovo, provincia di Padova, di anni 49, cattolico, ammogliato con prole, muratore; Antonio Marcolin, di Pordenone, provincia di Friuli (così la sentenza), di anni 37, cattolico, ammogliato senza prole, falegname;
Luigi Fernaroli, nativo di Fiesso di Polesine (oggi Fiesso Umbertiano), provincia di Rovigo, di anni 47, cattolico, ammogliato con prole, fittajolo- o come si direbbe oggi, fittavolo- a Ca' Capello, i quali

Sono rei e confessi di avere a Valena nella notte del 11 luglio a. c. caricate due barche con bestiame e viveri appositamente comprati sul continente cioè: con 2 vitelli, 11 pecore, 40 polli, 5 casse di limoni, 4 casse di uova, ecc. ecc. per condurle sul territorio degli insorti a Chioggia, di essere partiti, ma tosto dopo la partenza arrestati da una pattuglia militare, inoltre Luigi Fernaroli e

---

5   Patriota e letterato, Francesco dall'Ongaro, o dell'Ongaro nasce a Mansuè, Treviso, nel 1808. Dopo aver compiuto gli studi in seminario viene avviato al sacerdozio, ma, sensibile agli ideali risorgimentali e romantici, inizia a dedicarsi alla scrittura e al giornalismo. Impegnato nelle battaglie per l'indipendenza italiana (il fratello verrà ucciso durante la difesa di palma nova contro gli austriaci) si allontana sempre più dalla Chiesa fino a svestire l'abito talare. Dopo aver diretto la rivista triestina *Favilla*, nel 1848 partecipa alla difesa di Venezia e vi fonda il quotidiano ferocemente repubblicano *Fatti e parole*. Entrato in contatto diretto con Mazzini e Garibaldi, ed espulso da Venezia per il proprio estremismo, si reca a Roma dove viene eletto deputato alla Costituente e direttore del *Monitore romano*, il foglio ufficiale della Repubblica. Dopo un lungo esilio nel 1859 si stabilisce a Firenze dove, due anni più tardi, ottiene la cattedra di Letteratura drammatica. Negli ultimi anni di vita ottiene il trasferimento a Napoli dove muore nel 1873. Nella sua produzione letteraria, in particolare in quella poetica, si rispecchia la sua viva attenzione per la realtà popolare di cui denuncia le gravi condizioni di miseria. I suoi *Stornelli patriottici* accompagnano le vicende risorgimentali dal 1847 all'Unità d'Italia; interessanti anche i versi in dialetto veneziano e alcune prose storiche o d'ispirazione anticlericale. Grande successo avrà a lungo sulle scene la sua opera teatrale *Il Fornaretto* (1855).

Marcolin Antonio sono rei e confessi il primo di avere consegnate diverse lettere a Marcolin Antonio per trasportarle a Venezia, il secondo di averle accettate,

come recita la sentenza di morte emessa sulla base dei decreti del *Feldmarschall-Lieutenant* barone Welden del 20 giugno 1848 e del generale Julius Jacob von Haynau, detto dagli austriaci la *Tigre absburgica* e dagli italiani più appropriatamente la *Jena di Brescia*, per le atrocità commesse dai suoi soldati croati nella città lombarda, del 13 febbraio 1849.

Il tribunale militare convocato a Piovre di Sacco il 15 luglio fu efficiente e sbrigativo: a mezzogiorno i cinque veneti vennero condannati a morte mediante fucilazione per *la somministrazione di viveri ai ribelli a Venezia, e Luigi Fernaroli e Marcolin Antonio anche per il trasferimento delle lettere* ed alle quindici la sentenza era già stata eseguita, a quanto pare, malgrado l'indicazione della religione dei condannati, senza il conforto dell'assistenza religiosa e la sepoltura, sebbene provvisoria, in terra sconsacrata[6].

Era la seconda fase del blocco di Venezia e Chioggia, quanto rimaneva del Veneto insorto

▲ Notifica della fucilazione di Giuseppe Bullo, Francesco Signoretto, Angelo Monticello, Antonio Marcolin e Luigi Fernaroli rei di aver tentato di rifornire con viveri Chioggia e Venezia. 15 luglio 1849

nel marzo del 1848 contro il dominio austriaco, visto ancor più di malocchio che in Lombardia, territorio appartenuto agli Asburgo di Spagna e d'Austria dal 1525, anche per le memorie legate all'indipendenza della Serenissima.

Proprio a Chioggia, solo pochissimi anni dopo la fine della repubblica ebbe luogo un episodio oggi dimenticato anche e soprattutto dai seguaci di antistoriche e fumose idee veneziste che tentano di fondere la repubblica con gli inconciliabili Asburgo, la cosiddetta rivolta del Cristo. Il fatto è noto. La festa, che richiamava a Chioggia quasi tutti i pescatori e i marinai (circa 7000), si concludeva con la processione lungo il Corso. Giunta al Corpo di Guardia (la Loggia dei Bandi) un fanciullo di dieci anni, sospinto dalla numerosa folla, secondo la tradizione, posò inavvertitamente il piede sulla scarpa di un soldato formante il picchetto armato di dieci commilitoni rigido sull'attenti.

Ci fu una reazione del militare, che colpì violentemente il bambino sulla testa con il calcio del fucile, e alcuni arditi pescatori, testimoni del fatto, attesero il ritorno della processione dal Duomo per controllare il comportamento dei soldati, pronti a reagire a qualunque ulteriore atto di prepotenza. All'avvicinarsi del corteo, il caporale posò il fucile a terra, due passi avanti della sentinella, al fine di tenere alla maggiore distanza possibile il passaggio del popolo. Un giovane pescatore, Bernardo Ballarin detto *Sióla*, respinse la sentinella con una spinta; il caporale, a sua volta, sollevato il moschetto, fece due passi in avanti, puntando la baionetta al petto cercando di arrestare il Ballarin, che glielo strappò di mano, trafiggendolo. Fu questo il segnale della sollevazione contro gli austriaci

---

6   P. Romeo di Colloredo Mels, *Luigi Fernaroli e la rivolta veneziana del 1848* in M. Chinaglia (cur.) "*Ad onore a memoria ad eccitamento di fatti gloriosi...*". Memorie risorgimentali fiessesi. Atti del pomeriggio di studi storici nel 150°anniversario della liberazione del Veneto dal dominio austriaco *(3 dicembre 2016)*, Fiesso Umbertiano, 2017 (in corso di pubblicazione).

di tutta la città, al grido di *Viva la Repubblica, Viva San Marco e morte ai todeschi!*.
Il capitano austriaco Bitter venne disarmato e ferito, il comandante Pupries, che voleva rinchiudersi nel forte di S. Felice per bombardare la città, ne fu impedito dalla folla. Gli austriaci aprirono il fuoco, e rimasero al suolo sette morti, fra cui alcune donne e sedici feriti. Le perdite austriache non furono comunicate. Le squadre dei tumultuanti più compromessi, approfittando dell'oscurità della notte, fuggirono con le tartane e con i bragozzi nella Romagne e nelle Marche, aiutati dai cittadini e favoriti dalle stesse autorità municipali. La processione degli anni successivi venne, ovviamente sospesa, e si dovette attendere fino al 19 giugno 1814, dopo le fortunose vicende del periodo napoleonico, per riprendere la processione portando l'autentico Crocifisso. Non ci si deve meravigliare quindi se, paradossalmente visti i fatti del 1797, le truppe napoleoniche fossero accolte come liberatrici e i veneti si batterono molto bene sotto le bandiere del regno italico, sino all'assedio di Venezia del 1813 ed al Congresso di Vienna, che si guardò bene, ovviamente, dal restituire l'indipendenza alla Serenissima Repubblica, confermandone l'appartenenza all'Impero Austriaco, in un regime quasi coloniale. Non sembri questa un'affermazione eccessiva: vedremo subito perché.

Venezia caduta: il quadro particolarmente depresso e deprimente della città lagunare negli anni della prima Restaurazione (*dappertutto palazzi cadenti, dappertutto rovine, dappertutto sfaccendati e schiere di mendicanti*, scriveva tra il 1816 e il 1817 l'arciduca Ranieri d'Asburgo, il futuro viceré del Lombardo- Veneto) appare un fenomeno affatto tipico, nella sua radicalità, di Venezia, che non trova, ad esempio, un parallelo nella storia primo- ottocentesca dell'altra ex Dominante, Genova, e neppure nelle contemporanee vicende economico-sociali delle maggiori città della terraferma veneta. Ancora a metà degli anni 1830 il compilatore di un manuale ad uso dei viaggiatori dipingeva Venezia come un repertorio di *images de ruine et de désolation [...] dans tous les détails moraux et physiques*: il turista doveva affrettarsi a visitarla prima che la città collassasse su se stessa.

L'irresistibile decadenza di Venezia non era diventata soltanto un diffusissimo luogo comune della letteratura romantica, da George Byron a Percy Bysshe Shelley, ma aveva anche influenzato la politica austriaca nei confronti della città. Quando, a metà degli anni 1820, l'allora patriarca di Venezia Giovanni Ladislao Pyrker si recò a perorare a Vienna la causa delle sue povere pecorelle (due veneziani su cinque erano in condizioni tali che avevano il diritto di beneficiare dell'assistenza pubblica), dovette superare l'opposizione di un influente esponente della corte asburgica, il quale era convinto che fosse del tutto inutile adottare dei provvedimenti a favore della città lagunare, dal momento che *di lì a 40 o 50 anni si sarebbe ridotta ad un mucchio di sassi*. Con ironia amara si canta sottovoce, per evitare la galera:

> *Con San Marco comandava*
> *se disnava e se senava,*
> *con la Franza, brava gente*
> *se disnava solamente,*
> *con la casa de Lorena*
> *no se disna e no se sena...*

In Italia è abbastanza conosciuto il ruolo dell'Austria asburgica nel mantenere la penisola divisa al suo interno e sottomessa allo straniero. È invece meno diffusa la consapevolezza di come l'impero abbia direttamente attentato all'identità nazionale italiana, proponendosi obiettivi di snazionalizzazione e di vera e propria sostituzione etnica.
Già il Regno Lombardo- Veneto si trovò sotto il dominio asburgico in condizioni di crescente dipendenza dal governo centrale viennese e di una germanizzazione imposta dall'alto, come denunciavano i suoi stessi rappresentanti politici e la sua società civile.

Questo avvenne per la struttura interna stessa dell'impero asburgico, poiché non fu un evento accidentale od una misura secondaria, ma corrispose alla dinamica naturale di questo tipo di stato.

In sostanza, l'autorità imperiale cercava d'inserire il Lombardo- Veneto all'interno di un'area storica, geografica, culturale ed etnica ad esso estranea, la cosiddetta "Mitteleuropa", subordinandone l'economia e la società agli interessi di quella austriaca ed imponendo leggi e misure contrarie alle sue tradizioni ed interessi. Ciò comportava la distruzione anche della memoria storica, a cominciare da quella della Repubblica Veneta, anche con la distruzione di monumenti veneziani di carattere anche simbolico, come il trecentesco Palazzo del Governo a Chioggia, che, con la scusa di un incendio di secondaria importanza venne raso al suolo e sostituito con un palazzo neoclassico decisamente austriaco e brutto, alla distruzione e rimozione dei pochi leoni marciani sopravvissuti al periodo rivoluzionario, cui si affiancò, nel vecchio Stato *da mar* l'abrasione delle epigrafi venete e l'esaltazione dell'elemento slavo rispetto a quello veneto.

▲ Allegoria dell'Italia del 1848 con il libro della sua storia e la croce del martirio. Dipinto di Francesco Hayez

Significativamente, esso veniva sottoposto ad un intensissimo sfruttamento economico da parte del potere centrale viennese, che si serviva delle risorse locali, drenate con la tassazione, per finanziare le regioni d'oltralpe.

Il feldmaresciallo austro-boemo Josef Radetzky von Radetz giunse a minacciare gli abitanti del Lombardo- Veneto di far ripetere in Italia le cosiddette "Stragi di Galizia".

In questa regione asburgica infatti una grave crisi agraria determinò nel 1846 un'estesa insurrezione di contadini ruteni, che condusse al massacro di diverse centinaia di proprietari terrieri polacchi.

La rivolta non incontrò nessuna efficace resistenza dalle autorità militari e di polizia asburgiche e si sospettò che gli amministratori imperiali avessero fomentato e favorito l'insurrezione, per poter meglio controllare la regione galiziana aizzando tra di loro le sue diverse etnie.

Anche nel Lombardo- Veneto vi furono nel 1846-1847 diversi tumulti provocati dalla crisi agraria, che furono attribuiti da buona parte dell'opinione pubblica all'azione sobillatrice del governo[7].

Scrive uno studioso competente sulla materia come lo storico Marco Meriggi:

La definizione di germanizzazione, che i contemporanei coniarono e che quasi tutti gli storici hanno ripreso, trovandosi a descrivere la caratteristica saliente delle dinamiche politiche dell'Impero nel periodo in questione, è sicuramente fondata.

Scrive Celestino Bianchi nel suo *Venezia e i suoi difensori* (1848- 49) che

Il governo arbitrario, sospettoso implacabile, l'amministrazione senza probità, e abbandonata a tedeschi, lo spionaggio eretto a sistema, la soldatesca licenziosa, prepotente e insolente. politiche

---

7   Sull'argomento, vedi P. Brunello, *I contadini e la rivoluzione del 1848 nel Veneto*, in Bernardello, Brunello, Ginsborg, *Venezia 184-49..* cit. , pp. 79 segg.

persecuzioni in gran numero, oppressioni e discordie fomentate a bello studio, l'arroganza estrema d'una gran parte d'impiegati quasi tutti, come dicemmo, stranieri, non fecero dimenticare ai Veneziani, il fiero sentimento dell'antica grandezza e dell'indipendenza goduta. I Veneti si ricordarono d'essere italiani appunto allora che l'Austria volle che fossero tedeschi[8].

E conclude:

Da quel giorno Venezia dimenticò San Marco per rammentarsi dell'Italia[9].

Alla metà dell'Ottocento la laguna veneta è abbastanza diversa da quella odierna, e costituisce una difesa anche militare a Venezia. Per descrivere il teatro delle operazioni oggetto del nostro lavoro ci rifaremo a quanto scritto da Alexandre le Masson, cronista contemporaneo del blocco e dell'assedio, nel 1851.

L'Adriatico, questo mare ch'altro non è che un vastissimo golfo del Mediterraneo, riceve alla sua estremità occidentale tutti i numero si fiumi che scendono dalle Alpi e solcano l'Alta 1talia: le alluvioni di questi fiumi, trattenuti alla loro foce dall'azione del mare, si schierano in lunghi banchi paralelli alla spiaggia, separano una parte delle acque fluviali da quelle del mare e ne formano in tal modo delle pozze, dei piccoli laghi seminati d'isolette, di bassi fondi e di paludi, alle quali si dà il nome di lagune. Le più notabili di queste lagune sono quelle di Venezia, le quali si estendono dalle bocche della Piave a quelle del Brenta e dell'Adige; la loro forma somiglia ad un mezzo elissi allungato, il cui arco si appoggia alla terraferma, e il cui diametro, formato da una stretta zona di sabbia, arresta le acque del mare. La loro lunghezza è di circa 60 chilometri, la maggior larghezza di 15. Nel centro s'innalza Venezia, su d'un arcipelago di isolette riunite per mezzo di ponti o comunicantisi per mezzo di canali che costituiscono le strade di questa bizzarra città. Non è dessa però il solo punto abitato, nè tampoco la sola città delle lagune: le zone di sabbia che formano il litorale, le numerose isolette che sorgono da questo territorio d'acqua e di pantani hanno anch'esse degli abitanti. I principali centri di popolazione sono: al nord, Murano ad 1 chilometro da Venezia, e Burano a 7 chilometri; al sud, Chioggia a 30 chilometri; il Lido, Malamocco, Pel[l]estrina, sul litorale. La popolazione totale ascende a 200 mila abitanti, dei quali 120 mila in Venezia, 28 a Chioggia, 10 mila a Burano. Numerosi canali di varia lunghezza e profondità solcano la laguna in tutte le direzioni, e riuniscono fra di essi i diversi punti colla terra ferma e col mare, e ne formano una rete completa di comunicazioni. Uscendo dalla laguna, trovansi altri canali o fiumi navigabili, che conducono a Mestre, a Treviso, a Padova, vanno a ricongiungersi all'Adige ed al Po, e mettono il territorio di Venezia in relazione di retta con tutta l'Alta Italia. Da alcuni anni Venezia è congiunta alla terra ferma mediante un bellissimo ponte di pietra di 5600 metri di lunghezza, che prolunga fin nell'interno della città la strada ferrata di Milano, uno dei più gran lavori dei nostri tempi. Le lagune comunicano col mare mediante cinque aperture del litorale e le bocche del Brenta e della Piave, ma tre soli di questi sette passi, quelli del Lido, Malamocco e Chioggia, hanno bastante profondità e larghezza per essere considerati quali ingressi di porto. So no sempre difficili da imboccare, sia nell'entrata sia nell'uscita, come anche pel cattivo tempo riesce assai difficile approssimarvisi. Quello del Lido, il più vicino a Venezia, ed al quale conduce un largo e profondo canale atto a ricevere i bastimenti della più alta portata, fu per lungo tempo il più frequentato; attualmente è ingombro di sabbia, né possiede più di tre metri di profondità. Quello di Malamocco è in oggi il migliore, il solo praticabile ai bastimenti da guerra; ma il canale che lo ricongiunge a Venezia non ha più di 6 metri di profondità. Venezia non ha propriamente parlando un porto; ma tutto l'intiero bacino della laguna, dovunque siavi bastante fondo da lasciar penetrare i navigli e porsi all'ancora, forma il più vasto e il più sicuro dei porti. Venezia separata

---

8   C. Bianchi, *Venezia e i suoi difensori (1848-49). Memorie storiche*, Milano 1863, p. 37.
9   Ibid.

in tal modo dal continente e dal mare, riesce assai difficile l'approdarvi, e questa sola circostanza le costituisce una posizione fortissima, ma l'arte di difesa è venuta ad aggiungere ancora molto all'opera della natura, e immense opere di fortificazione proteggono tutto il territorio dal lato del mare, da quello di terra ed anche nel suo interno. Otto forti ed un gran numero di batterie difendono il litorale e i passi, e si oppongono a qualsiasi sbarco ed attacco gli venisse dalla parte del mare. Le fortificazioni destinate a impedire qualunque tentativo si operasse da terra ferma si compongono di tre nuclei di opere che proteggono i principali luoghi di sbarco e di accesso, e sono: Treporti al nord, Marghera all'ovest, Brondolo al sud. Treporti e Brondolo sono preceduti da altre opere di fortificazione situate sulla Piave e sull'Adige; un attacco dalla parte di terra non è possibile che da questi tre punti, ma l'uno di essi od anche tutti e tre perduti, la posizione di Venezia rimane tuttavia assai forte. L'interno delle lagune è sparso di piccoli forti, di batterie, di torri che agiscono sul littorale e sugli approcci di terra ferma, che dominano i canali e battono su tutti i punti di riunione. Finalmente una delle principali difese è la difficoltà di passare per un labirinto di canali e di bassi fondi quando fossero tolti i pali che servono di guida per queste tortuose vie. In quanto alla stessa Venezia, non è niente più fortificata di quel che lo siano tutte le altre città e villaggi delle lagune; essa serve soltanto di centro e ridotto di tutto quel territorio si ben protetto, e che forma nel mezzo delle acque e delle paludi un immenso trinceramento interrotto ed irregolare, un punto d'approvvigionamento e di sicurezza, in una parola una gran piazza d'armi, tanto utile per l'attacco quanto per la difesa, e destinato ad avere, in mani capaci, una grande azione sull'Alta Italia[10].

Torniamo a Venezia ed al fatale marzo 1848.

La mattina del 17 marzo, spronati delle notizie che giungevano da Vienna sull'insurrezione popolare nella capitale austriaca che ha costretto il Cancelliere di Stato Clemens von Metternich a dimettersi, una grande folla si raccoglie in Piazza San Marco chiedendo la liberazione di Daniele Manin, Niccolò Tommaseo, e di altri patrioti arrestati a gennaio in seguito all'inasprimento della repressione austriaca contro i sospetti sovversivi. Il governatore della città, il conte ungherese Ludwig von Palffy, preoccupato dalle notizie che giungevano da Vienna e impressionato dalla intensità della manifestazione, ordina l'immediato rilascio dei detenuti.

Daniele Manin è nato a Venezia il 13 maggio 1804, terzogenito di Pietro di Ludovico e Anna Maria Bellotto. Il nonno paterno, era di origine veronese e di religione ebraica, e si chiamava in realtà Samuele Medina: convertitosi al cattolicesimo con la moglie Allegra Moravia nell'aprile del 1759, ha scelto, come usava, il cognome della famiglia aristocratica che lo ha preso a protezione, i Manin, e il nome del padrino di battesimo, Ludovico, l'ultimo doge della Serenissima.

Daniele, laureatosi in legge a Padova, si dedica alla sua professione e agli studi, interessandosi contemporaneamente alla politica. Contrario alla pratica cospirativa della Carboneria e delle altre società segrete, dalla metà degli anni Quaranta ha preferito dedicarsi impegnarsi ad un'opposizione *legale* all'amministrazione austriaca; questo tipo di lotta culmina nella presentazione all'imperatore di una petizione per rivendicare il rispetto della nazionalità italiana nel Veneto e la concessione dell'autogoverno, venendo per questo imprigionato dalle autorità austriache insieme con Niccolò Tommaseo nel gennaio 1848.

Manin, ancora in parte ignaro dei fatti e delle ragioni per cui è stato liberato, in un discorso improvvisato afferma:

Cittadini!

Ignoro per effetto di quali eventi io sia stato tratto dal silenzio del mio carcere e portato in piazza San Marco. Ma vedo nei vostri volti, nella vivacità dei vostri atteggiamenti, che i sensi d'amor

---
10 A. le Masson, *Venise en 1848 et 1849*, Paris 1851 (tr..it Venezia [ma in realtà Lugano] 1851, pp. 5-7).

▲ Manin portato in trionfo dalla folla, marzo 1848

patrio e di spirito nazionale hanno fatto qui, durante la mia prigionia, grandi progressi, ne godo altamente e in nome della patria ve ne ringrazio. Ma deh! non vogliate dimenticare che non vi può essere libertà vera e durevole, dove non c'è ordine, e che dell'ordine voi dovete farvi gelosi custodi, se volete mostrarvi degni di libertà. Ci sono momenti e casi solenni nei quali l'insurrezione non è solo un diritto, ma è anche un dovere.

Durante il suo periodo di detenzione Manin, fino a quel momento fermo su posizioni moderate di lotta legale, è infatti giunto alla conclusione che il momento storico richieda un'azione insurrezionale come unico modo di garantire la libertà di Venezia. Iniziati in piazza San Marco i tumulti continuano nell'intricato dedalo di calli e campi della città, nelle quali diversi soldati austriaci isolati sono sorpresi, assaliti e uccisi, continuarono tanto da permettere al Podestà Giovanni Correr (legato ai dimostranti dall'ideale di libertà dallo straniero) e a Daniele Manin, di chiedere e ottenere l'istituzione della Guardia civica.

Il comando della Guardia Civica viene affidato ad un veterano napoleonico, Angelo Mengaldo, persona coraggiosa e preparata, mentre la sera stessa del 18 marzo giungono i dispacci ufficiali da Vienna e il Governatore Pallfy, ungherese di origini italiane da parte di madre, la principessa Maria Gabriela di Colloredo Mels e Wallsee, vuole leggerli al popolo.

Per l'occasione, si dichiara fortunato di essere il primo governatore costituzionale di Venezia, e indossa una coccarda tricolore, con il verde bianco rosso, colori allo stesso tempo italiani e ungheresi.

Mentre i cittadini si dimostrano così soddisfatti, e basta loro ornarsi della coccarda tricolore, acclamando a Manin e all'Italia mostrando la loro gioia ingenua, Daniele Manin ed altri patrioti stabiliscono che non ci si possa certo accontentare di una costituzione. Essi infatti desiderano per la loro Patria l'indipendenza dallo straniero, e si impegnano da subito in questo senso, con un'intensa propaganda fra le guardie civiche, gli arsenalotti e gli ufficiali italiani della Imperial Regia Marina da Guerra, in gran parte composta da veneti.

Il 22 marzo, sparsasi la voce che il Governo di Vienna ha tutta l'intenzione di revocare le concessioni fatte e soffocare *la rivolta*, gli arsenalotti, pronti alla rivolta vera, si sollevano all'unisono, ed uccidono il comandante Marinovich, direttore dell'Arsenale.

Giovanni *Ritter* von Marinovich, dalmata di Perasto, ha percorso la propria carriera nel corpo della marina imperiale. Figlio di un marinaio al servizio della Serenissima, ha perso il padre in giovane età. Arruolatosi nella marina Veneta come aspirante, passa nel 1797 nell'Imperial Regia Marina, dove percorre la propria carriera sino a diventare Aiutante di Campo del Comandante supremo, restando fedele all'Austria anche nel periodo napoleonico; durante la guerra di Siria del 1840 si è guadagnato il cavalierato di III classe della Corona Ferrea. Precettore dell'arciduca Federico, è stato poi nominato direttore dell'arsenale di Venezia, dove una eccessiva severità e molta avarizia gli hanno causato l'odio degli operai. Forse perché il Marinovich è uomo di molta energia, fu detto allora che egli avesse preparato nel recinto dell'Arsenale una batteria di mortai per bombardare la città nel caso di rivolta. La mattina del 21 marzo egli si reca, come d'ordinario, nelle varie officine dell'arsenale e visitandone i cantieri trova alcuni operai, raccolti in capannello, a discutere con passione sugli avvenimenti del giorno. Alza la voce per rimproverarli, ma quelli rispondono con ira al rimprovero, insultandolo, e sorpreso e fuor di sé per la collera Marinovich estrae la sciabola per minacciarli. Trattenuto, non avrebbe salva la vita, se non intervenisse a liberarlo una pattuglia di guardie civiche. È facile immaginare come il Marinovich sia rimasto ferito nel proprio orgoglio in quella occasione. Troppo ardito per temere degli operai, non abbandona il suo posto, e si limita a ragguagliare l'ammiragliato su quanto è accaduto. Il governo dispone allora che un battaglione di croati guardi l'Arsenale di terra e sia pronto a dare aiuto alle autorità dell'Arsenale di mare, se mai venissero minacciate. Il giorno dopo, malgrado quanto è successo, Marinovich torna in Arsenale. Alcuni fra i più animosi degli arsenalotti, irritati dalla vista del comandante, la cui presenza è vista come una provocazione, lo assalgono.

Marinovich non ha altro scampo che di rifugiarsi sopra la torre adiacente alla Porta di terra, e qui cerca di chiudersi dentro. Ma ben presto la porta viene abbattuta a colpi di scure dagli arsenalotti e l'ardito comandante inseguito fino sull'alto del torrione: viene preso, colpito con ogni sorta di arma da taglio e di utensili da lavoro che gli operai tengono in mano e gettato sulla piazza davanti all'Arsenale, ai piedi dei leoni marmorei di Delo e del Pireo, dove agonizza ed emette il suo ultimo respiro[11].

Sarà pressoché l'unico atto di violenza sommaria della breve storia della Repubblica Veneta.

Con il pretesto di ristabilire l'ordine nell'Arsenale, vi entra una compagnia di guardie civiche, e quando Manin la raggiunge, costringe alla resa il Contrammiraglio Martini.

Un reparto di fanteria di marina, composto di italiani, riceve l'ordine dal proprio comandante, il maggiore barone von Boday di aprire il fuoco contro le guardie civiche, ma si rifiuta, uccide il Boday e strappa i *ponpon* giallo-neri dagli *shakot* sostituendoli con i colori italiani.

Ecco come viene narrato l'episodio da Pietro Contarini:

Il maggiore Bodai [sic per il barone von Boday]*, che con un corpo di soldati della marina trovavasi nella Via de Giardini, fingendo indifferenza all'avvicinarsi di un Corpo di guardie civiche, attese che fosse a tiro di fucile, ed ordinò il fuoco. I soldati volgono a terra le bocche delle armi loro, ed un sotto-ufficiale indignato lo ferisce. A quell'atto i soldati, gettati i pomponi giallo-neri, vi sostituiscono la tricolorata coccarda; esempio che venne tosto seguito da tutti gli altri soldati*

---

11 Bianchi, *Venezia e i suoi difensori*, cit., p. 49.

▲ Gloriosa partenza del reggimento Kinski agli ordini del generale Culoz, caricatura veneziana del marzo 1848

italiani che si trovavano in Venezia. Onore all'animo del nostri militi, ma specialmente gratitudine a quelli della veneta marina![12]

Occupato l'Arsenale, gl'insorti si impadroniscono di cinquantamila fucili e di parecchi pezzi d'artiglieria. Sei cannoni vengono puntati contro la caserma dei croati, i più odiati soldati della Duplice Monarchia, pronti al fuoco se i *domobrançi* tentassero di uscirne; i soldati italiani della marina fanno causa comune con il popolo, il Tricolore viene innalzato sull'Arsenale, da cui è stata tolta la bandiera austriaca, e il Manin, seguito dalla folla delirante si reca in piazza San Marco, dove arringa il popolo.

Veneziani, noi siamo liberi e possiamo doppiamente gloriarcene perché a questo siamo giunti senza aver versato una goccia del sangue nostro né del sangue dei nostri fratelli, perché tutti gli uomini per me sono fratelli. Avere rovesciato l'antico governo non basta; bisogna costituirne uno nuovo; il migliore per noi a me sembra quello della repubblica, che rammenterà le glorie passate e vi aggiungerà la libertà dei tempi nuovi. Noi non ci separeremo per questo dai nostri fratelli italiani, ma formeremo uno dei centri che dovranno servire alla successiva unione di tutta l'Italia in un solo Stato. Viva dunque la repubblica! viva la libertà! viva San Marco!

In seguito a questi avvenimenti, anche il consiglio municipale prende le sue misure. Invia al governatore civile conte Pallfy una deputazione con alla testa il podestà. Il governatore avendo ricevuto quella deputazione con violenti rampogne, l'avvocato Avesani lo interrompe con queste parole: *Siamo noi venuti qui per ricevere un rimprovero o per negoziare?*

E siccome il Pallfy, eccitato, dichiara che non sarebbe entrato in trattative, Avesani gli risponde

---

12 Pietro Contarini, *Memoriale veneto storico-politico 1848-1849*, II ed., Venezia 1874, p.11 (ma scritto nel 1848-49).

seccamente: *Il Governo austriaco ceda il potere.*

Il governatore civile non volendo subire l'onta di una capitolazione cede i poteri al comandante militare il colonnello Ferdinand von Zichy che si trova presente. Avesani formula in pochi minuti le sue categoriche domande, e Zichy firma una convenzione con la quale consegna la piazza al Consiglio municipale e si impegna ad uscire dalla città con le truppe straniere, circa 3000 uomini tra austriaci del reggimento *Kinsky*, e croati[13], che lasceranno indisturbati la città con le armi di reparto e individuali, mentre i soldati italiani in forza all'esercito imperial- regio (all'incirca altri 3000 uomini, tra i quali gli uomini del reggimento *Wimpffen* e gli sceltissimi granatieri del battaglione di formazione *Angelmeyer*) rimarranno in città; gli imperiali consegneranno ai veneziani le fortificazioni della laguna: S. Andrea all'isola delle Vignole, S. Nicolò del Lido, il Forte di S. Erasmo, eretto nel 1811 da Napoleone e rimodernato nel 1844, con la batteria, i ridotti vecchio e nuovo e la testa di ponte, Treporti e il Lazzaretto Nuovo. Verranno lasciate a Venezia anche le armi conservate nei magazzini, le artiglierie e la cassa del presidio.

Del resto quale fosse l'atteggiamento dei soldati di lingua italiana, e soprattutto della Marina, è dimostrato dall'episodio narrato dell'uccisione del maggiore Boday.

---

13   Nel marzo 1848 gli austriaci hanno di guarnigione a Venezia la brigata del *General-Major Freiherr* Karl von Culoz, che inquadra:
Comando di Brigata;
3. *Bataillon Wimpffen Infanterie-Reg.* Nr. 13 (italiani);
1. e 2. Bat. *Kinsky Infanterie-Reg.* Nr. 47 (stiriani);
Grenadier-Bat. Angelmayer (provenienti dagli IR. 16 *von Zanini* e 26 *Erzherzog Ferdinand d'Este*, italiani);
5 battaglioni di guarnigione, a Venezia, Mestre, Marghera, Chioggia e forti della laguna (italiani);
1. Bat. *Peterwardeiner Grenz-Reg.* Nr. 9 (non inquadrato nella brigata Culoz; appartiene alla divisione del *Feldmarschall-Lieutenant* Graf von Wimpffen, i cui reparti sono sparsi tra Ferrara, Rovigo e Padova; croati).
Cfr. Anton Edler von Hilleprandt, *Der Feldzug in Oberitalien im Jahre 1848*, Wien 1867.

▲ L'insurrezione di Venezia. Il Kuk InfReg *von Kinsky* spara sulla folla uccidendo cinque civili.

La deputazione pubblica subito dopo il seguente proclama:

Cittadini,

la vittoria è nostra e senza sangue. Il Governo austriaco civile e militare è decaduto. Gloria alla nostra brava Guardia civica! I sottoscritti vostri concittadini hanno stipulato il trattato solenne. Un Governo provvisorio sarà instituito; e frattanto, per la necessità del momento, i sottoscritti contraenti hanno dovuto momentaneamente assumerlo. Il trattato viene pubblicato oggi stesso, in un apposito supplemento della nostra Gazzetta.

Viva Venezia! Viva l'Italia!

Manin si raccomanda ai suoi concittadini con queste parole:

Veneziani!

io so che voi mi amate, ed a nome di quest'amicizia vi prego che allorquando darete corso alla vostra gioia, d'altronde sì ben giustificata, abbiate a contenervi con quella dignità che conviensi ad uomini degni di essere liberi!

La capitolazione sottoscritta da Zichy recita:

1. Cessa in questo momento il Governo civile e militare sì di terra che di mare, che viene rimesso nelle mani del Governo provvisorio che va ad istituirsi, e che istantaneamente viene assunto dai sottoscritti cittadini.

2. Le truppe del reggimento Kinsky *e quelle dei Croati, l'artiglieria di terra e il corpo del Genio, abbandoneranno la città e tutti i forti, e resteranno a Venezia le truppe italiane tutte e gli ufficiali italiani.*

3. Il materiale di guerra d'ogni sorta resterà in Venezia.

4. Il trasporto delle truppe seguirà immediatamente con tutti i mezzi possibili per la via di Trieste per mare

5. Le famiglie degli ufficiali e soldati che dovranno partire saranno guarentite e saranno loro procurati i mezzi di trasporto dal Governo che va ad istituirsi.

6. Tutti gli impiegati civili italiani o non italiani saranno garantiti nelle loro persone, famiglie ed averi.

7. S. E. il signor conte Zichy dà la sua parola d'onore di restare ultimo a Venezia a guarentigia dell'esecuzione di quanto sopra. Un vapore sarà posto a disposizione dell'Eccellenza Sua pel trasporto della sua persona e del suo seguito e degli ultimi soldati che rimanessero.

8. Tutte le casse dovendo restar qui, saranno rilasciati soltanto i denari occorrenti per la paga e pel trasporto della truppa suddetta. La paga sarà data per tre mesi.

Fatto in doppio originale.

Tenente-Maresciallo Conte ZICHY, I. R. comandante della città e fortezza

Il Consiglio municipale, che si è costituito in governo provvisorio la sera stessa del 22 marzo rimette il potere nelle mani di Menegaldo, il Comandante della Guardia civica. Il giorno dopo si rende solennemente grazie a Dio per la vittoria e il Cardinale Monico benedice la bandiera nazionale, il tricolore con il leone alato nell'angolo sinistro.

▲ Immagine allegorica del 22 marzo 1848. Il Leone sbrana l'Aquila a due teste

Viene quindi proclamata ufficialmente la Repubblica di San Marco, sotto la presidenza di Daniele Manin, al quale furono affiancati come collaboratori Niccolò Tommaseo, Antonio Paolucci, Jacopo Castelli, Grancesco Solera, Pietro Paleocapa, Francesco Camerata, Leone Pincherle e Angelo Toffoli.

Le cariche governative sono così assegnate: Daniele Manin (Presidente e Affari Esteri); Nicolò Tommaseo (Istruzione e Culto); Jacopo Castelli (Giustizia); Francesco Camerata (Guerra); Francesco Solera (Marina); Antonio Paulucci (Interno e Costruzioni); Pietro Paleocapa (Commercio).

In meno di una settimana, tutte le province venete della terraferma si scrollano di dosso il giogo austriaco: la notte dal 22 al 23 la Guardia civica di Mestre prende possesso della cittadella di Marghera sgombrata dagli austriaci; la stessa notte gli abitanti di Chioggia costringono il presidio della fortezza di San Felice a capitolare; Rovigo e Treviso istituiscono governi provvisori; il 24 il Maresciallo d'Aspre, per ordine di Radetzky, lascia Padova con gli ottomila uomini della guarnigione e si rifugia a Verona; Vicenza e Belluno sono libere il 25.

Anche il Friuli si solleva; la fortezza di Palmanova cade in potere dei cittadini i quali ne affidano subito il comando al Generale Zucchi, che vi è imprigionato fin dal 1837.

Si cerca di riunire in un solo organismo tutte queste città e viene pubblicato a questo scopo il seguente proclama:

La prima nostra parola è parola di gratitudine al popolo veneziano, il quale ad un tratto insorgendo si è dimostrato degno del suo nome. Non desterà meraviglia se questo popolo grida con giubilo il nome di Repubblica, nel quale si conciliano le gloriose memorie del passato con le mature condizioni presenti e con maggior perfezionamento in avvenire. Il nome di Repubblica Veneta non porterà con sé alcuna idea ambiziosa o municipale. Le province le quali si sono dimostrate tanto maggiormente unanimi alla comune dignità, le province che a questa forma consentono, creeranno con noi una sola famiglia, senza veruna disparità di vantaggi e diritti, perché uguali per tutti saranno i doveri.

Il caso di Chioggia è un po' particolare, e conosciuto per il casuale ritrovamento di un archivio murato all'interno della Torre di S. Andrea subito prima del ritorno degli austriaci nel 1849, rinvenuto nel 2012 dal prof. Luciano Bellemo.

Da dopo la restaurazione, gli Austriaci hanno sempre cercato di bloccare lo sviluppo del porto di Chioggia, dimostrando di privilegiare il porto franco dell'austriaca Trieste rispetto a quelli lagunari[14]. Addirittura viene elaborato un progetto che taglia fuori i porti della laguna di Venezia a favore di Porto Levante, indicato come punto terminale della idrovia padana. Di conseguenza la città di Chioggia diviene sempre più un centro peschereccio e la pesca ne diventa l'attività prevalente a scapito del commercio di cui la città ha vissuto dal medioevo in poi.

La povertà è molto diffusa e le precarie condizioni igieniche finiscono talvolta per favorire epidemie di colera e di vaiolo. Non a caso l'epidemia di colera che nel 1849 metterà in ginocchio la Repubblica avrà il proprio primo focolaio a Chioggia.

Non c'è da meravigliarsi, dunque, se nel 1848 i primi segnali di rivolta a Venezia trovano eco anche a Chioggia, che risponde scendendo in piazza il 18 marzo, dopo che il comportamento arrogante di un esattore delle imposte che esigeva il pagamento di una tassa da una famiglia miserabile ha fatto scoppiare alcuni tumulti. In quella circostanza un uomo ha l'ardire di arrampicarsi sullo stendardo legandovi una bandiera rossa, simbolo di guerra ad oltranza, al grido di *Viva l'Italia, via Pio IX*, sfidando la guarnigione austriaca che si trovava nella vicina Loggia dei Bandi.

E' l'inizio di una serie di manifestazioni spontanee che portano a sfilate con bandiere tricolori,

---

14 I veneziani detestano per questo Trieste, che considerano *una città anfibia, un ammasso di negozianti d'ogni nazione, pel maggior numero austriaci, che con pochi capitali, ma con molto ardire e colla sfacciata protezione dell'austriaco governo tolsero a Venezia gran parte del floridissimo suo commercio* (Contarini, *Memoriale veneto*, cit., p. 17, alla data del 31 marzo 1848).

▲ Manin proclama la Repubblica, 22 marzo 1848

arrivando persino a sfondare le porte dei campanili per suonare a festa le campane.
Nella notte tra il 22 e il 23 marzo, mentre a Venezia Daniele Manin proclama l'indipendenza della Repubblica veneziana, nella casa del podestà Antonio Naccari in Calle Biseghella, dove oggi si può vedere una lapide commemorativa, il Naccari riesce a far firmare l'atto di resa della guarnigione austriaca attirando, con un pretesto, il comandante della piazza, il maggiore friulano Giuseppe Gorizzutti, mentre la popolazione si impadronisce, come detto, del forte di San Felice a Sottomarina.
Immediatamente il giorno dopo, il 23 marzo, come si evince dal documento ritrovato da Luciano Bellemo, il potere politico e amministrativo passa direttamente nelle mani del podestà Antonio Naccari. Il Governo provvisorio è composto dal presidente, il Naccari stesso, e da otto ministri, i patrioti Tommaso Venturini, Tommaso Vianelli, Alessandro Perlasca, Angelo Cipriotto, Giacomo Domenico Lisatti e Antonio Bonivento, dando così vita alla Repubblica di Chioggia.
Tra i primi atti viene creata una guardia civica formata da volontari, che garantisce l'incolumità della guarnigione austriaca, poi fatta partire per Trieste.
E, però, un'esperienza di autogoverno assai breve. La città-stato dura fino al 30 marzo, quando viene deciso di aderire alla repubblica di Venezia. Il documento di adesione alla repubblica, anch'esso ritrovato da Luciano Bellemo, viene letto il 2 aprile nella Cattedrale di S. Maria Assunta.
Quest'ultimo documento testimonia la volontà di Chioggia di entrare a far parte di un governo stabile, *a nome di una popolazione che aspira ad essere parte d'una comune famiglia italiana.*
Ma proprio nell'entusiasmo per il successo si commettono gli errori che più contribuiranno all'infausto esito della rivoluzione.
La proclamazione d'una repubblica veneta è un primo errore che ne ingenera molti altri. Venezia non avrebbe dovuto mai separarsi dalla Lombardia, aumentando così lo smembramento del nord dell'Italia, specialmente in un momento in cui l'unione più stretta è il primo elemento di buona riuscita dell'insurrezione, come scrisse nel 1851 Alexandre le Masson, osservatore d'oltralpe e

giudice obbiettivo degli avvenimenti:
Era indubbiamente una nobile e interessante memoria quella dell'antico stato di Venezia, ma un sentimento falso per i tempi, una presunzione ridicola e funesta; era un voler rifare ciò che più non poteva essere. Venezia non potrebbe reggere oggigiorno con un'esistenza isolata, né può e deve pensare che a divenire indipendente con tutto il regno Lombardo- Veneto, e meglio ancora unirsi con tutto il nord dell'Italia[15].

Le misure militari dovrebbero essere il più importante, anzi l'unico pensiero del momento. Se Venezia colle sue lagune, con i suoi forti del litorale e di terraferma, con tutti i vantaggi della sua posizione può opporre una resistenza indeterminata, non è però che a condizione che essa si dia la pena di difendersi, che abbia truppe, munizioni e tutto quanto è indispensabile per fare la guerra. Ma è tale l'illusione di tutti, illusione della quale partecipa lo stesso governo, che generalmente si immaginano gli austriaci occupati unicamente a procurarsi i mezzi per ripassare le Alpi per evitare una completa distruzione. Tutte le misure di prevenzione sembrano inutili, e le poche

▲ Daniele Manin

disposizioni militari che si prendono vengono considerate come un eccesso di previdenza.
Tutti già vedono l'indipendenza e la rigenerazione dell'Italia un fatto compiuto, l'Austria smembrata, e la faccia dell'Europa interamente cambiata.
Venezia dopo la partenza degli austriaci rimane più giorni senza alcun vero mezzo di difesa, e potrebbe essere rioccupata senza molta difficoltà qualora si fossero presentati pochi battaglioni sulle rive delle lagune; ma Radetzky si trova in questo momento in una posizione troppo difficile per pensare di tentare qualche cosa da quella parte, sebbene Venezia si il suo miglior punto di comunicazione con Vienna. Le truppe italiane rimaste a Venezia sono formate da tre battaglioni di fanteria e di alcuni distaccamenti di varie armi, circa tremila uomini, soldati esperti e disciplinati che potrebbero formare un'eccellente base e fornire dei quadri per l'esercito che bisogna creare. All'opposto i nuovi governanti si danno tutta la premura possibile di congedare quelle truppe perché hanno servito sotto l'Austria, privandosi così della sola forza regolare che si trovi in Venezia[16].
Si decreterà in seguito la formazione di dieci battaglioni di volontari, d'una guardia mobile, del corpo di gendarmeria, d'artiglieria e di cavalleria. Ma per far tutto questo ci vuole del tempo, e per di più mancano in gran parte gli elementi più indispensabili. La repubblica non ha che un ristrettissimo numero di ufficiali e sottufficiali che conoscano sufficientemente il mestiere e siano capaci d'istruire delle reclute.
Tutti per altro si credevano da tanto di poter comandare, e da ciò ne nasceva una serie di pretese, d'inconvenienti ed abusi di ogni sorta. In materia di organizzazione militare il governo avea principii così falsi che immaginò di limitare la competenza dei consigli di guerra ai soli delitti contro la disciplina. Negli eserciti la giustizia non può esservi stabilita, come nella società civile, sui principii d'una morale assoluta. La sua unica base dev'essere la necessità di assicurare in ciascun momento non solo l'ordine, ma più ancora l'azione dell'autorità. È necessario quindi che

---

15 Le Masson, *Venise*, cit., p. 40 dell'ed it.
16 Ibid.

anche per i delitti non militari le milizie siano sotto la giurisdizione di tribunali speciali. Presso i popoli più liberi la giustizia militare è sempre stata una giustizia eccezionale[17].

Nell'Arsenale vengono trovate molte armi, ma nei primi giorni avendo lasciato a chiunque la possibilità di prendersele a proprio capriccio, si dovrà, allo scopo di poterle ricuperare almeno in parte, accordare un premio a chiunque consegni un fucile o una sciabola.

Non basta: purtroppo non si riesce ad impedire che gli austriaci si ritirino quasi indisturbati a Verona concentrando nel quadrilatero formato dalle fortezze di Verona, Legnano, Peschiera e Mantova la loro forza, e dove possono riorganizzare le truppe per condurre poi la guerra, attirando i piemontesi in quello che da molti anni è il campo di manovre estive dell'esercito austriaco, che ne conosce ogni metro.

▲ Bandiera della Guardia Nazionale veneta

Gli austriaci inoltre, grazie all'imperizia del Consiglio municipale di Venezia, riescono ad evitare che le loro navi da guerra, fornite d'equipaggi italiani, vengano catturate, riuscendo a prendere il mare in direzione di Pola. Di undici legni, nove sfuggono.

Gravissimo errore, come si vedrà al tempo del blocco navale durante l'assedio del 1849, anche per lo spirito patriottico e ostile all'Austria di moltissimi ufficiali, soprattutto i più giovani, permeati di spirito italiano e non meschinamente municipale e neppure legato alla memoria della Serenissima, per la vergognosa fine, o meglio, suicidio, del 1797, come testimonia uno di loro, l'alfiere di vascello Carlo Alberto Radaelli, che combatté a Venezia nel 1848-1849 per poi prendere la via dell'esilio ed arruolarsi nell'Armata Sarda della quale diverrà generale[18]:

Lo spirito che nella veneta marina regnava, era esclusivamente italiano. Quasi mai si ricordavano le gloriose gesta dell'antica repubblica: l'orgoglio municipale era spento dal tristo spettacolo di illustri patrizi con curva fronte obbedienti, senza arrossire, allo straniero. Coloro che spensero la repubblica veneta furono i degeneri nipoti di tanti eroi che la resero potente. Ci era impossibile desiderare un governo che cadde per propria colpa, pei suoi vizi e per la viltà di coloro che lo reggevano. Della morta repubblica non rammentavamo che tristi vicende, e le nostre giovani menti a più sublimi e a più vaste speranze erano rivolte. L'Italia era per noi la madre nostra; e un fremito d'ira, una generosa indignazione ci agitava nel pensare che gemeva servo quel popolo, che per due volte diede la civiltà al mondo. La bandiera che sventolava sulle antenne delle navi imperiali era dalla maggior parte di noi odiata: dominava nel nostro cuore un presentimento di futuri eventi, che ci avrebbero tolto dal collo il giogo abborrito dell'Austria. Tale pensiero era generale nei Veneti.

E' un grave scacco quello della perdita della flotta, che verrà pagato dai Veneziani che soffriranno danni incalcolabili dal blocco navale attuato dagli austriaci proprio con quelle stesse navi; e in caso contrario, sarebbe stato possibile il blocco navale degli italiani a Trieste e nell'Istria. Da allora la Imperial Regia marina cesserà di essere veneta, l'Accademia Navale sarà spostata a Fiume sino al 1918 e gli equipaggi composti in gran parte da dalmati e fiumani e non più da veneziani e chioggiotti.

---

17 Ibid., p. 42.
18 M. Menghini, "RADAELLI, Carlo Alberto", *Enciclopedia Italiana*, Roma 1935, s.v.

▲ Carlo Alberto di Savoia passa in rassegna i Granatieri Guardie.

L'ORA DI CARLO ALBERTO

Bell' augellin che vieni dal Noncello,
Che fa l'Italia tra l' Isonzo e Piave?

Mette gramaglia e canta lo stornello,
Sfida il ferro nemico e più non pave.

Torna, torna colà, fedele augello;
Ivi è il varco d'Italia, ivi la chiave.

Quando il tedesco assalirà la villa,
Ripeti a' miei garzon: viva Balilla.

Quando de la città si farà schermo,
Stridi e ricorda i vespri di Palermo.

(Francesco dell'Ongaro, 1848)

I fatti di Venezia hanno subito larga eco in tutto il Veneto. Nella terraferma si vengono così a creare due diverse fazioni: coloro che vogliono evitare il conflitto con gli austriaci, e che ritengono soddisfacente la concessione della costituzione, e coloro che sono pronti a dar battaglia per cacciare lo straniero.

Del primo gruppo fanno parte i membri delle municipalità delle principali città venete, appartenenti tutti alla aristocrazia e alle fasce più ricche della borghesia, spesso con anni di fedele servizio presso le istituzioni austriache. Queste, preoccupate che la situazione possa degenerare, si affrettano ad istituire guardie civiche conformandosi al decreto del viceré del Lombardo- Veneto arciduca Giuseppe Ranieri d'Asburgo- Lorena, emanato il 19 marzo, che ne autorizza la costituzione.

Queste guardie hanno il principale scopo di assicurare le proprietà delle classi più ricche da possibili attacchi delle classi meno abbienti. Per tale ragione si fa in modo che siano numericamente limitate e costituite solo da cittadini "scelti", per lo più possidenti, commercianti e professionisti. Anche nelle campagne si creano le guardie civiche, ma queste hanno un carattere più popolare e sono sovente numericamente più consistenti. Alla guida di tali guardie si trovavano sovente uomini della stessa municipalità e addirittura membri del clero rurale. Questa diversa natura dei due corpi rispecchia la radicata ostilità verso gli austriaci delle zone rurali, sottoposte dal governo di Vienna ad una forte pressione fiscale. La causa nazionale si intreccia in tali zone con la speranza di abbassamento del carico fiscale e di migliori condizioni economiche.

Tuttavia la repentina rivoluzione veneziana e lo stato di sbandamento in cui si trova l'esercito austriaco fecero sì che quasi ovunque nelle province le autorità civili e militari austriache seguissero l'esempio di Palffy e Zichy a Venezia ed abbandonassero le città senza che vi fu necessità di conflitti a fuoco. Il 23 marzo insorge Chioggia, e nella notte gli abitanti si impadroniscono di Forte San Felice, da dove gli austriaci hanno intenzione di bombardare la città. Anche nelle province si vengono così a formare dei governi provvisori che, immediatamente, inviano i loro emissari a Venezia.

L'atteggiamento di questi governi nei confronti della repubblica veneziana è tuttavia in un primo momento diffidente, sia per via della forma di governo repubblicana, sia per il timore che la città lagunare voglia tornare al suo antico isolazionismo, tradendo così la causa italiana; sia per il ricordo, ancora vivo, dell'antico dominio assoluto della vecchia Repubblica di Venezia sulle città della terraferma. Il 24 marzo Manin invita formalmente le province a far parte della neonata repubblica, e per rassicurare i membri dei governi scrive:

Le province [...] faranno con noi una sola famiglia senza veruna disparità di vantaggi e diritti, poiché uguali a tutti saranno i doveri; e incominceranno dall'inviare in giusta proporzione i loro Deputati ciascuna a formare il comune statuto [...]. L'esempio che noi dobbiamo porgere si è quello [...] della non sovvertitrice, ma giusta e religiosamente esercitata uguaglianza.

Gli emissari dei vari governi giunti a Venezia possono inoltre constatare la natura moderata degli esponenti della nuova Repubblica e vengono ulteriormente rassicurati sull'atteggiamento che questa intende perseguire nei confronti delle province e sull'appoggio alla causa della unità nazionale. Per assicurarsi inoltre l'appoggio del popolo Manin fa seguire due decreti con i quali viene abolita la tassa personale e ridotta di un terzo l'imposta sul sale. Questi decreti destano grande entusiasmo in tutto il Veneto, e tra il 24 e il 29 marzo Treviso, Padova, Belluno, Rovigo, Udine e Vicenza aderiscono alla Repubblica.

Intanto, Carlo Alberto ha varcato il Ticino, L'ingresso in guerra del Regno di Sardegna, animato dalla volontà di annettere il Lombardo- Veneto e creare un unico Regno dell'Alta Italia, poneva il gravoso problema di come i governi provvisori delle varie città che si erano liberate, in parte o del tutto, dalla occupazione austriaca senza l'aiuto dell'esercito piemontese dovessero ora comportarsi nei confronti di Carlo Alberto. La questione suscitò un animato dibattito reso ancor più complesso dalle molteplici, e spesso inconciliabili, posizioni su cui si trovavano molti dei protagonisti delle rivolte. Vi erano, ad esempio, repubblicani intransigenti, come i milanesi Cattaneo e Giuseppe Ferrari, che mal guardavano all'intervento regio. Ma anche repubblicani, come Mazzini o Garibaldi, che erano, almeno temporaneamente, disposti ad appoggiare Carlo Alberto anteponendo la lotta per l'indipendenza nazionale a quella per la repubblica.

C'erano poi le posizioni dei moderati in maggior parte favorevoli all'annessione. Sul governo provvisorio milanese, composto prevalentemente da moderati, si esercitarono subito le pressioni in senso annessionista dei piemontesi. In occasione d'una petizione coperta da molte migliaia di firme, che gli fu già presentata fin dal giorno 5 e nella quale si invocava l'appoggio della Francia, visto la tendenza sempre più manifesta alla fusione col Piemonte, il governo veneto domandò formalmente a Carlo Alberto se Venezia potesse contare su di lui e sul suo energico appoggio:

A Sua Maestà il re Carlo Alberto.

Sire! Come sulle rive del Ticino, così sulle rive dell'Adige vi piacque, Sire, dirigerci la vostra generosa a parola di voler liberare questa sacra terra italiana e dalla presenza dello straniero. Già le vostre armi valorose combattendo il comune nostro nemico nella disperata sua guerra, già le vostre navi spiegando il glorioso vessillo sotto la ostile scogliera da cui uscivano i legni predatori e minaccianti questa metropoli, dimostravano in forma solenne l'adempimento della vostra prima promessa. Nella vostra Nella vostra magnanimità vorreste, o Sire, ripetere e quella prima promessa ai popoli della Venezia, dichiarando altamente che le vostre mire ed i vostri sforzi non hanno altro scopo che l'intera liberazione della comune patria dal giogo straniero? Grazie vi rendiamo, o Sire, per l'intendimento tutto italiano delle vostre assicurazioni. La nostra fiducia l'avete intera, o Sire, la nostra gratitudine è pari al benefizio che ci recate. Il guiderdone più degno per voi. campione della sua indipendenza, l'Italia lo commette alla storia.

Dal governo provvisorio della Repubblica Veneta.

Venezia, 29 maggio 1848.

Il presidente: Manin. Paleocapa. Il segretario: Zennari.

Queste indussero il governo, che inizialmente cercò di prendere tempo, a indire, con un proclama annunciato il 12 maggio, un plebiscito tra tutti i cittadini maschi maggiorenni per decidere sulla fusione al Regno di Sardegna. I risultati del plebiscito, comunicati l'8 giugno, diedero esito positivo. La questione dell'annessione al Regno di Sardegna si poneva a Venezia in termini alquanto diversi da Milano.

Il moto insurrezionale veneziano aveva infatti portato immediatamente alla proclamazione della repubblica. Inoltre vi fu nel Veneto un contrasto tra Venezia e le città di provincia assai più acuto che in Lombardia. Ciò anche perché il governo veneziano disilluse in gran parte le promesse fatte al momento di annettere le altre province venete. Manin si era convinto che la causa nazionale dovesse essere anteposta a quella per la repubblica. Assunse così un atteggiamento in parte ambiguo: non rinnegò la scelta repubblicana, che tanti malumori aveva suscitato nel governo milanese oltre che, naturalmente, in Piemonte, ma non si sforzò neppure di rafforzarla. Ritenne invece opportuno, per non compromettere l'unità delle forze nazionali in funzione antiaustriaca, allinearsi all'atteggiamento assunto dal governo milanese: qualunque decisione sulla forma di governo da assumere e sulle modalità di amministrazione del potere sarebbero state prese solo a guerra finita. Decise così di rinviare la promessa assemblea costituente delle province venete sostituendola temporaneamente con una semplice consulta che avrebbe avuto solo poteri consultivi. Questa decisione creò molti malumori tra le città di provincia restie ad allinearsi all'atteggiamento attendista assunto da Manin. Esse si mostrarono, fin dai primi di aprile, propense all'immediata fusione col Piemonte e a legare il proprio destino a quello della Lombardia. Questo anche per via del fatto che in Veneto la controffensiva austriaca non tardò ad arrivare e molte città furono in tutto o in parte rioccupate.

Questa situazione di estremo pericolo minacciava nell'immediato più le città della terraferma che Venezia e queste dunque speravano in una rapida fusione con i sabaudi che avrebbe loro garantito, così credevano, un più rapido appoggio da parte di questi.

A Venezia l'Assemblea costituente vota per 126 voti contro 6 l'unione di Venezia al Regno di Sardegna, ratificata da un plebiscito con seggi aperti presso tutte le parrocchie veneziane, che conferma l'unione quando ancora il sovrano sabaudo è ben al di là dell'Adige.

L'assemblea dei rappresentanti del popolo decretava il 5 luglio, con una maggioranza di 127 voti contro 6, l'unione col Piemonte; e seguendo l'esempio della Lombardia, come delle altre province venete, aveva posto il paese sotto lo scettro di Carlo Alberto. Alcune deliberazioni che ebbero luogo a quest'oggetto chiaro dimostrano che questa unione non era sincera, ma che si era convinti della necessità di sacrificare dei principi repubblicani, senza di che, e mediante tutti gli sforzi riuniti, era impossibile di conseguire un risultato felice in quella lotta terribile. Lo stesso Manin si espresse in questo senso, e quando si procedette all'elezione dei nuovi ministri, fu eletto primo a gran maggioranza, ed era cosa più che certa che sarebbe stato investito della presidenza. Nondimeno diede la seguente risposta:

Io ringrazio vivamente l'Assemblea di questo nuovo contrassegno di fiducia e di affetto; ma debbo pregarla di dispensarmi. Io non ho dissimulato che fui, sono e resto repubblicano. In uno stato monarchico io non posso essere niente; posso esser della opposizione, ma non posso essere del governo. Prego i miei concittadini a non costringermi a far cosa contraria alle mie idee. Poi io sono stanco e sono affranto dalle lunghe dolcezze di questi tre mesi: fisicamente non ne posso più, credetemelo. La mia testa non reggerebbe, e non potrei fare certamente che male. Prego vivamente essere dispensato.

Manin non poteva deporre con maggior onore la sua provvisoria presidenza, e l'assemblea gli rese piena ed intera soddisfazione, decretando *ch'egli aveva ben meritato della patria*.

In seguito il deputato Castelli venne nominato presidente, ed una deputazione fu inviata subito a Torino per trattare sulle condizioni dell'unione con il Regno di Sardegna. Il nuovo governo annunziò il suo entrare in funzione col seguente proclama:

Cittadini della provincia di Venezia!
L'Assemblea dei rappresentanti del popolo, con voto poco meno che unanime, ha decisa la questione della vostra condizione politica. Per l'interesse della provincia di Venezia, come per

quello di tutta la nazione, ha votata l'immediata fusione della città e provincia stessa con la Lombardia negli Stati sardi, e colle condizioni medesime della Lombardia, colla quale in ogni caso resteremo perpetuamente incorporati seguendone i destini politici. Questo voto si è uniformato a quello esternato dalle provincie venete quando non erano ancora invase dal nemico; e fu nel tempo stesso adempiuto il desiderio italiano che si costituisca quella compatta e forte unione della Italia settentrionale che sola può salvare il bel paese dalle irruzioni dello straniero. L'Assemblea ci ha eletti per dar compimento alle sue deliberazioni e reggere infrattanto la cosa pubblica.

Se abbiamo assunto il gravissimo incarico, vi ci siamo indotti solo perché abbiamo fede che quella stessa concordia che regnava nell'assemblea regnerà nei cittadini che la deputavano a rappresentarli. Senza questo aiuto governare il paese e condurre a termine felice un atto politico di tanta importanza esigerebbe ben altre forze che le nostre, quando pur fosse possibile.

Un gran cittadino [ossia Manin, ndA] nell'allontanarsi dal governo, malgrado il caldo e comune voto che avrebbe voluto conservarvelo, vi ha scongiurati di ricordarvi che le vostre lagune sono inespugnabili purché voi siate concordi. La sua voce e la mostra saranno certamente ascoltate da voi, perché ben sapete che muovono da coscienze esclusivamente devote all'amor della patria.

Giacomo Castelli. Pietro Paleocapa. Francesco Camerata. Antonio Paoluzzi. Giambattista Cavedalis.

Il giorno 15 giugno il governo nomina comandante in capo dell'armata di terra il generale napoletano Guglielmo Pepe, che ha disubbidito all'ordine di Ferdinando II di rientrare a Napoli con l'esercito borbonico inviato contro gli austriaci, e passando il Po ha esclamato: *Di qua c'è il nemico, di là il disonore!*.

Pepe affida il comando della città e della fortezza al generale Antonini. Lo stesso giorno il Pepe passa in rivista a piazza San Marco, in mezzo ai fragorosi applausi della popolazione, le truppe che si trovano di guarnigione a Venezia, ed emanando il seguente ordine del giorno:

Uffiziali, sotto-uffiziali e soldati delle milizie italiane a che sotto nomi diversi combattete nelle provincie Venete affine di liberare l'intera Penisola dal giogo austriaco,

il governo di Sua Santità, il governo Veneto ed il commissario di quello di Lombardia hanno desiderato che io mi mettessi alla vostra testa. Ho accettato un tanto onore, e se cosa al mondo avesse potuto consolarmi dal vedermi seguire da così poche tra le molte truppe che io aveva condotto in riva al Po, questa consolazione l'avrei per fermo ricevuta nell'assumere il comando in capo di numerose schiere appartenenti a e parecchie provincie italiane a me care da lungo tempo e ed ora più che mai per la lusinghiera accoglienza fattami dalle loro popolazioni dopo le mie recentissime sventure.

Fondamento e cima d'ogni militar eccellenza è la disciplina. Valore, amore di patria, gentilezza di sentire, energia di volontà, fermezza di proposito sono in voi; ma tutte queste virtù che vi danno superiorità sulle truppe che dobbiamo combattere rimarrebbero in e fruttuose ove non vi fosse unità di comando e prontezza di obbedienza. Sarà dunque mia cura d'introdurre e consolidare l'una e l'altra fra voi. Senza di esse, ad onta del coraggio, dell'alacrità, dell'ardore, non si otterrebbero sul nemico quei vantaggi che tutta Italia attende da noi, appoggiati come siamo al gran sostegno della italiana indipendenza, al Re Carlo Alberto. a In avvenire nessun militare potrà allontanarsi dalla bandiera se non ne ottenga il permesso da suoi superiori approvati dal generale in capo.

Nessun corpo potrà eseguire alcuna mossa senza l'ordine dei rispettivi generali, ordine che io abbia superiormente confermato. Il ragionare, il deliberare sta bene a semplici cittadini, se non ad uomini di guerra. Nel mantenere con fermezza la disciplina, nel punire le più leggiere mancanze, che a trascurate potrebbero condurre a mali più gravi, provvederò il più efficacemente che per me si potrà al vostro ben essere. Riferirò ai vostri rispettivi governi tutte le azioni che meriteranno ricompense, né avrò riposo sinché non sieno ottenute; ed avrò cura che per e mezzo delle Gazzette ufficiali le vostre opere, pegno e dei risorgenti destini di questa Italia, patria comune di tutti noi e per la quale avete brandite le armi, sieno fatte note in particolare ai vostri conterrani, ai vostri a parenti, alle donne, dalle quali ambite stima ed affetto.

Spero così mostrarvi che se un giusto rigore di disciplina è suprema necessità di milizia, il mio animo a non sarà lieto che quando potrò lodare secondo la verità e premiare secondo il merito.

Guglielmo Pepe.

Vale la pena, seguendone il profilo scrittone da Piero Pieri nella sua fondamentale *Storia militare del Risorgimento*, di approfondire la figura del comandante

▲ Il generale Guglielmo Pepe

in capo dell'esercito veneziano. Guglielmo Pepe è nato nel 1783 a Squillace da famiglia nobile; quattordicenne, viene mandato a Napoli, dove frequenta la scuola militare, e, uscitone nel 1799, s'arruola nella milizia della Repubblica Partenopea, combattendo agli ordini del generale Matera contro le orde sanfediste del cardinale Ruffo, quindi al Ponte della Maddalena il 13 giugno 1799, dove, dopo aver dato prove d'indomito coraggio, viene ferito e fatto prigioniero. E' presente agli orrori della feroce reazione, poi, perché sedicenne, viene liberato e mandato in esilio. Da Marsiglia, dove sbarca, si avvia a Digione e si arruola nella *Legion italienne*, la quale si unì all'esercito del Primo Console, che per il San Bernardo si accinge alla riconquista d'Italia, e, semplice soldato, combatte a Marengo il 14 giugno 1800. Andato in Toscana, partecipa alla lotta contro i ribelli a Siena e ad Arezzo, quindi si portòa a Milano e di là a Napoli, dove congiura contro i Borboni, recandosi in Calabria, al fine di sollevarla. Arrestato e rinchiuso nel carcere di Maretimo, vi rimase tre ami, fino a quando (1806), impadronitisi i francesi del regno di Napoli, viene liberato, dal re Giuseppe Bonaparte nominato maggiore nel nuovo esercito e inviato in Calabria agli ordini del Maresciallo Andrea Masséna per sedarvi l'insurrezione.

Succeduto sul trono di Napoli al fratello di Napoleone I il Murat, il Pepe viene mandato a combattere in Spagna al comando d'un reggimento il 9 novembre 1811 col grado di colonnello; e tornato a Napoli, viene promosso maresciallo di campo. Fa la campagna d'Italia del 1814 col Murat, che ha tradito Napoleone passando con i coalizzati, contro il viceré d'Italia Eugenio, segnalandosi al ponte sull'Enza e alla Secchia e poi nel 1815 in quella contro gli Austriaci, quando il Murat innalza il vessillo dell'indipendenza italiana, conclusa tragicamente a Tolentino il 16 aprile 1815.

Tornati i Borboni sul trono di Napoli, il Pepe ottiene il comando della terza divisione militare il 6 ottobre 1818.

Due anni dopo, il 2 luglio, a Nola gli ufficiali Morelli e Silvati iniziano la rivoluzione al grido di *viva la Costituzione*, e il Pepe è mandato a sedarla, ma alla notizia che il re promette una libera costituzione, entra trionfalmente in Napoli alla testa delle schiere costituzionali e viene creato comandante supremo dell'esercito; ma si trova in contrasto col ministro della Guerra Carascosa. Sopraggiunta l'invasione austriaca (8 gennaio 1821), il Pepe comanda una parte dell'esercito napoletano che il vicario del regno invia contro gli Austriaci, ma la rotta di Rieti fa scomparire ogni velleità da parte dei liberali e il Pepe, costretto all'esilio il 21 marzo si imbarca su una nave spagnola. Sceso in Inghilterra, inizia colà il lungo esilio durato fino al 1848.

A Londra ha calde accoglienze - particolarmente ambita è dal Pepe l'amicizia del Foscolo - e dà alla luce una narrazione degli avvenimenti napoletani del 1820-21 (tradotta in francese, in spagnolo e in inglese), per cui deve sostenere un duello con il Carascosa. Nel 1830 si reca a Parigi sperando aiuti all'Italia dalla rivoluzione di luglio; e quando ha notizia di quella dell'Italia centrale del febbraio 1831, corre a Marsiglia, poi a Lione, dove apprende il fallimento di quei moti. Tornato a Parigi, si dedica a studi storici, e coltiva estese conoscenze con gli esuli del '31 e con gli uomini politici francesi più in vista.

Nel 1833 pubblica una *Memoria sui mezzi che menano all'italiana indipendenza*; nel 1836 l'*Italia militare*, con prefazione del Thibaudeau; nel 1839 l'*Italia politica*, e nel 1846, in due volumi, le *Memorie intorno alla sua vita e ai recenti casi d'Italia*. Nel marzo del 1848 le vicende italiane lo decidono a tornare in patria. Il 29 di quel mese pepe rientra in Napoli, dove viene accolto in trionfo e riconfermato dal re Ferdinando II nel grado di generale e gli viene affidato il comando dell'esercito spedito nel Veneto contro gli Austriaci.

Pepe è da parte sua

Un uomo benevisto al partito liberale, ma poco conosciuto dalle truppe, e che d'altronde mancava di quella attitudine che pur troppo si perde col lungo ozio. Era questi il vecchio general Pepe, uomo che avea trascorsa tutta la vita a cospirare contro tutti i governi ai quali serviva, da poco rientrato in patria dopo un esilio di ventisette anni[19].

Pepe parte il 3 maggio; e sbarcato ad Ancona cinque giorni dopo, vi assume il comando delle truppe che man mano, con studiata lentezza, sono giunte o giungono dal regno delle Due Sicilie.

Giunto a Bologna, ha notizia dei tragici fatti del 15 maggio a Napoli, quando la truppa ha aperto il fuoco contro i liberali che hanno eretto le barricate, e del richiamo delle truppe napoletane. Da allora le accuse di tradimento della causa nazionale sono piovute sul capo di Ferdinando II di Borbone, ma un esame più obbiettivo dimostra che il sovrano quantomeno non è l'unico responsabile della situazione, e che i liberali lo sono altrettanto, con il loro sconsiderato comportamento.

Una lotta sanguinosa erasi impegnata il 15 a Napoli fra il governo e una parte della popolazione, opera dei due partiti estremi, occasionata dall'imprudenza del partito liberale, e dalle esigenze dei deputati per delle questioni di poca importanza, in un momento in cui ad altro non si doveva pensare che alla guerra contro l'Austria. Per quanto fatale potesse riuscire alla causa dell'indipendenza italiana il richiamo delle truppe napolitane, è d'uopo confessare che Ferdinando era in diritto di farlo, ed ogni uomo imparziale non potrà mai concorrere nelle imprecazioni che tutti gli Italiani scagliarono in quell'occasione contro di lui. I torti più reali stavano dal lato di coloro che avevano provocato quel principe, o non seppero evitare le sue provocazioni, conoscendo benissimo ch'egli approfitterebbe della minima occasione per dispensarsi dal prender parte ad una guerra il cui

---

19 Le Masson, *Venise*, cit., p. 47 della trad. it

risultato doveva riuscire alla formazione d'uno stato più possente di Napoli, o alla creazione d'una repubblica nemica[20].

Indotto dalle esortazioni del popolo bolognese, il 22 maggio il Pepe scrive a Ferdinando II che la sua coscienza di soldato non gli permette di ubbidirgli:

Io non avevo mestieri di sprone per valicare il Po colle truppe che mi rimanevano e che consistevano in una divisione di fanti, un'altra di cavalli, ed una eccellente batteria con zappatori. Ma gli uffiziali devoti alla causa italiana mi accertavano che le truppe da me ritenute con tanti miei sforzi sotto le bandiere, nel ricevere l'ordine di valicare il fiume, mi avrebbero abbandonato, e che perciò ove avessi per pochi dì ritardato a dare quell'ordine, avrebbe potuto giungere quello che il re prometteva al maggior Cirillo di inviarmi [il ritorno a Napoli delle truppe, ndA]. (…)
I progressi però che gli Austriaci andavano facendo nelle province venete, ed i pericoli ai quali le vedevo esposte mi deliberarono a rischiar tutto.
Traslocai poscia il mio quartier generale da Bologna a Ferrara, e col seguente ordine del giorno decisi il passaggio del Po, per me novello Rubicone. Se non ebbi la ventura di compiere la salvezza d'Italia, mi riuscì almeno difendere la Venezia sì lungo tempo da porgere occasione al quel popolo di mostrarsi degno della libertà per tredici secoli goduta dai suoi padri; mostrai agli oltremontani fin dove può giungere il disperato valore della gioventù italiana, quantunque nuova ed inesperta alle armi; e per ultimo attestai col fatto ai re, che l'amore del ben patrio rende il pane dell'esiglio assai più dolce de'loro altissimi favori[21].

Non tutti condividono l'operato di Guglielmo Pepe; citeremo ancora quanto scritto da un autore obbiettivo in quanto straniero, come Alexandre le Masson, che del generale napoletano dà un durissimo giudizio:

Fu quello un vero atto di fellonia; l'obbedienza e la fedeltà al governo che gli affida un'armata sono il primo dovere d'un generale, diversamente non potrebbe esistere nessun governo. Napoli è uno stato indipendente, per il quale la guerra contro l'Austria non era un bisogno, fu una sciagura per l'Italia del nord ch'ei non prendesse parte a quella guerra; ma ciò non iscusa la condotta di Pepe, e questo generale non poteva attingere dal suo amore per l'indipendenza e dal suo giusto odio contro l'Austria il diritto di tradire il proprio re. Del rimanente, quantunque intimamente risoluto, manifestò una certa timidezza e peritanza come quasi sempre accade allorquando si tratta di prendere un partito estremo; se ne stette alcuni giorni senza nulla risolvere, lasciò campo agli emissarii del re di eccitare lo spirito delle truppe, e per dette così ogni autorità su di esse[22].

E aggiunge:

Pepe (…) malgrado le sue abitudini di cospiratore, mancava di acutezza e di previdenza[23].

Mentre la maggior parte dell'esercito prende la via del ritorno, egli, alla testa di quanti hanno approvato la sua decisione, varca il Po a Ferrara il 10 giugno, e di là per Rovigo, accettato l'invito del Manin, entra in Venezia il 13 giugno, e il governo della repubblica lo nomina generale in capo dell'esercito il 16 giugno.

…Il generale Pepe, abbandonato dal suo corpo d'armata aveva passato il Po e dirigevasi per Rovigo verso Padova seguito solamente da due battaglioni di volontari comandati dai maggiori Materazzo e Vaccaro, e da uno di cacciatori che il suo amico Ritucci guidava. Questi cacciatori ed una batteria sotto gli ordini del Boldoni furono i soli regolari napoletani che non obbedirono alle ingiunzioni del Borbone. Le forze di questi battaglioni ascendevano a circa 1500 uomini, aiuto non

---

20 Ibid, p.48.
21 G. Pepe, *L'Italia negli anni 1847, 48 e 49*, Torino 1850, p. 76.
22 Le Masson, *Venise*, cit., p. 48 della trad. it.
23 Ivi.

piccolo nelle angosciose circostanze di Venezia.
Pepe fu salutato con affetto e venerazione dall'intera popolazione ed il governo, memore del suo patriottismo, della invitta fede da lui serbata ognora alla causa nazionale, lo nominava il 15 giugno comandante in capo di tutte le forze del Veneto[24].

Arresasi la città il 23 agosto 1849, il Pepe si avviò di nuovo in esilio. Giunto a Corfù (29 agosto), s'imbarcò per Genova l'8 ottobre, e alla fine di novembre raggiunge Parigi. Colà attende a stendere le sue memorie *L'Italia negli anni 1847, 48 e 49*, date alla luce a Torino nel 1850, e subito dopo il colpo di stato di Luigi Napoleone del 2 dicembre parte per il Piemonte dove a Torino trascorre gli ultimi anni della sua vita.

Intorno a Venezia intanto ci si batte. Un episodio tra i tanti: gli scontri a Brondolo e Ca' Pasqua, presso Chioggia.

Il forte di Brondolo è il perno fondamentale della difesa di Venezia e Chioggia da sud.

Si tratta di un'antica fortezza veneziana, costruita dopo che il Senato ha decretato, il 16 luglio 1571, la costruzione di alcune opere a difesa dei porti di Chioggia: gli Ottagoni di Caroman e il Forte di Brondolo.

Gli austriaci iniziarono a potenziare il forte dal 1800 in poi. Durante il periodo napoleonico vengono eseguiti ulteriori lavori di potenziamento del forte: esso costituisce il nucleo centrale del Campo trincerato di Brondolo di cui fanno parte il Forte San Michele, il Ridotto e la Testa di ponte di Madonna Marina.

Nel 1848 il forte di Brondolo è un quadrilatero bastionato, il cui lato rivolto a ponente non ha cortina essendovi state fabbricate diverse case. I parapetti sono stati ingrossati fino ad uno spessore di 7 metri; trenta traverse vengono elevate a riparo dei pezzi, e vengono costruiti guardafianchi e paradossi ai bastioni di mezzogiorno, levante e settentrione.

Un guardinfante, che cinge il maggior magazzino di munizioni e polveri, è coperto da forti travature, e viene prolungato fino al vicino parapetto, e coperto di una gran quantità terra che lo renda a prova di bomba. In tal modo, oltre all'ampio magazzino, *si ebbe buon riparo da porvi al sicuro le vettovaglie, e tutta l'opera fu come grande e solida traversa, che bene riparava la parte interna del forte*[25].

Il ponte levatoio che è nel lato rivolto a mezzogiorno essendo assai esposto alle artiglierie nemiche, viene tolto e collocato nel lato opposto, e dietro viene costruito un camminamento coperto, per il quale, da Brondolo, si raggiunge il forte della testa di ponte di Madonna Marina. Viene costruita un'altra traversa, a riparo del ponte medesimo. L'antica porta di Mezzogiorno viene chiusa, e il vano coperto di terra, a prova di bomba, e all'interno viene allestito un ospedale da campo. Nel forte è situata una caserma difensiva la quale viene resa a prova di bomba, e tanto rialzata *che avesse bastevole il comando sul terreno oltre Brondolo e fuvvi da presso costruito comodo rampo, buono a portarvi su le artiglierie ove fosse stato mestieri. Innanzi alle cortine di mezzodì e levante si costruirono due rivellini*[26].

Il presidio del forte si compone di 150 artiglieri e 300 militi, molti dei quali servono come artiglieri ausiliari. Nel 1848-49 il forte è armato con sei cannoni da 24, di bronzo, dieci da 24, di ferro, quattordici da 18 di modello austriaco, otto da 12 lunghi, di bronzo, quattro obici da 6, otto mortai da 8, per un totale di cinquanta bocche da fuoco Sono presenti anche otto pezzi piccoli da campagna. Per battere il forte di Brondolo, gli austriaci hanno postato al Selice di Cà Duse una batteria di mortai: questa ha tre lati volti a battere le batterie al Forte San Michele, a Brondolo e Busiola, di

---

24 Radaelli, *Storia dell'assedio di Venezia*, cit., pp. 152-153.
25 I. Ghiron, *Il valore italiano: storia dei fatti d'armi e atti di valore compiuti dal 1848 al 1870 per l'indipendenza d'Italia*, I, Roma 1883, p. 145.
26 Ibid.

dimensioni tali da poter contenere dodici mortai[27]. I protagonisti dell'azione sono qui i soldati napoletani, il cui ruolo molte volte fondamentale- si trattava di professionisti addestrati e disciplinati, oltre che assai motivati e consapevoli della sorte che li attendeva in caso di sconfitta, dopo aver disubbidito all'ordine di rimpatrio di Ferdinando II- è fin troppo spesso sottovalutato o dimenticato:

Rammenterò nondimeno, scrive Radaelli, *l'animosa spedizione del maggiore Materazzo, il quale essendo di presidio a Brondolo col suo battaglione di Napoletani, ebbe il pensiero di scacciare gli Austriaci che dall'altra parte del fiume Brenta continuamente molestavano la guarnigione del forte. Postosi alla testa dei suoi soldati e ordinatili in tre colonne, ributtava in ogni punto il nemico, e poscia abbruciate le case che gli avevano servito di riparo, senza essere molestato ri tornava al suo posto. Due giorni dopo, cioè il 25 luglio, il nemico aumentato in forza attaccò il posto di Cà-Pasqua, difeso dai medesimi Napoletani sostenuti da due altre compagnie del presidio. Il combattimento durò molte ore, ed alla fine gli Austriaci dovettero ritirarsi dopo aver subìte perdite di qualche rilievo. In questi due fatti il maggiore Materazzo si condusse con molto valore ed intelligenza*[28].

▲ Mappa del forte di Brondolo, fulcro della difesa di Venezia e Chioggia nel settore del Brenta

Il 6 agosto ebbe luogo in Venezia la promulgazione della legge che incorporava le provincie venete agli Stati Sardi.

Il 7, il governo provvisorio procedette, nella sala del Maggior Consiglio della repubblica in Palazzo Ducale, all'atto solenne della cessione della supremazia territoriale e della sovranità della città e provincia di Venezia, con tutte le sue forze di terra e di mare, in favore del re Carlo Alberto e dei suoi successori. Il cardinale patriarca, il generale in capo Guglielmo Pepe, il comandante della guardia nazionale Mengaldo, il presidente del tribunal d'appello Foscarini, il podestà Correr, l'ammiraglio Bua, come eziandio i presidenti delle diverse autorità giudiziarie ed amministrative, assisterono a quest'atto solenne; e da questo momento fu inaugurato il governo dei commissari straordinari di

---

27 Alla fine del XX secolo il forte è stato completamente distrutto per far posto al mercato ortofrutticolo e alla strada statale Romea: cfr http://www.fortificazioni.net/forti/BRONDOLO.htm

28 Radaelli, *Storia dell'assedio di Venezia*, cit., p. 165.

Carlo Alberto. Come tali furono scelti il marchese Vittorio Colli di Felizzano, maggior generale e senatore di Sua Maestà Sarda, il cavalier Luigi Cibrario, membro della regia camera superiore dei conti, e il dottor Giacomo Castelli, già presidente del go verno provvisorio. - - Ecco il tenore della legge che decretò l'unione:

EUGENIO, principe di Savoia- Carignano, luogotenente generale di S. M. nei regii Stati in assenza della M. S.

Vista la deliberazione del dì quattro corrente mese della città e provincia di Venezia stata presentata a S. M. da speciale deputazione al quartier generale di Rover bella nel successivo giorno dodici, secondo la quale de liberazione è generale voto di quella popolazione di unirsi al nostro Stato; Il senato e la camera dei deputati hanno adottato; Noi in virtù dell'autorità che ci è delegata abbiamo ordinato ed ordiniamo quanto segue:

Art. I.
L'immediata unione della città e provincia di Venezia, votata dall'assemblea de 'suoi rappresentanti, è accettata. La città e la provincia di Venezia formano cogli Stati sardi e cogli altri già uniti un solo regno, alle condizioni contenute nelle leggi d'unione colla Lombardia.

Art. II.
Per le provincie venete vi sarà una consulta straordinaria come per quelle di Lombardia. Essa sarà composta degli attuali membri del governo provvisorio di Vene zia, e dei due membri per ciascuno dei comitati delle quattro provincie di Padova, Vicenza, Treviso e Rovigo contemplati nelle dette leggi d'unione. Quando le tre provincie di Verona, Udine e Belluno si riuniscano anch'esse agli Stati medesimi, potranno inviare alla consulta stessa due deputati per ciascheduna.

I ministri segretari di Stato sono incaricati della esecuzione della presente legge, la quale sarà sigillata col sigillo dello Stato, pubblicata nella città e comune della provincia di Venezia, ed inserita negli atti del governo. Dato in Torino addì ventisette luglio milleottocento quarantotto.

Firmato: EUGENIO DI SAVOIA.

Controsegnati V. Sclopis. V. Di Revel. V. Gazelli pel controllore generale. Controsegnato Vincenzo Ricci.

I commissari annunziano il loro entrare in funzione col seguente proclama:

I commissari straordinari del Re Carlo Alberto nella città e provincia di Venezia.

Cittadini! Chiamato dal vostro libero voto, il Re Carlo Alberto vi accoglie e vi proclama eletta parte della sua grande rigenerata famiglia.

Veneziani! Il Re conosce, ama ed ammira questo popolo generoso che in tempi di universale servaggio fu il primo ad alzare in queste lagune un'ara alla libertà; che cresciuto a potenza d'impero e dominatore dei mari, salvò più volte l'Italia minacciata dai barbari che alle arti, alle scienze e alle lettere di splendido ed ospitale ricetto che rifulse e rifulgerà nella storia al pari delle più celebrate nazioni, che finalmente in questo gran moto della risorgente Italia si mostrò degno dei suoi famosi progenitori, rivendicando fortemente, sollecitamente la propria indipendenza. Il Re vi conosce e v'ama, e ricevendovi tra suoi figli sente nel più vivo del cuore qual forza e quale splendore s'aggiunga all'unione italiana, sola ancora di salute che assicuri il nostro valore contro alla forza numerica delle falangi nemiche.

Veneziani ! Carlo Alberto s'accingeva a versare per voi il proprio sangue e quello dei principi suoi figliuoli prima che niun indizio trasparisse del magnanimo vostro concetto d'unirvi alla monarchia costituzionale dell'Alta Italia da lui fondata. Immaginate con qual onor vi riguardi ora che si confondono nel vessillo comune della indipendenza italiana la croce di Savoia col leon di San Marco!

Veneziani ! Le nazionalità non si ricostituiscono, e ricostituite non si conservano senza dure prove, senza peri coli, senza sacrifizj. Chi ama la libertà, chi ama la patria, debb'esser disposto ad ogni cimento, sol che viva libero, so lo che vegga la patria indipendente. Chi misura l'estensione del sacrificio non è buon cittadino, non è buon Italiano.

Mercé il valor vostro voi siete ora liberi. Questo bene supremo niuno ve lo potrà strappare se al valore continuerete ad aggiungere l'amor dell'ordine, l'osservanza della legge e della disciplina, senza le quali la libertà perisce. E noi, onorati dell'alta e difficile missione di reggere in nome del governo questa meravigliosa città e questo popolo generoso, invochiamo fidenti il concorso e l'assistenza di tutti i buoni, quel concorso e quell'assistenza mercé la quale il governo provvisorio ha potuto condurre felicemente a termine l'arduo mandato di cui l'onorava la confidenza dei suoi concittadini, noi invochiamo principalmente il concorso di quella inclita milizia cittadina che ha già segnalato in tante guise il proprio affetto alla gran causa nazionale.

Indirizziamo, o fratelli, i nostri sforzi uniti al comune bene, rammentiamo che Venezia non può essere vinta sinché si mantiene ordinata, concorde, e gridiamo:

Viva San Marco! Viva Carlo Alberto! Viva l'Italia!,
Colli. Cibrario. Castelli.

Giungono poco dopo tre battaglioni di linea dell'Armata Sarda, il primo della brigata *Savoia* comandato dal capitano De Villa Rej, il secondo della brigata *Acqui* agli ordini del maggiore Bottiselli, ed il terzo della brigata *Savona* comandato dal maggiore Arbora; sono circa duemila uomini. Comandante delle truppe piemontesi è il colonnello Alberto Ferrero della Marmora, fratello di Alessandro e Alfonso La Marmora.

Ai veneziani, o almeno ad alcuni di loro di tendenze accanitamente repubblicane, sembra che i soldati piemontesi non piacciano molto, anche per il dialetto subalpino, che appare *barbaro* ai veneti[29]:

Al vedere le truppe del re piemontese, con certe uniformi tristi e sdrucite, con facce ed accenti barbari, e' ci pareva d'esser tornati tedeschi, od almeno che altre catene fossero per istringerci novellamente[30],

anche se la stessa fonte deve riconoscere che *trovammo colti e gentili* gli ufficiali, e che

Le truppe piemontesi lasciarono un bello esempio di disciplinatezza, e furono più volte festeggiate dal nostro popolo[31] .

I tre battaglioni non saranno impiegati al fronte, ma resteranno a Venezia per mantenervi l'ordine pubblico, ciò che provocherà indignazione tra i cittadini ed i volontari, anche se per obbiettività va detto che i battaglioni, formati da riservisti, soffriranno moltissimo per le febbri, con gran parte degli uomini ospedalizzati.

---

29 Anche Francesco dell'Ongaro testimonia:
Benché fin da principio gli ufficiali istruttori si fossero affrettati di tradurre il comando in quella goffa lingua della milizia subalpina, tuttavia il popolo non intendeva il dialetto de' nuovi venuti, e li risguardava come stranieri. Il loro aspetto era freddo e sinistro: la facile ospitalità de' Veneti non trovava ricambio che paresse fraterno. Cento volte ho udito dire sommessamente ad uomini e a donne: "Santa Vergine ! i me par proprio Croati!" , cfr. F. Dell'Ongaro, Venezia l'11 Agosto 1848, Capolago 1850, p.166.
Si pensi al contrario, alle espressioni di stima unanimemente usate per i soldati napoletani e per i volontari romani, ciò che dovrebbe far riflettere parecchio taluni *padani*.

30 *Venezia libera. Cenni sull'attuale suo governo, sulla milizia cittadina, sull'esercito di terra e di mare, sulle fortificazioni dell'estuario ecc. Con brevi memorie intorno ai principali fatti accaduti dal 17 Marzo al 31 Dicembre 1848. Giornale per l'anno 1849*, Venezia, 1849, p. 59.

31 Ibid., p. 59 e 67.

▲ Il feldmaresciallo Josef Graf Radetzky

PER QUESTE 48 ORE GOVERNO IO!
VENEZIA TORNA REPUBBLICA

Lavoremo, lavoremo Sti trabacoli e vapori:
Su sti legni i tre colori Col Leon sventolarà.
Deghe drento, deghe drento No perdè gnanca un momento:
Sti bei legni terminemo; Presto fora i sortirà.
Al lavoro attento sta', Marangon e calafà.
(*Canzonetta popolar dei arsenalotti*, 1848).

Ma Carlo Alberto non giungerà mai a Venezia, perché alle vittorie di Palestro e Goito seguiranno Santa Lucia e Custoza. Un breve riassunto di quanto era avvenuto in Lombardia e nel Veneto occidentale è necessario.
Dopo l'insurrezione milanese, il Feldmaresciallo Radetzky è costretto ad abbandonare Milano e a rifugiarsi entro Verona, non prima di aver messo a ferro e a fuoco i paesi in cui gl'insorti gli contrastano la ritirata. Dichiarata, da parte del Piemonte, la guerra all'Austria, il Radetzky rimane nel quadrilatero; e mentre l'esercito di Carlo Alberto assedia Peschiera, egli provvede a riorganizzare il suo esercito, per riprendere l'offensiva non appena gli siano giunti i rinforzi da lui chiesti a Vienna. Essi giungono dalla parte del Veneto, dopo aver battuto a Cornuda e alle Castrette le truppe pontificie, e il 22 maggio operano il congiungimento con le truppe del Radetzky Validamente accresciuto, l'esercito austriaco si concentra allora a Mantova col proposito di tagliare la strada di Milano all'esercito piemontese, e dopo una sanguinosa lotta a Curtatone e a Montanara il 29 maggio contro le truppe dei volontari toscani e napoletani, si scontra a Goito con l'esercito piemontese, che riporta una brillante vittoria, impedendo agli Austriaci il passaggio del Mincio.
Se non che, il Radetzky, traendo profitto dell'inesplicabile inazione del nemico, piega su Vicenza, che è costretta a capitolare, e rinforzato dalle truppe di L. von Welden, sconfigge a Sommacampagna l'ala destra dell'esercito piemontese comandata da E. de Sonnaz il 22-23 luglio, e due giorni dopo batte l'esercito di Carlo Alberto a Custoza, lo costringe a togliere il blocco a Mantova, quindi lo sconfigge a Volta, obbligandolo alla ritirata su Milano e poi a rivalicare il Ticino. Il Radetzky entra in Milano il 6 agosto e tre giorni dopo conclude l'armistizio detto di Salasco, per cui l'esercito piemontese deve evacuare da tutto il territorio lombardo.
Il giorno 11 agosto alle nove meno un quarto un messo del generale Welden porta a Venezia l'annunzio dell'armistizio firmato dal generale Salasco il nove agosto, che comprende tra le varie clausole la restituzione della città veneta all'Austria.

Il generale in capo del secondo corpo di riserva ai signori commissarii straordinarii di S. M. il re di Sardegna a Venezia.
Ho l'onore di trasmettere qui accluso il documento ufficiale che ho ricevuto.
Persuaso che gli ufficiali incaricati da Sua Maestà il re di Sardegna dell'esecuzione degli articoli della convenzione non tarderanno a giungere, lascio a voi, signori commissari, la facoltà di terminare o continuare le ostilità.
Aggradite l'espressione dell'alta mia considerazione.
Padova, 11 agosto 1848

Welden.

▲ La battaglia di Novara, 1849

Al messaggio è accluso il testo dell'armistizio, che recita:
Convenzione di armistizio fra le armate sarda ed austriaca come preludio delle negoziazioni per un trattato di pace.

Art. 1.° Il punto di divisione fra le due armate sarà la stessa frontiera dei rispettivi Stati.

2.° Le fortezze di Peschiera, Rocca d'Anfo ed Osopo, come pure la città di Brescia saranno sgombre dalle truppe sarde e alleate, e consegnate alle truppe di S. M. Imp.; la consegna di ciascheduna di queste piazze avrà luogo tre giorni dopo la notificazione della presente convenzione.

Nelle succitate piazze i materiali di guerra appartenenti all'Austria saranno restituiti; le truppe sortiranno seco portando i loro materiali, armi, munizioni ed effetti d'abbigliamento, ecc. di loro proprietà, e rientreranno per tappe regolari e per il cammino il più breve negli Stati di S. M. sarda.

3.° Gli Stati di Modena, di Panna e la città di Piacenza con quel circuito di territorio assegnato come piazza da guerra saranno sgombrati dalle truppe di S. M. il re di Sardegna tre giorni dopo la notificazione della presente.

4.° Questa convenzione riguarderà egualmente la città di Venezia e la terra ferma veneziana ; le forze militari sarde di terra e di mare sgombreranno la città, i forti e le porte di questa piazza, per poi rientrare negli Stati sardi. Le truppe di terra potranno effettuare la loro ritirata per terra a tappe sopra una via da convenirsi.

5.° Le persone e le proprietà de' luoghi sunnominati sono posti sotto la protezione del governo imperiale.

6.° Questo armistizio durerà per sei settimane onde dar luogo alle negoziazioni di pace, spirato il qual termine sarà o prolungato di comune accordo o diffidate le parti otto giorni avanti la ripresa delle ostilità.

7.° Saranno nominati reciprocamente dei commissari per l'esecuzione la più facile ed amichevole di quanto sopra.
Dal quartiere generale di Milano, 9 agosto 1848.
Il luogotenente generale de Hess, m.p.

Quartier-mastro-generale dell'armata di S. M. I.R.A.

Il luogotenente generale conte Salasco, m.p.

Quartier-mastro-generale dell'Armata Sarda.

Nella città lagunare, dove fin dal sette agosto governano i tre commissari regi, Jacopo Castelli, Vittorio Colli e Luigi Cibrario, la notizia dell'armistizio crea grande costernazione e agitazione nella popolazione.

Si pensa che i commissari piemontesi siano in realtà stati mandati apposta per consegnare la città nemico, ma l'annuncio non è ancora ufficiale e gli stessi commissari non vi prestano fede, pensando ad un inganno da parte austriaca, e dichiarando che :

Non si presterebbero a partecipare minimamente ad un atto che ripugna ai loro sentimenti, come sarebbe la consegna di Venezia; che dal momento in cui ricevessero notizia ufficiale di tale convenzione, considererebbero il loro mandato come cessato, e Venezia ritornava alla condizione politica in cui era al momento della fusione con il regno sardo-lombardo; che quindi Venezia era libera d'agire come Stato indipendente nel modo che credesse più utile alla causa propria ed italiana, valendosi della cooperazione dei propri privati cittadini.

Al che, il commissario Castelli, veneziano, aggiunge sdegnato dalla decisione piemontese:

La convenzione è nulla per lo stesso patto della fusione, non potendosi decidere delle sorti del paese senza l'adesione della Consulta; in ogni modo l'abbandono di Venezia da parte del Re ripone la città nello stato di prima. Essa nata libera e tale mantenendosi finché fu oppressa dalla forza, e poi dopo cinquant'anni rivendicatasi a libertà, non ha per la prima volta dalla sua origine aderito ad una monarchia che ad un patto inefficace, sicché la causa della sua libertà originaria rimane integra e potrà soccombere solo a quelle violenze che fanno perire i diritti.

Una gran folla si raduna intorno al palazzo Nazionale, com'è stato ribattezzato il palazzo Ducale, inveendo contro i commissari:

Abbasso i traditori ! Morte ai Commissari!

Il deputato Antonio Mordini, invitando con espressioni piuttosto accese il commissario Colli a dimettersi, riceve questa fiera risposta :

Che violenza è questa? Credete di spaventarmi? Ho lasciato una gamba sul campo di battaglia, ho consacrato alla patria quattro figli, soldati al pari di me. Non voglio ritirarmi dinanzi al pericolo, morirò al mio posto, non m'importa in qual modo, né mi dimetterò se non quando avrò notizia ufficiale dell'armistizio.

Ma intanto il tumulto cresce. Dalla piazza la folla urla al tradimento e invoca Manin:

Fummo traditi! Fummo venduti ! A terra il mal governo!
Vogliamo Manin ! Viva Manin il salvatore della patria!

Per comprendere la confusione che regna in quel momento a Venezia con l'alternarsi di voci incontrollate, ci affidiamo alla testimonianza del maggiore Debrunner, comandante della Compagnia Cacciatori Svizzeri, che assiste personalmente a quanto accade in Piazza San Marco:

▲ Dopo la sconfitta di Custoza e l'armistizio Salasco, venne dichiarata decaduta l'unione tra Venezia e il Regno di Sardegna, e fu nuovamente proclamata la repubblica (giornale del 12 agosto 1849)

Sul momento il commissario Castelli si recò da Manin e gli rese conto di quanto era accaduto. Dopo avergli esposto la necessità di prendere le risoluzioni le più pronte e più energiche per salvare la patria, decisero che riunirebbero la consulta la stessa sera a 8-ore con Manin e i commissari.

In quell'intervallo (a 8 ore) giunse da Ravenna il battello a vapore che faceva il servizio postale. Non recava né il corriere di Milano né quello di Torino, né una notizia qualunque, che confermasse aver avuto luogo effettivamente la capitolazione; ma in un giornale di Genova, Il Pensiero Italiano, leggevansi le seguenti sconfortanti notizie:

« Le communicazioni [sic] col nemico sono di nuovo aperte. Dopo la battaglia del 4 Sua Maestà s'era chiuso in Milano per dividere la sorte di quella città, ma vedendo pur troppo che il numero ognor crescente dei nemici non lasciava speranza di oppor loro un'efficace resistenza, e volendo risparmiare a quella capitale gli orrori che sarebbero la conseguenza d'una città presa per viva forza o per fame, il re la evacuò dopo aver conclusa una capitolazione che garantisce ai Milanesi la sicurezza della vita e delle loro proprietà.

« Il nostro esercito si è ritirato dietro il Ticino. S. M. ieri il 6 era a un'ora dopo mezzo giorno a Magenta.

« Appena si saranno ricevuti i dettagli delle operazioni militari di questi ultimi giorni, ci affretteremo di portarli a conoscenza del pubblico.

« Torino, 7 agosto 1848.

« Il ministro della guerra G. Collegno. »

Voci le più contradditorie [sic] circolavano per la città, per cui la popolazione si portò in massa al cader della notte sulla piazza San Marco. L'impazienza era sì grande che appena si lasciò il tempo di deliberare. Non si poteva più oltre tener celato al popolo quella fatale notizia, imperocché gridava sempre più tumultuosamente : « Notizie! Notizie!»

Un impiegato del governo lesse ad alta voce il bullettino del Pensiero riportato qui sopra. Indi i due commissari si mostrarono al balcone, e dichiarando che i rapporti ufficiali non erano per anco giunti, lasciavano tuttavia travedere che le fatali inquietudini da cui erano oppressi potevano verificarsi. E quando il popolo della piazza gridò loro : «Dunque Milano ha capitolato? Quali sono le condizioni? A che punto siamo ridotti in quanto alla flotta, in quanto a noi stessi? » esitavano a rispondere Finalmente il commissario Colli dichiarò che bisognava far distinzione tra la flotta veneta e la flotta sarda, che poteva bensì contare sulla prima, ma non garantire che l'ultima potesse essere ancor disponibile per la nostra difesa, il commissario Castelli, arrivato in quel frattempo e presentatosi al balcone con Manin, assicurò anch'egli che effettivamente si mancava di qualsiasi notizia ufficiale che potesse far dubitare della sicurezza e indipendenza di Venezia; appena che una notizia positiva di questa natura fosse giunta, soggiunse, i commissari si ritireranno immediatamente e l'assemblea dei rappresentanti sarà convocata. Alcuni di quelli che si trovavano nelle prime file gridarono: «Bisogna che i Piemontesi e Castelli abdichino sul momento! » Castelli rispose ad alta voce: « Per tutta la mia vita non fui altro se non Veneziano, e da questo momento sorto dalla commissione.» I Piemontesi dichiararono parimenti a quelli che loro stavano intorno che da quell'istante si sarebbero astenuti dal prender parte a qualunque atto del Governo[32].

Daniele Manin, che è prontamente accorso a Palazzo Nazionale, s'affaccia risoluto al balcone e afferma che si fa garante del patriottismo dei commissari e che con loro prenderà *gli opportuni provvedimenti per la salvaguardia della città e dell'indipendenza*.

Castelli da parte sua dichiara che, una volta ricevuta la conferma dell'armistizio, lui e gli altri commissari restituiranno i poteri per radunare l'assemblea, ma il popolo vuole le dimissioni immediate.

---

32 Debrunner, *Venezia nel 1848- 49*, cit., pp. 107 segg.

Nel frattempo giunge, tramite una gazzetta la conferma della sconfitta di Carlo Alberto e dell'armistizio. Manin, alla notizia della disfatta piemontese, convocata l'assemblea ha assunto per due giorni i pieni poteri, e affacciatosi dal Palazzo Ducale davanti alla folla in tumulto ha esclamato:

I regi commissari dichiararono ritirarsi da questo momento dagli affari del governo. Dopo domani si riunirà l'assemblea dei rappresentanti della città e provincia di Venezia, ed essa eleggerà il nuovo governo. Per queste 48 ore governo io!

Ed ha chiesto ai veneziani con voce commossa se la popolazione se la senta di resistere al nemico.

Fra poco sarà battuta la generale, acciò il popolo si corra alle armi. Da ogni battaglione verrà scelto un certo numero d'uomini che in questa stessa notte si porranno se in cammino per la fortezza di Marghera, minacciata d'assalto dal nemico.

▲ Daniele Manin Dittatore.

Ci andremo tutti! Delle armi! delle armi! lo interrompono grida provenienti dal popolo.

Le armi le avrete, risponde Manin.

Tutto serve di arma ad un popolo che vuol difendersi. Pensate al 22 marzo! Con quali armi avete cacciato gli Austriaci di qui? Per ora sgombrate la piazza. Il silenzio e la quiete sono necessarii per provvedere ai bisogni della patria.

La risposta è positiva, i veneziani resisteranno ad ogni costo. La decisione in effetti viene "favorita" dal fatto che gli austriaci, dovrebbero, prima di passare all'assalto, concentrare ingenti forze per bloccare la città e superare la difficoltà naturale della Laguna prima di offendere realmente la città e la popolazione, e questo darà ai veneziani del tempo a disposizione per sperare e preparasi al peggio. All'indomani Manin pubblica i seguenti proclami. Il primo è indirizzato ai veneziani:

Concittadini!
Nei momenti di pericolo grande bisognano risoluzioni pronte ed ardite. Perché non rimaneste senza governo non esitai di assumere, benché per poche ore, il gravoso incarico di governare. La necessità me ne diede il mandato. La vostra benevolenza me ne agevoli l'esercizio. Domenica si convocherà l'assemblea dei vostri rappresentanti, e sarà sua prima cura di costituire un governo nuovo; poi di provvedere efficacemente alle presenti necessità.
Confidiamo in Dio, in noi, nell'Italia e nel soccorso d'altri popoli liberi, già domandato e che non deve mancarci.
Manin.

Il secondo proclama è indirizzato ai volontari italiani accorsi a Venezia:

Soldati Italiani!

La guerra dell'indipendenza alla quale avete consacrato il vostro sangue è ora entrata in una fase per noi disastrosa. Forse unico rifugio alla a libertà italiana sono queste lagune, e Venezia debbe ad se ogni costo custodire il fuoco sacro.

Valorosi !

Nel nome d'Italia, per la quale avete combattuto e volete combattere, vi scongiuro a non scemare di lena nella difesa di questo santo asilo della nostra nazionalità; il momento è solenne: trattasi della vita politica di un popolo intiero, i cui destini pende e possono da quest'ultimo propugnacolo.

Militi, quanti siete, che da oltre Po, da oltre Mincio, da oltre Ticino, qui siete venuti pel trionfo della causa a comune, pensate che salvando Venezia salverete i più a preziosi diritti delle vostre terre native. Le vostre famiglie benediranno ai tanti sacrifici che vi siete imposti.

▲ Francesco Giuseppe I, succeduto sul trono al debole Ferdinando

L'Europa ammirante premierà la generosa vostra perseveranza; e nel giorno che Italia potrà dirsi redenta erigerà fra i tanti monumenti che qui stanno del valore e della gloria dei nostri padri un altro monumento su cui starà scritto: I militi italiani difendendo Venezia hanno salvato l'indipendenza d'Italia.

      Manin.

Il 12 agosto, avuta conferma ufficiale dell'armistizio, Colli e Cibrario si preparano ad abbandonare la città, nonostante Manin li preghi di collaborare con il nuovo governo. Saliti a bordo di una nave della flotta sarda salperanno il 15 agosto 1848.

Il 13 agosto si raduna l'assemblea. Su proposta del deputato Antonio Bellinato, viene messo a capo del nuovo governo cittadino Daniele Manin, il quale vuole al proprio fianco l'ammiraglio Leone Graziani, debole e irresoluto, ed il colonnello Gian Battista Cavedalis, un ingegnere friulano di Spilimbergo, con l'incarico della difesa marittima e terrestre della città.

Il 20 agosto il triumvirato provvede ad avvisare il governo sardo a Torino che l'opera sua si limita alla difesa e al mantenimento dell'ordine e che

Tutte le condizioni politiche precedenti rimanevano impregiudicate e incolumi i diritti e i doveri della città e provincia intorno al proprio reggimento e intorno all'appartenenza politica.

Il 5 settembre, ricevuto l'ordine da Torino, il colonnello la Marmora imbarca i suoi tre battaglioni di fanteria sulle navi dell'ammiraglio Albini, e in data 7 settembre la flotta sarda abbandona Venezia facendo rotta su Ancona.

Se i piemontesi lasciano Venezia, arrivano però altri volontari, assai ben motivati, da Bologna e dallo Stato Pontificio.

Il 7 settembre il battaglione dell'Alto Reno e buona parte del battaglione Universitario Romano lasciano Bologna. Il patto con gli austriaci fatto dopo la resa di Vicenza - tre mesi di astensione dalle operazioni belliche - sta per scadere e i due battaglioni vanno a combattere per difendere la Repubblica Veneta. Questa scelta allontana da Bologna due corpi franchi tra i più irrequieti e allo stesso tempo li salva dallo scioglimento imminente. Il battaglione dell'Alto Reno lascia in città pochi ammalati, alcuni addetti al deposito e il piccolo squadrone dei Cavalieri di Angelo Masina, che si coprirà di gloria nella difesa della Repubblica Romana contro i francesi nel '49. Il battaglione Universitario Romano invece si divide per gravi dissensi al suo interno. Partono per Venezia 400 uomini comandati dal maggiore Ceccarini, mentre a Bologna rimane la parte più disciplinata della formazione, circa 130 militi, con il capitano Barbetti. Il 16 settembre anche il battaglione Zambeccari raggiunge la città lagunare ed è passato in rivista in piazza San Marco dal generale Pepe. I volontari bolognesi saranno destinati al presidio di Marghera, dove avranno modo di distinguersi, come vedremo.

Nel frattempo, già dal 10 agosto gli austriaci, padroni di Mestre, iniziano il fuoco contro il forte di Marghera. Ma hanno, in quel momento, poche forze e poca artiglieria: la sottomissione di Venezia sarà una cosa dura e difficile.

Nel Veneto, dopo la caduta di Vicenza in mani austriache, restano dunque ancora in armi Venezia, protetta dalle sue lagune, e le due piccole fortezze di Palmanova e di Osoppo.

Palmanova è rimasta abbandonata a sé già il 16 aprile e dall'11 maggio al 16 giugno è stata soggetta a continui bombardamenti. Difendono la città elementi italiani del reggimento austriaco *Erzherzog Ferdinand d'Este Infanterie-Reg. Nr. 26,* ed altri, ugualmente ex soldati austriaci, venuti a formare la legione *Galateo*; e poi 100 artiglieri piemontesi e la Guardia Civica. Il 14 giugno il bombardamento riprende, continuando il 15 e il 16.

Il 21 il colonnello Kerpen, annunziata la caduta di Vicenza, di Padova e di Treviso, intima la resa. Il generale Zucchi riunisce un consiglio di guerra; al solito i pareri sono discordi: soprattutto i crociati e i soldati del battaglione *Galateo* vogliono continuare la resistenza.

Alla fine, il 24 giugno, la piazza s'arrende: i soldati sono liberi di tornare alle loro case, gli ufficiali conservano le proprie armi, gli artiglieri piemontesi s'impegnano a non combattere per un anno contro gli austriaci, mentre crociati veneti e truppe regolari sono liberi di riparare a Venezia.

Il vecchio generale Zucchi viene biasimato per tale resa, ritenuta prematura dagli elementi di sinistra.

Ad onta di ciò, il governo provvisorio lombardo chiama Zucchi a Milano e quindi lo manda a Brescia, proprio quando l'esercito piemontese sta per subire il rovescio di Custoza.

Rimane Osoppo, difesa dal bolognese Zannini, il quale spera in una ripresa della rivoluzione in tutto il Friuli, ed è coadiuvato dal friulano Andervolt. Il presidio già di 450 uomini, molti dei quali già nell'esercito austriaco, ed altri volontari e guardie civiche, finisce col ridursi a 350.

Gli abitanti della zona si adoperarono perché il forte sia rifornito di viveri e anche di vestiario; comunque, la guarnigione viene posta presto a razione e resiste tenacemente tra gli stenti; la popolazione del villaggio sottostante alla rocca non si decide ad abbandonare le proprie dimore e uomini e donne aiutano nei lavori.

La fortezza, con un perimetro di 1800 metri, dispone di 28 cannoni. Gli austriaci pensano dapprima a un attacco di viva forza, poi si limitano a un blocco sempre più serrato. Il 26 giugno, caduta anche Palmanova, viene intimata la resa, ma invano. Alla fine di settembre, gli austriaci sembrano decisi ad assaltare il forte con due battaglioni e truppe suppletive.

Il primo ottobre comincia il bombardamento che si protrae saltuariamente nei giorni successivi.

Un colpo di mano, nella notte sul 7, contro il villaggio di Osoppo viene sventato, ma il 9 ottobre il paese è conquistato, saccheggiato e incendiato, sebbene gli austriaci non possano mantenervisi. Il giorno dopo lo Zannini viene invitato a trattare.

Riunito un consiglio di guerra, questi ritiene che la capitolazione possa venire onorevolmente accettata. Alla fine, il 13 ottobre, la capitolazione era sottoscritta: il presidio sarebbe uscito con gli onori delle armi; gli elementi cosiddetti di truppa estera sarebbero stati accompagnati al confine;

▲ La bandiera del Forte di Osoppo, 1848

gli ex militari austriaci potevano tornarsene alle loro case. I superstiti riparavano a Venezia e vi costituivano la legione friulana. La difesa di Osoppo costituiva una bella pagina di tenacia e d'abnegazione, anche se era mancata l'estrema difesa. Anche qui, però, la difesa del forte non s'era accompagnata a un'azione di bande contro le truppe assedianti; le forze combattenti parevano destinate a concentrarsi nelle città, per cadere quivi, dopo onorata resistenza, le une dopo le altre.
Il Manin spera molto nella mediazione che, in regime d'armistizio, Francia e Inghilterra offrono al Piemonte; mediazione blanda e che servirà soprattutto all'Austria per guadagnare tempo. Nell'ottobre, pare che le ostilità si debbano riprendere. A Vienna si ha la terza rivoluzione, Praga dev'essere domata a forza, gli ungheresi si ribellano apertamente; in Lombardia Mazzini prepara dalla Svizzera un'invasione di bande nel Comasco, il cosiddetto moto di val d'Intelvi. Le forze austriache di fronte a Venezia, data la situazione generale, sono pur sempre scarse. Si è fatto appunto al comandante veneziano, Guglielmo Pepe, di non aver agito con maggiore energia in questo periodo, cercando di rompere il blocco e spingersi eventualmente fino a Padova e a Treviso. Egli aveva 21000 uomini, contro 10000 austriaci tanto disseminati. Ma s'è anche detto che nell'estate, specialmente fra le lagune, le febbri dilagavano, tanto che un terzo o persino la metà dei suoi soldati ne erano colpiti. Comunque ora Pepe decide di effettuare una sortita contro Cavallino, contro la branca nord-orientale del blocco nemico, o se vogliamo l'estrema sinistra della loro linea di blocco. Qui gli austriaci hanno 300 uomini con due cannoni.
Il 22 ottobre, 400 uomini appoggiati da alcune barche cannoniere, avanzano lungo la diga del canale, da Tre Porti a Cavallino; e sebbene si tratti di un passaggio obbligato, infilato dall'artiglieria, gli austriaci, visto il nemico avanzare arditamente alla baionetta, si ritirano poco brillantemente in disordine, lasciando i cannoni, molte munizioni e viveri in mano agli assalitori. Pepe non vuole però mantenere tale posizione, ritenendola troppo lontana; ma gli austriaci per molto tempo non osano rioccuparla e l'arrivo dei viveri da quel lato rimane assai facilitato.

BANDIERA ROSSA SU SAN MARCO

Viva San Marco eh
repubblicano oh
quello che tiene eh
l'arma alla mano oh
ma per distruggere eh
l'imperadore oh
e spiegaremo eh
bandiera rossa oh
bandiera rossa eh
è segno di sangue oh
e spiegaremo eh
bandiera rossa oh
bandiera rossa eh
è segno di guerra oh.
(Canto dei battipali veneziani, versione cantata nel 1848- 49).

Non c'è dubbio che in questo periodo triumvirato e governo veneziano cercarono di rinsanguare le esauste finanze con numerose imposte sui passaporti, la carta bollata, la birra, e soprattutto con prestiti, richiedendo offerte ai ricchi, e con emissione a corso forzoso di carta moneta: in tutta Italia, così come era possibile, si fecero offerte per venire al soccorso dell'eroica città. Si cercò anche di riordinare l'esercito, dando un'uniforme comune e organizzando la fanteria in legioni, ossia reggimenti di 3 battaglioni, anch'essi di forza uniforme; ma si riuscì solo in piccola parte. I battaglioni di Guardia Mobile, da 6 saliti a 7, furono poi rifusi in 4; così pure, i 2 battaglioni di volontari napoletani si ridussero a uno solo. Insomma, si preferì avere dei battaglioni d'una certa consistenza e d'una forza relativamente costante, anziché tanti battaglioni scheletrici. La fanteria risultò di 13000 uomini in 19 battaglioni, con in più alcune compagnie di sottufficiali e di veliti, ossia cacciatori, una compagnia svizzera, una ungherese, una dalmata. Il 14 novembre 1848 i dalmati don Luca Antunovich, don Luca Lazaneo, Pietro Naratovich e l'istriano Matteo Petronio lanciano il 14 novembre 1848 il seguente proclama:

AI GIOVANI DALMATO- ISTRIANI

che non militano ancora sotto la Bandiera della Indipendenza Italiana.
Il caldo desiderio da Voi esternato, giovani valorosi, nel 22 marzo, di formare una legione Dalmato-Istriana,
per combattere in campo aperto l'austriaca tirannide, verrà esaudito, tosto che Voi accorriate sotto il vessillo tricolore italico dell'indipendenza.
(...)
No, l'Istria e la Dalmazia marittima, non sono, non possono essere, non saranno mai germaniche o slave, ché non lo consentono natura, né la storia delle politiche loro vicende, non la lingua, non la religione, i costumi.
(...)
Accorrete quindi senza indugio, accorrete numerosi sotto le sospirate bandiere della santa guerra d'Italia, ed efficacemente cooperando alla redenzione di questa invidiata, e perciò dai selvaggi straziata penisola, cooperate del pari alla redenzione dell'Istria e della Dalmazia.
All'armi, giovani generosi, all'armi; la Patria vi chiama vi incita. Il giorno della completa

indipendenza italiana, sarà giorno dell'emancipazione, pur anche dalmato- istriana, dalle branche crudeli dell'esecrata bicipite aquila austriaca!

Viva l'Italia ! Viva San Marco !

Frutto del proclama sarà la costituzione della Legione *Dalmato- Istriana*, che raccoglierà molti, se non tutti, i volontari istriani e dalmati accorsi alla difesa della loro ex capitale. La slavizzazione forzata voluta dal regime di Francesco Giuseppe sarebbe stata la risposta della monarchia danubiana. Infatti il 2 dicembre 1848 ha luogo l'abdicazione dall'imperatore Ferdinando, il nipote Francesco Giuseppe sale sul trono degli Asburgo. Prende sempre più consistenza la politica filo-slava del nuovo governo austriaco, grato per l'aiuto fornito soprattutto dai croati nei convulsi frangenti del '48 che avevano indotto la corona austriaca a diffidare dell'inquieto elemento italiano e distruggere anche il ricordo plurisecolare del Serenissimo Veneto Dominio: il bano di Croazia Jellacih (Jelacić) viene nominato Governatore della Dalmazia e di Fiume. I deputati dalmati che hanno a cuore l'autonomia della loro regione dalla vicina Croazia accolgono sfavorevolmente tale nomina. Il 10 dicembre 1848 gli elettori di Volosca, a netta maggioranza slava, inviano una protesta al governo austriaco contro il loro rappresentante, il reazionario Vlach, che brigava per unire il loro distretto alla Croazia dichiarando di voler restare uniti a Trieste centro del loro benessere morale, commerciale ed industriale e di non accettare nel loro foro altra lingua scritta che l'italiano e di non voler essere *per verun conto aggregati nè alla Croazia civile, nè alla Croazia militare* .

Sarà tutto inutile .

Si sperava poi molto nella defezione dei reparti ungheresi sulla linea di blocco, ma nell'insieme fu una grande delusione.

Venezia fece pure pratiche per avere reparti mercenari dalla Svìzzera, ma la Dieta federale s'oppose: ma si distinse la Compagnia Cacciatori Svizzeri del maggiore Jean Debrunner[33], autore di un bel libro di memorie pubblicato nel1850, compagnia formata da volontari di lingua tedesca-ciò che specie all'inizio comportò diversi equivoci- e rinforzata da svizzeri disertori degli eserciti napoletano e pontificio e da disertori austriaci e croati; e fallì pure il tentativo di chiamare a Venezia i battaglioni svizzeri pontifici, che tanto s'erano distinti a Vicenza e che il governo rivoluzionario romano aveva licenziato alla fine di febbraio del '49.

Le truppe del genio, tanto necessarie in questo tipo di guerra, sì riducevano a 250 uomini. In compenso, però, l'artiglieria era numerosa; se quella da campo si riduceva a due batterie con 12 pezzi, quella d'assedio saliva a 500 bocche da fuoco, che guarnivano le 70 opere, forti, batterie o trincee. Infine, c'erano pure 2 squadroni di cavalleria (*Cavalleria Veneta*, o *Cacciatori a Cavallo*). L'insieme di tutte le truppe attive saliva a 16000 uomini: se, come si è detto, piemontesi e napoletani erano partiti, se i romani erano stati richiamati alla fine dell'anno per difendere lo Stato sorto dai torbidi del novembre, nuove forze erano affluite: disertori italiani dell'esercito austriaco, giovani renitenti alla leva austriaca, volontari di diverse regioni d'Italia. Di essi i due terzi erano veneti, i rimanenti romani, napoletani, lombardi e bolognesi, oltre a piccoli contingenti di disertori ungheresi e una compagnia di mercenari svizzeri.

Vi era poi la Guardia Civica, suddivisa fra la Guardia Civica Stazionaria, per il servizio interno, la Guardia Civica Mobile, impiegata nei forti, quattro compagnie di *armi speciali*, costituite da due compagnie di artiglieri, una di bersaglieri ed una di zappatori, ed una compagnia di barcaioli civici per la sorveglianza dei canali e della laguna, in totale 7 od 8000 uomini; e 4000 uomini della marina di cui 1600 marinai, 1100 artiglieri e 1300 fanti. I quadri di questo esercito erano pur sempre inuguali; però, sia attraverso la guerra del Veneto, sia attraverso l'esperienza della lotta ai margini

---

33 Molte fonti riportano la forma de Brunner, ma lui stesso si firmava Debrunner, forma che abbiamo seguito nel presente lavoro. Sulla Compagnia Cacciatori Svizzeri, v. K. Baumgartener A.I.S.P., *La "Compagnia cacciatori Svizzeri" alle battaglie del Risorgimento veneziano (1848-49)* http://luganophila.ch/index_htm_files/SBZ1512-CacciatoriSvizzeri.pdf

della laguna, essi si venivano via via formando. Del resto parecchi volontari lombardi e veneti avevano prestato servizio di leva nell'Imperial Regio Esercito per otto anni, ed erano dunque ben addestrati e disciplinati. L'ordine di battaglia, per quanto ricostruibile, era il seguente:

Genio. Battaglione lombardo d'ingegneri,
2 compagnie di zappatori.

Artiglieria. 1 compagnia di volontari (*Bandiera e Moro*),
2 batterie da 6 pezzi d'artiglieria di campagna,
10 compagnie d'artiglieria permanente.

Cavalleria. 2 squadroni di Cacciatori a cavallo, o *Cavalleggeri Veneti*.

Fanteria. 9 legioni di 2 e 5 battaglioni:
*Legione del Sile,
del Brenta e Bacchiglione,
Cacciatori delle Alpi,
Galateo,
Euganea,
Italia Libera,
Dalmata- Istriana,
del Friuli,
Universitaria.*
1 compagnia di carabinieri,
6 compagnie di gendarmi,
5 reparti più piccoli di Ungheresi, Napoletani, Lombardi, Svizzeri etc compresi il btg. *Primavera* (studenti da 14 ai 18 anni di età), *la Coorte Veliti Italiani,* il *Corpo Franco Pontificio*, i *Bersaglieri lombardi*, i *Cacciatori del'Alto Reno*.
1 compagnia del personale d'ambulanza.
In tutto circa 16 mila uomini. Oltre ciò, poteva il governo disporre ancora di più di 8- 12 mila uomini ben armati della Guardia Civica[34].

---

34 Secondo il cap. Francesco Carrano (*Della difesa di Venezia negli anni 1848- 49*, Genova 1850, pp. 98-99) la situazione era la seguente:
Artiglieri e zappatori
Bandiera e Moro. . . . . Militi 220
Artiglieria marina. 1.100
Artiglieria da campo. 400
Artiglieria terrestre 1.200
Zappatori del genio 250
Totale 5.170
Cavalleria,
due squadroni 200
Fanti Reggimento *cacciatori del Sile*, due battaglioni 1.100
Reggimento *Galateo*, due battaglioni. 1.200
Legione *Euganea*, due battaglioni 800
Legione *Brenta e Bacchiglione*, due battaglioni 800
Totale. 3.900
Due reggimenti, quattro battaglioni, che prima erano guardia mobile. . . . . . . .Militi 5.000
Legione Friulana, un battaglione 800
Legione *cacciatori delle Alpi* un battaglione. 800
Battaglione *Italia-Libera*. 600
Battaglione lombardo 500
Battaglione di fanteria marina. 1.500
Battaglione napolitano 500
Gendarmeria, un battaglione 1.000
Veliti, quattro compagnie 400
Compagnia di sottuffiziali 100

La flotta consisteva nelle seguenti navi:
corvette:
Lombardia (armata con 24 cannoni),
Veloce (24 cannoni),
Civica (20 cannoni),
Indipendenza (20 cannoni),
brick:
S. Marco (16 cannoni),
Crociato (16 cannoni),
Pilade (16 cannoni),
vapore *Pio IX* (7 cannoni),
goletta *Fenice* (16 cannoni)
ed in dieci trabaccoli ed altro naviglio leggero.

Fu poi veramente preziosa, quando cominciò l'assedio vero e proprio, l'opera degli ufficiali napoletani già ricordati che circondavano il Pepe, e che in gran parte appartenevano alle armi dotte, artiglieria e genio, quali il Mezzacapo, l'Ulloa ed il Cosenz.

I mesi che trascorsero fra l'inizio del blocco e quello dell'assedio costituivano un tempo sufficiente per organizzare le truppe ed anche disciplinarle discretamente. Si è visto come queste fossero composte di un gran numero di corpi formatisi successivamente e senza alcuno spirito d'unità, la cui confusa organizzazione presentava differenze e disparità, e come tutti si arrogassero dei diritti e dei privilegi particolari. Vi erano volontari di ogni sorta, guardie civiche mobili e truppe di linea. La prima cosa da farsi era quella di adottare una formazione stabile e uniforme, e Pepe lo tentò più volte, disponendo di ordinare la fanteria in legioni, ciascuna di tre battaglioni; ma anche questo non si poté eseguire che in modo approssimativo, e le legioni ebbero alcune tre battaglioni, altre due, e qualcuna uno solo. I battaglioni differenziavano anche molto nella loro particolare organizzazione e nei loro effettivi, che variavano da 400 a 1000 uomini. Il loro numero venne ridotto; cosicché i sette battaglioni di guardia mobile non ne formarono più che quattro, i due battaglioni napoletani vennero fusi in uno solo.

Ecco come il capitano di stato maggiore napoletano Francesco Carrano analizza la composizione dell'esercito veneto, in una testimonianza che ha il valore dell'analisi critica, che merita di essere riportata per esteso:

L'esercito di terra, poiché delle milizie romane fu scemato, per altre volontarie coscrizioni e ingaggi non poco venne accresciuto. Furono composti tre nuovi battaglioni, uno di Friulani, l'altro di cacciatori delle Alpi, e il terzo Euganeo. Fu aggiunto altro battaglione al Galateo. Dei sette battaglioni di guardia mobile furono composti quattro più forti e meglio ordinati. Dei due piccoli battaglioni di volontari napolitani fu fatto un solo.

E i nuovi battaglioni furono formati di abitanti delle provincie di Padova, Treviso, Belluno e Udine, i quali ingannando la vigilanza del nemico, e aiutati da benemeriti italiani di quelle contrade, ognidì per settimane e mesi in Venezia venivano ad ascriversi alle sue milizie. E quivi con lieti modi erano accolti: che anzi il governo a rendere più agevole il loro venire mandava in vari siti della circostante terraferma suoi fidati famigli, abili barcaiuoli, conoscitori sperimentati degli infiniti

Compagnia di deposito	100
Coorte ungherese	60
Coorte svizzera	90
Coorte *dalmato-istriana*	68
Battaglione *Unione* (romano, poi rientrato a Roma)	900
Totale	14.118
Totale generale	17.488

canali più reconditi che mettono nella laguna, e che al nemico era impossibile tutti guardare, affinché i nuovi arrivati presto e sicuramente menassero nella città. E tra quelli vennero non pochi italiani, che militanti nell'esercito di Austria disertavano l'abborrita aquila bicipite, per poter combattere sotto la bandiera di S. Marco.

Del che fatto accorto il nemico, in Treviso il tenente maresciallo Stürmer il 17 gennaio 49 decretò pena di morte, per giudizio statario, a quelli che impedendo ai soldati di Austria di raggiungere i loro reggimenti, l'indirizzassero a Venezia. Fu composta una compagnia di un cinquanta ungaresi che in Venezia trovavansi, segno di fratellanza dei due popoli che la stessa guerra contro il medesimo nemico di qua e di là dai monti combattevano. Fu compiuto l'ordinamento di una divisione di artiglieria da campo di 12 pezzi, formata della batteria napolitana e di altri nuovi pezzi in breve apprestati nell'arsenale: la quale divisione fu detta italiana, dacché artiglieri vi erano genti di tutte le provincie d'Italia. Furono anche condotte a compimento due compagnie di artiglieri volontari, i quali tolsero il nome di Bandiera e Moro, martiri fra i primi della italiana libertà. Fu accresciuto il numero degli artiglieri di marina. Furono ordinati due squadroni di cavalleria, formati di napolitani e veneti. Furono create quattro compagnie dette di Veliti, *nelle quali entrarono giovani da sedici a trenta anni, non pertinenti ad alcun battaglione delle venete milizie, e fu stabilito che verrebbero instrutti nelle cose militari tanto che potessero addivenire buoni uffiziali.*

E tutte le milizie venete non più di volontari si dissero, ma di ordinanza.

Malagevole torna discorrere il modo di ordinamento tenuto nel comporre il piccolo esercito veneto, avvegnaché non ne fosse stato mai uno certo e costantemente seguito. Da principio, quando non si dubitava che gli eserciti di Piemonte e di Napoli avrebbero scacciato gli austriaci d'Italia, in Venezia furono formate alquante compagnie di volontari, mandate fuori a combattere, e poi il reggimento dei cacciatori del Sile, sette battaglioni di guardia mobile, il battaglione Galateo, il battaglione di gendarmi, e i battaglioni di artiglieria e di fanti di marina, già soldati d'Austria; per che si vede come quelle prime milizie non fossero tutte in un sol modo divise per battaglioni o per reggimenti.

E poiché le truppe di Roma, che erano quattro reggimenti e due singoli battaglioni, furono partite da Venezia, si volle che le venete milizie fossero divise in legioni, ciascuna composta di due battaglioni: ma infatti poche furono ordinate a legioni, cosicché anche questa seconda volta la divisione in legioni non meno fu varia e promiscua. Gli artiglieri vennero ordinati in battaglioni e compagnie : e per verità quanto agli artiglieri, come quelli che più erano necessari alla difesa di Venezia, più accurata e maggiore opera fu posta. Il quale variare di ordinamento delle truppe fu cagionato in sul principio da mancanza di uffiziali atti alla bisogna, e più tardi da incapacità di alcuni, i quali, essendo ignari delle cose della guerra, mossi da piccole ambizioni, ridevoli più che nocive, ogni arte usarono perché il difficile incarico a loro, e non ad alcuno dei pochi uffiziali che

▲ volontario della Compagnia Cacciatori Svizzeri

prima in regolari eserciti avevano militato, il governo avesse commesso. (...)
Né migliore era l'armamento, essendo di varie sorte i moschetti, altri da fulminante, altri da pietra, e poche carabine dette stutzen. *Fu notato in un solo battaglione essere di cinque sorte moschetti, da pietra napolitani e inglesi, da fulminante, e carabine* stutzen *e carabine* Kammerbichesen.
Il nuovo esercito era pur mancante di bastevole numero di sottuffiziali instruttori, i quali secondo che il bisogno e il poco uso di milizie in quelli nuovi soldati voleva, in breve spazio li avessero nelle cose militari ammaestrati: e mancava eziandio di buoni uffiziali, dacché pochissimi vi erano che prima in bene ordinati eserciti avessero militato. Nondimeno come si poté meglio in ogni battaglione o legione venne ordinata una scuola di teorica militare per i sottuffiziali e uffiziali, oltre una stabilita in Venezia comune a tutti, nella quale si davano lezioni di matematiche, artiglieria, disegno e contabilità militare.
Fu prescritto che le milizie venissero ammaestrate nel maneggio delle armi e nelle evoluzioni, e specialmente in quelle di battaglione; e così in Venezia come nelle circostanti isolette dove si trovavano di presidio, a coteste esercitazioni ogni di attendevano: per la quale instruzione fu sancito farsi uso dell' Ordinanza piemontese, *perocché fu giudicato che le truppe venete nella prossima guerra unite alle piemontesi avrebbero dovuto combattere.*
(...) Fu confermata e meglio stabilita la divisione militare dell'estuario in cinque circondari, che furono: 1.° Marghera, 2.° Lido, 5.° Chioggia, 4.° Burano, 5.° Alberoni, i quali tolsero i nomi dal luogo in cui il comandante di ciascuno stanziava. A ogni circondario fu preposto un uffiziale superiore, dal quale di pendevano tutte le truppe che presidiavano i siti in esso circondario compresi, e il quale comunicava dirittamente col comandante supremo. Furono composti consigli di guerra per ciascuno circondario, e un con sesso supremo per l'appello e la revisione delle prime sentenze, che aveva sede in Venezia, non essendo stata, non so per qual motivo, mandata ad atto una proposta fatta di ordinare consigli di guerra per ciascun battaglione o legione, il quale modo per certo è più con veniente alla mobilità delle truppe. Le leggi militari furono le antiche, lievemente accomodate alla natura delle nuove milizie e al nobile obbietto pel quale combattevano. Fu ordinata la ragione delle spese per la guerra, retta da un intendente generale e ministrata da inferiori uffiziali detti commissari di guerra, e de terminate le rassegne mensuali per le paghe: la quale amministrazione in vero e a cagione della strettezza del tempo, e per difetto di sapere o volere di alcuni tra gl'inferiori uffiziali, non bene procedé, onde spesso del pubblico danaro fu fatto sciupio condannevole[35].

Certo la presenza di tanta truppa di diversa provenienza e la forzata coabitazione portò a tensioni con i civili, come provano le numerose zuffe tra veneziani e svizzeri, che erano specialmente all'inizio assai malvisti essendo di lingua tedesca, o le risse tra cittadini e soldati romani a San Pietro di Castello la notte del 23 luglio 1848 e tra gli abitanti di San Leonardo e napoletani il 17 febbraio 1849. Particolarmente indisciplinati erano i volontari della *Legione Universitaria*, di guarnigione a Chioggia, spesso accusati di entrare nelle case per infastidire le donne: così ne parla Jean Debrunner, comandante la compagnia dei Cacciatori Svizzeri:

Un corpo di studenti, chiamato Battaglione universitario, faceva con noi la guarnigione della città. (...) Del resto le virtù militari non erano certo il loro distintivo; ed ancorché, per onor del vero, si debba render giustizia al coraggio di cui hanno dato grandi prove, è proprio un peccato ch'essi mancassero assolutamente di costanza e di disciplina. Malgrado tutti i riguardi che si aveva per questi signori, si lagnavano tuttavia più che le altre truppe delle fatiche del servizio, alle quali si sottrassero più d'una volta con mezzi illegittimi.
I loro ufficiali, siccome nominati da essi stessi, non avevano nessuna autorità su di loro. Quand'uno di questi voleva infliggere un castigo meritato, subito si formava un partito in favor del colpevole:

---

35 Carrano, *Della Difesa di Venezia*, cit., pp. 89-91

intrighi continui fra di loro onde disgustare della sua carica colui che era caduto in discredito e confidarla in seguito ad un altro, a fine di servirsene come di un organo di partito. Tutti questi soldati avendo la stessa paga e ricevendo poco dallo Stato, facevano valere dei privilegi che a dir vero producevano degli effetti pregiudizievoli sul resto delle truppe. Ecco il motivo per cui questi giovani non avevano la loro cucina, ma mangiavano a proprio conto negli alberghi. Per loro non si parlava neppure di osservanza alle ore di polizia; il generale non avrebbe mai ardito di costringerli all'ordine. Durante la metà della notte essi vagavano a torme per le strade, facendo dei cattivi scherzi, sui quali si chiudeva gli occhi in considerazione dei deliziosi canti ch'essi eseguivano tutte le sere con una melodia che incantava. Nelle caserme presentavano veramente il vivo quadro d'una famiglia disunita, in cui giornalmente si alterca, e dove le mani non stavano sempre alla cintola. Io mi sarei aspettato di trovare maggior sentimento d'onore in studenti italiani.
Non solo nuocevano al servizio, ma scapitavano altresì nell'opinione pubblica; e qualunque partitante dei corpi franchi non avrebbe potuto a meno di concepire la stessa mia avversione se gli fosse stato possibile di vederli nel loro modo di agire. La reciproca famigliarità paralizza l'autorità dei capi; l'elezione di questi dipendendo dai loro subordinati, ogni forza di volontà propria restava annichilata; i privilegi di servizio fanno degenerare il soldato ed eccitano il malumore delle altre truppe. Diffatti le intestine discordie disunirono gradatamente questo battaglione, che finì per essere disciolto dallo stesso governo.

Un quadro che si adatta a molti, anche se non tutti, dei reparti di volontari delle guerre risorgimentali, allergici alla disciplina ed agli obblighi militari, e che spiega perché il Piemonte abbia sempre guardato di mal'occhio i reparti irregolari.

In buone condizioni di disciplina, di organizzazione e di salute, scrive Alexandre le Masson, *le truppe venete potevano essere sufficientemente numerose per bastare alla più lunga difesa, ed anche per agire a qualche distanza fuori delle lagune; ma nello stato in cui si trovavano, riducevansi ad una forza più apparente che reale. Erano esse in gran parte composte di volontari, e il volontario è rare volte buon soldato; egli è millantatore e indisciplinato. La maggior parte dei capi non conoscevano la professione, né possedevano altro che quella semi-istruzione che nella guerra, come in ogni cosa, è più nocevole che utile. Lo sparpagliamento di truppe in una quantità di posti, sparpagliamento che avrebbe potuto essere molto minore senza rischio alcuno, impediva di esercitarli convenientemente, e riusciva assai nocivo alla disciplina e allo spirito del corpo. Fra i capi ed i subordinati non esisteva quella confidenza imperturbabile e assoluta, che forma la forza. Gli uni e gli altri rassegnavansi di mala voglia alle pratiche schiette dei minuziosi ma necessarii doveri della vita militare, e rimanevano sotto la bandiera piuttosto per vanità od interesse che per amore o patriottismo. Piccolo era il numero di quelli che avevano la fede, le convinzioni, dirò anzi i pregiudizi che animar devono il vero soldato. Questo stato di cose dovevasi principalmente all'insufficienza del supremo comando. Pepe non aveva né bastante cura, né bastante fermezza per mantenere l'ordine e la disciplina, e far progredire con qualche unità un'organizzazione troppo difettosa in sé stessa*[36].

Ma soprattutto una manchevolezza grande e fatale danneggiò irreparabilmente Venezia: l'insufficienza e l'inerzia della sua flotta.

Si è visto come fin dagli inizi si fosse persa l'occasione di richiamare a Venezia da Pola la flotta imperiale, nelle mani di equipaggi in gran parte italiani. Ma nell'arsenale vi erano, il 22 marzo '48, in armamento, in costruzione o in riparazione 15 navi con 238 cannoni, e precisamente una fregata, 4 corvette, 6 brick, 3 golette e un battello a vapore. La flotta austriaca non ebbe mai davanti a Venezia più di 16 navi con 276 cannoni, e precisamente tre fregate, due corvette, cinque brick, due golette e quattro battelli a vapore. E quanto alle navi più piccole, barche cannoniere, pontoni, trabaccoli, e via di seguito, Venezia ne aveva in quantità molto superiore. Sarebbe stato dunque

---

36 Le Masson, *Venice*, cit., p. 74 dell'ed. it.

necessario adoperarsi con ogni lena per mettere in efficienza le 15 navi dell'arsenale; il lavoro avrebbe potuto esser compiuto per intero entro un anno, vale a dire prima che cominciasse l'assedio vero e proprio; e si sarebbero potute comprare, pur nelle ristrettezze finanziarie, alcune navi a vapore. Ma il pericolo di dover esser serrati da ogni parte, per terra e per mare, non fu visto che molto tardi nella sua gravità: delle 15 navi utilizzabili, solo 11 scesero in mare e alcune proprio negli ultimi tempi, e la fregata e le 3 golette non furono mai pronte; né si pensò ad acquistare navi all'estero. Si curò invece molto la flottiglia delle lagune, mettendo in attività 140 piccole navi, con oltre 400 cannoni: esse servivano alla difesa interna della laguna, ma non potevano bastare a rompere il blocco marittimo.

Cosicché, sebbene la popolazione desse prova fino all'ultimo del maggiore patriottismo, mostrandosi piena d'abnegazione e di spirito di sacrificio, in realtà la grave falla, in tutto l'apparato difensivo, data dall'inefficienza della marina, risultò male d'una gravità eccezionale, e tale da rendere vani gli altri mirabili sforzi. Nel marzo '49, il Piemonte s'accinge a riprendere le ostilità; e la Repubblica romana decide senz'altro che una delle sue 2 divisioni si concentri a Bologna, per muovere verso il Po, collegarsi col Pepe e poi avanzare nel Veneto verso il Mincio e la Lombardia. Il Pepe dispone allora per un'azione al lato sud della laguna, così da potersi collegare con la divisione romana di Luigi Mezzacapo, e concentra delle forze a Brondolo.

Quindi il 21 marzo Pepe fa occupare da 350 uomini Conche, a undici chilometri a nord-ovest di Brondolo. Ma il giorno dopo gli austriaci attaccano energicamente, riprendono la posizione malgrado l'ostinata difesa italiana e vi lasciano un piccolo presidio.

Il 24 il Pepe riattacca a sua volta e torna padrone della località. Gli austriaci sono ripiegati a Santa Margherita, ma un loro grosso nucleo è a Cavarzere, sull'Adige, per sbarrare la strada alla divisione romana, la quale in realtà non ha ancora finito di riordinarsi a Bologna. E purtroppo la nuova campagna, iniziata dai piemontesi il 20, si è chiusa la sera del 23 con la dolorosa rotta di Novara. Il 2 aprile l'Assemblea veneziana si riunisce in comitato segreto, decreta per acclamazione che Venezia resisterà a ogni costo e rinnova la suprema autorità a Daniele Manin. Sulla cima del campanile di San Marco è alzata la bandiera rossa, simbolo di resistenza a oltranza. La bandiera rossa- non la bandiera col leone, come qualcuno ha scritto- segno di guerra senza quartiere sin dai tempi della Serenissima. I sostenitori della resistenza ad ogni costo porteranno da questo giorno un nastrino rosso all'asola della giacca. Inoltre viene decretata la coniazione di una medaglia bronzea che sul *recto* rappresenta Venezia, armata di spada che regge il tricolore, con a fianco il leone alato, e sul *verso* riporta il testo del decreto.

E tutto il popolo, e militi, e di ogni ordine genti, testimonia il capitano di stato maggiore Francesco Carrano, *con plausi e voci di letizia accolsero il decreto dell'Assemblea, e grande festa fecero ai loro rappresentanti: e tutti accesi di novello furore, determinati a dar nuova gloria a Venezia e all'Italia resistendo all'abborrito straniero fino agli estremi, tutti gridarono guerra, e vollero che una bandiera rossa, vessillo di guerra a morte, fosse posta in alto sull'estremo culmine del campanile di S. Marco, accanto all'Angelo che da quella grande altezza pare protegga la sottoposta città, e che ciascuno si fregiasse il petto di nastro rosso, e così fu fatto: e vollero pure che in memoria del fausto giorno fosse coniata medaglia di bronzo con incise le parole del forte decreto, e come si poté il più presto la medaglia fu coniata. In una faccia è il decreto del 2 aprile, il quale per essere uno dei più belli esempi di popolare eloquenza, non abbisogna di commento. Nell'altra faccia è figurata Venezia che sorge in aspetto marziale a difendere quella bandiera tricolore che rappresenta l'idea dell'italiana indipendenza. Il proposito generoso di salvare l'onore italiano è espresso dal verso di Dante – Ogni viltà convien che qui sia morta. – La medaglia fu venduta a profitto della patria*[37].

---

37 F. Carrano, *Della difesa di Venezia*, cit., Genova 1850, p.115.

FORTE MARGHERA E LA SORTITA DI MESTRE

Mia carabina, tu mai non dici
troppi sul campo sono i nemici
chiedi sol quanti, per opra mia
mordon la terra per agonia.
E se t'aggiungo la baionetta
che t'è sorella nella vendetta,
chi diè più sangue mal s'indovina,
mia carabina.

Venticinquemila austriaci e più di centocinquanta cannoni si preparano ad assaltare la città lagunare. Il bombardamento d'artiglieria si concentra inizialmente sulla fortezza di Marghera nel tentativo di metterla a tacere.
Qui la guarnigione veneta ha il compito essenziale di difendere l'ingresso a Venezia: il loro era un sacrificio prevedibile.
La necessità di realizzare una fortezza in corrispondenza del punto in cui più la terraferma si avvicinava a Venezia venne intuita, dopo la caduta della Serenissima ed il trattato di Campoformio del 1797, dagli austriaci. Questi erano infatti consapevoli che da tale posizione i nuovi mezzi di artiglieria avrebbero potuto raggiungere Venezia, distante appena quattro chilometri in linea d'aria.
Il forte venne realizzato in un'area acquitrinosa e paludosa ai margini della laguna di Venezia, attraversata da un intrico di canali e ghebi. In particolare la attraversava l'artificiale e trecentesco Canal Salso, che, collegando il porto di Mestre alla laguna, rappresentava la principale via di collegamento di Venezia con la terraferma. Al di là del canale, verso sud, si dipartiva il lungo argine di intestadura realizzato dai Veneziani per far confluire le acque della Brenta Vecchia e degli altri corsi d'acqua lontano dalle rotte di navigazione da e per la città lagunare, preservandole dall'interramento ed evitando il formarsi di ambienti malarici. A nord, invece, si trovava a breve distanza un altro canale artificiale, il canale Osellino, che deviava le acque del fiume Marzenego in direzione di Tessera: questo canale, in particolare, grazie al dislivello delle sue acque, poteva essere utilizzato per allagare in caso di necessità i terreni circostanti la fortezza, isolandola così quasi completamente. Sull'area sorgeva già il vecchio borgo di Malghera, sede di magazzini e dogane, che venne inglobato nel Forte: la chiesa di Marghera, ad esempio, divenne una caserma e il ponte cinquecentesco sul Canal Salso fu trasformato in magazzino dopo la copertura delle volte; anche l'unica osteria del borgo verrà riutilizzata come deposito.
Nel 1805 vennero quindi avviati i lavori spianando il vecchio borgo e realizzando il primo nucleo del forte, che venne rinforzato alle spalle dalla presenza di nuove batterie su palafitte a guardia dei canali navigabili, che

▲ Granatiere e fuciliere austriaci *(KuK InfReg Hoch und Deutschmeister)* nel 1848

▲ Divise austro- ungariche, 1848-49

si aggiungevano alle preesistenti fortificazioni veneziane.

Il ritorno nel 1806 delle truppe di Napoleone sorprese però i lavori ancora in stato arretrato. L'opera fortificata venne quindi rivista secondo i progetti dell'architetto francese Marescò, che previde la realizzazione di sei nuovi bastioni esterni, di un doppio fossato di cinta e di due ridotti laterali: uno lungo il canale Osellino ed uno lungo il canale Brentella.

I lavori vennero condotti sotto la guida del generale e ingegnere militare François- Joseph Chaussegros de Léry e successivamente di Chasseloup. Dei due ridotti laterali previsti però venne realizzato solamente il forte stellato di Campalto, che controllava la fondamentale chiusa dalla quale inondare le campagne attorno a Marghera. Nel 1809, mentre fervevano ancora i lavori di costruzione, il Veneto venne invaso da un'armata austriaca comandata dall'arciduca Giovanni d'Asburgo. All'approssimarsi del nemico la guarnigione franco-italica del forte, dopo aver fatto spianare gli edifici che ingombravano le linee di tiro e fatto allagare le terre ad est del forte, riuscì a costringere gli austriaci ad attaccare il lato occidentale, dove le opere di fortificazione erano già complete, respingendoli. Un nuovo attaco austriaco venne condotto nel 1813, quando Venezia venne sottoposta ad un duro assedio. Nonostante il forte fosse capace di arrestare l'aggressione, il collasso generale dell'Impero francese fece sì che Marghera fosse ceduta il 16 aprile 1814 agli austriaci, che ne presero possesso il 26 aprile. Tornato in mano austriaca, il forte venne rinforzato con la creazione di un nuovo canale navigabile attorno alla cinta esterna, mentre d'altro canto si portavano a termine le opere avviate dai francesi. Nel 1842 gli austriaci completarono la nuova ferrovia Ferdinandea che, attraverso la laguna su un lungo ponte ferroviario, raggiungeva Venezia: la strada ferrata venne fatta passare a breve distanza dai bastioni del forte, per non intralciarne il tiro e per fungerne da via di rifornimento. Il 22 marzo 1848, mentre la popolazione di Venezia occupa l'Arsenale e proclama la Repubblica con a capo Daniele Manin e Niccolò Tommaseo, gli abitanti di Mestre, con l'aiuto dei lavoratori della ferrovia, costringono la guarnigione austriaca a cedere la fortezza di Marghera. Rioccupata Mestre il 18 giugno 1848, gli austriaci si apprestarono a cingere d'assedio Venezia. La repubblica, ormai abbandonata la speranza di ottenere gli sperati soccorsi di Carlo Alberto, può ancora contare sulla protezione costituita dal Forte Marghera e dai vicini forte Manin e San Giuliano e dalla Ridotta Rizzardi.

Al tempo dell'assedio la fortezza di Marghera è armata con settantaquattro cannoni, dei quali diciotto da 24, ventidue da 18, quattro da 12, trenta da 6 : sette obici, dei quali uno da 8, tre da 6 e tre rispettivamente da 5, 7, 2: sedici mortai, dei quali nove da 12 e sette da 8; e due petrieri. Il ridotto Rizzardi è armato da cinque cannoni, dei quali tre da 24, uno da 18 e uno da 6, e nelle contigue batterie della Speranza, e del cammino coperto sono posizionati otto cannoni, dei quali quattro da 18 e quattro da 8 lunghi. La batteria dei Cinque archi era armata da quattro cannoni da 24 e un obice da 8° lungo. Il forte Manin è armato con dodici cannoni, dei quali due da 24, due da 18, due da 12 e sei da 6; e un obice da 6. In totale, Marghera e le opere distaccate sono difese da novantaquattro cannoni, nove obici, sedici mortai e due petrieri, in tutto centotrenta bocche da fuoco, *oltre alquante macchine da razzi, e archibugi da posta o fucili da rampano*[38], grossi fucili antiquati fissati sui bastioni.

In tutto si tratta di 140 pezzi d'artiglieria e 2.300 uomini al comando del generale Antonio Paolucci. Durante i caldi mesi estivi i patrioti devono sopportare le febbri malariche dovute alla zona acquitrinosa e all'acqua dei pozzi che veniva bevuta. Le numerose truppe alloggiano, oltre che nelle caserme difensive, anche in baracche di legno, tende ed altri alloggi di fortuna.

La guarnigione, assai numerosa per sopperire alla condizione del forte, non ancora in istato di valida difesa, si componeva di gente di più province italiane: Romani, Napoletani, Lombardi e Veneti, oltre a pochi Svizzeri, assoldati dal Governo. Quindi vari i dialetti, vari i costumi e le foggie. Non ancora provveduti di caserme, gran parte bivaccavano a ciel sereno: e quindi vari i gruppi, le scene. Spettacolo veramente sublime! Aggiungi il suon de'tamburi e delle trombette che si esercitavano, le grida de' venditori, de' lavoratori e de' mulattieri napoletani, e le allegre canzoni del soldato che combatte per la libertà e per la patria! Tratto tratto dominava quel frastuono il tuonar del cannone, che facea rispettare al nemico il raggio della fortezza. Ogni notte poi ti rompevano i sonni le voci d'allarme, che rapidissime scorrevano il forte dall'una all'altra sentinella. Gli allarmi erano in gran parte provocati da nostre ricognizioni; e tu udivi allora per la buia campagna sottoposta uno schioppettio preceduto da brevi fiammate: che se il foco si fosse fatto più forte in sulla linea nemica, a proteggere la ritirata dei nostri, si dava fuoco al cannone: quindi tutto ritornava in silenzio[39].

---

38 F. Carraro, *Della difesa di Venezia*, cit., p. 128.
39 *Memorie istoriche dell'artiglieria Bandiera- Moro. Assedio di Marghera e fatti del ponte a Venezia*, Castellago 1850, pp. 9- 10.

▲ Sortita di Mestre, 27 ottobre 1848

La situazione ristagna per alcuni mesi, fino al 27 ottobre, quando i Veneziani tentano un'azione di forza per liberare Mestre: la famosa *Sortita di Mestre*.

Il 27 ottobre ha luogo un'azione di maggiore importanza, da Marghera contro Mestre, punto principale della linea di blocco austriaca e nodo stradale importantissimo. Gli austriaci la presidiano con 2500 uomini. L'accesso da Marghera non è affatto facile, perché non v'è che un canale coi due argini e la ferrovia; il terreno tutto all'intorno, in parte paludoso, è poco sicuro.

Pepe dispone l'attacco con 2000 uomini divisi in tre colonne: una a destra, lungo il canale, un'altra al centro; una terza, molto più a sinistra, doveva sbarcare a Fusina e compiere una vasta azione aggirante, richiamando l'attenzione nemica da questa parte. L'azione di questa colonna, che doveva cominciare per prima, tarda alquanto, ma il Pepe fa avanzare ugualmente le altre due colonne, che procedono protette da una fitta nebbia. Il nemico però era vigile e accolse gli assalitori con forte fuoco. La colonna di destra viene sulle prime respinta; ma il Pepe la rincalza con l'invio di cento gendarmi, mentre la colonna di centro avanza.

Raggiunti da altri volontari, che avevano liberato Piazza Barche, si dirigono tutti al Ponte della Campana, di fronte a Piazza Maggiore, dove sono postati di guardia quattro cannoni austriaci che, tuttavia, non riescono a fermare l'assalto, e i volontari della Legione *Italia Libera* guidati dal capitano Mircovich piantano il tricolore sulla batteria nemica catturata.

Lo slancio degli assalitori è mirabile: alla fine il nemico abbandona le sue trincee, riparando nella piazza centrale della cittadina, mentre le case sul davanti vengono occupate da tiratori. Anche qui si sviluppa una dura lotta e per tre volte gli italiani vengono respinti, ma alla fine riescono a penetrare, e il nemico volge in piena fuga lasciando 200 prigionieri.

Quanto alla terza colonna sbarcata a Fusina, coll'appoggio di barche cannoniere mette in fuga il presidio nemico, impadronendosi di due cannoni e molte munizioni e avanza verso la strada da Mestre a Padova; ma sopraggiunte le tenebre retrocede a Fusina, mentre le altre colonne ritornano a Marghera. Fu indubbiamente un'azione molto brillante, in cui le truppe mostrarono un singolare valore. Gli austriaci perdono 300 uomini fra morti e feriti, 600 prigionieri, 6 cannoni e molto materiale; gli assalitori hanno 250 uomini fra morti e feriti. Rimane ferito mortalmente e muore una settimana dopo in Venezia, il poeta Alessandro Poerio di Napoli, nobilissima figura di patriota. A padre Ugo Bassi[40], che gli amministra i sacramenti invitandolo a non odiare nessuno risponde: *Io non odio nessuno, odio solo i nemici d'Italia.*

E' uno degli episodi militarmente più significativi dell'effimera Repubblica Veneta, che vede volontari spesso poco addestrati prevalere grazie all'impeto ed

▲ La bandiera della Repubblica Veneta

al superiore morale su truppe croate ben più addestrate, che pure secondo il colonnello Noaro si sono battute *eroicamente* e con *sorprendente valore*; merita di essere approfondito con i documenti dell'epoca. Ecco come descrive dettagliatamente gli avvenimenti la relazione ufficiale messa all'ordine del giorno dell'esercito dal generale Pepe il primo novembre. Lo riportiamo integralmente sia per l'interesse dato anche nell'elencare gli atti di valore compiuti dai combattenti dei vari Corpi sia come esempio dello stile dei documenti militari dell'epoca. Vi si leggono insieme cognomi veneti, napoletani, lombardi, romani, dalmati, emiliani e anche polacchi:

I triumviri veneti conoscer fecero il giorno 26 al generale in capo, che era ormai tempo di lanciar sul nemico i difensori della laguna sicché con l'esempio invogliassero gli Italiani a correre all'armi. - La mattina del 27 avanti l'alba il generale circondato dal suo stato maggiore, dalla lunetta n. 12 del forte Marghera, osservava le mosse delle tre colonne, le quali in tutto contenevano duemila baionette, quella di sinistra di quattrocentocinquanta uomini della quinta legione veneta, comandata dal suo colonnello Amigo, ed imbarcata su parecchi battelli era preceduta da cinque piroghe e due scorridoie sotto gli ordini del comandante la divisione di San Giorgio in Alga capitano di fregata Basilisco.

Questi legni colle loro artiglierie facilitar dovevano lo sbarco dei nostri in Fusina.

Il colonnello aveva istruzioni di occupare quel porto, e poscia dalla parte di Boavia presso la città di Mestre, servir qual riserva alla colonna del centro. Questa di novecento uomini, comandata dal colonnello Morandi [in realtà si trattava del colonnello Agostino Noaro, nda], *composta di volontarii lombardi e bolognesi aveva il carico di sloggiare il nemico trincerato sulla strada di ferro, e quindi occupare di viva forza Mestre. La colonna diritta di seicentocinquanta uomini formata dai battaglioni* Italia Libera, *e cacciatori Alto Reno, comandata dal colonnello Zambeccari, forzar doveva lungo l'argine angusto del canale di Mestre una barricata difesa da due bocche da fuoco e da molti fanti stabiliti nelle vicine case.*

Già albeggiava; le piroghe verso Fusina non avevano principiato il fuoco, a cagione della densa nebbia oltre l'usato; i quattro pezzi di campagna destinati per le colonne di dritta, e dal centro non erano giunti dall'isola del Lido; ma ogni ulteriore ritardo sarebbe stato nocivo: quindi bisognò eseguire la mossa e dar principio agli assalti colla baionetta.

---

40 Bassi è nato a Cento nel 1801. Battezzato con il nome di Giuseppe, lo cambia in Ugo, in omaggio a Foscolo. Dopo aver studiato retorica presso i barnabiti a Bologna, entra nella loro congregazione di Roma e nel 1821 prende i voti. Negli anni successivi insegna a Napoli e nel 1825 viene ordinato sacerdote. Si dedica alla predicazione, prima a Napoli poi in Piemonte, segnalandosi per i contenuti liberali delle prediche. Nel 1848 segue, come cappellano, le truppe di volontari guidate dal generale Durando. Ferito tre volte a Treviso, partecipa poi alla difesa di Venezia. Trasferitosi a Roma, si unisce ai volontari garibaldini, di cui divenne cappellano, nella difesa della Repubblica Romana. Alla caduta della Repubblica, Bassi partecipa con Garibaldi alla ritirata attraverso l'Italia centrale. Il 4 agosto 1849 viene catturato dagli austriaci a Comacchio, condotto a Bologna e fucilato.

Il nemico forte di duemila seicento uomini in tutta la linea, ne aveva mille cinquecento trincerati in Mestre, difesa da sei pezzi da campo, e dai cacciatori pronti a far fuoco dalle case. La colonna del centro fu arrestata da vivi fuochi d'artiglieria e di moschetti degli austriaci. Il generale in capo vi spedì il colonnello Ulloa capo del suo stato maggiore: egli si fece seguire da cento gendarmi di riserva, e con questo aiuto riordinò e spinse a passo di carica la colonna, la quale penetrò dentro la città. Arrestata una seconda volta a malgrado la forte resistenza che incontrò, e le gravi perdite sofferte procedè oltre.

▲ La sortita di Mestre in un quadro dell'ottocento.

Il nemico dopo di aver perduto parte delle sue artiglierie, difendevasi dalle case.
Il capitano Sirtori, il maggiore Rossaroll, ed il capitano Cattabene, arditi sino alla temerità, con un pugno di bravissimi lombardi si diedero a scacciare gli austriaci casa per casa, ed aprire le vie ai nostri che occuparono la città militarmente.
Fu in questo frangente che il barone Alessandro Poerio, volontario allo stato maggior generale, ricevè una palla da moschetto alla gamba; continuò ad avanzare, ne ricevè una seconda al ginocchio diritto; e steso a terra i nemici lo ferirono in testa colla propria daga, Mentre gli veniva amputata la coscia diritta, il valoroso Poerio con calma discorreva della sua cara Italia, e ne discorreva collo stesso affetto che gli eroi di Plutarco avrebber usato parlando di Atene e di Sparta.
Fra queste vicende il colonnello Zambeccari, seguendo l'argine costeggiante il canale, in contrava forte barricata, difesa da due pezzi di artiglieria, e se ne rese padrone alla baionetta, Ma il nemico profittando delle variazioni del terreno accanto, e di alcune casipole, offendeva grandemente la coda, ed il retroguardo della colonna, in modo che vi fu esitazione fra parecchi volontarii: essi vennero riordinati dal bravo colonnello Paulucci, e dal maggiore Assenti, i quali nella mischia trovavansi sovente a fianco del generale in capo.
Il colonnello Amigo appena le piroghe furono in misura di far fuoco, sbarcò in Fusina, si rese padrone di due pezzi da 12 abbandonati dagli Austriaci, di cui fece alcuni prigionieri, ma non giunse a tempo da secondare gli assalti su Mestre.
I risultamenti del valore prodigioso delle colonne del centro e di diritta, furono d'oltre 600 prigionieri, 5 cannoni di bronzo, molti cavalli, e buona quantità di munizioni da guerra.
Ma ciò che val meglio è l'essersi provato che i volontari d'Italia battono gli Austriaci superiori di numero, ben fortificati, ostinatissimi a difendersi, preparati fin dalla notte a riceverci, e che servivansi delle abitazioni come seconda linea di difesa.
Desiderava il generale in capo che coloro i quali sogliono dire, che egli ripone fidanza più del dovere nei volontarii italiani, avessero veduto combattere i lombardi ed i bolognesi, avrebbero osservato che quei bravi impiegavano di preferenza la baionetta, che disprezzavano ogni ostacolo, come si fa da chi è deciso a vincere od a morire; avrebbero ammirato in essi la calma, l'ordine e l'ardire da onorare i più esperti veterani, ed avrebbero ascoltato anche i più gravemente feriti salutar la imminente libertà italiana. Allorché una nazione possiede Milano e Bologna, essa di necessità romper debbe le più salde catene.
La guardia nazionale di Venezia, che al generale in capo ripugnò condurre a sì aspri combattimenti, mostravasi sui rampari di Marghera, implorando il permesso di marciar contro al nemico.

È ardua cosa il dovere far cenno di coloro che più si distinsero nella giornata del 27, dacché il valore e l'entusiasmo patriottico furono nel petto d'ognuno. Ma il generale in capo ha cercato per tutte le vie di far conoscere coloro, che mostraronsi più valorosi in mezzo a tanto valore.

Ecco il notamento dei distinti che poté ricordare il generale supremo:
Il colonnello Ulloa capo dello stato maggior generale, decise di segnalati vantaggi che ottenne la colonna del centro;
Il maggiore Rossaroll, i capitani dello stato maggiore Sirtori, Cosenz e Cattabene mostrarono sommo valore;
Il colonnello Morandi segnalavasi per calma ed intelligenza;
Il colonnello Noaro mostrossi in tutto degno comandante del suo valoroso battaglione,
Il colonnello Bignami ed il maggiore Zanetti precedevano sempre i disciplinati ed imperterriti Bolognesi.
Il colonnello Zambeccari rimase sempre alla testa della colonna.
Il maggiore Montecchi tenevasi in mezzo al fuoco al fianco del colonnello Bignami.

ARTIGLIERIA.
Il capitano d'artiglieria Boldoni, bravo ed intelligente, dava l'esempio puntando i suoi pezzi.
I sergenti Miservitz e Demboski rimasero uccisi.
Fu colpito questi al cuore caricando il cannone, e coll'ultima parola ordinava il fuoco.
Wagm, Damontet, Ferrara, Bellini, Gallato, Rigo, Oranzi, Cevaso tutti cannonieri intrepidi.

LOMBARDI.
Gli uffiziali lombardi dovrebbero essere nominati uno ad uno, essendo impossibile distinguere fra essi il più bravo, perché tutti bravissimi.
Il sergente Bianchi tolse un cannone al nemico mentre faceva fuoco.
Origi sergente (ferito) fu il primo a dare la scalata alla casa Bianchini,
Cunico seguì il sergente Origi alla scalata della detta casa.
Torretta sergente nel dare l'assalto alla casa fu ferito.
Cardosio e Ferrari (sotto uffiziali) furono anche tra i bravi che assaltarono la detta casa.
Ghezzi e Agostoni (sotto aiutanti);
Moia, e Maiocchi (caporali) si distinsero per immenso coraggio.
Salterio, De Vincenti, Bigato e Speziali. I due ultimi si distinsero straordinariamente, giacché se non fossero rimasti feriti sotto la mitraglia, avressimo in nostro potere la bandiera nemica.
Arbosini Giovanni e Gattoni Giuseppe mostrarono, nel prendere il cannone insieme al sergente Bianchi, sommo coraggio. Il sergente d'onore Antonio Gonzaga, d'oltre i sessant'anni è veterano della campagna di Russia del 1812 e delle campagne del 1813- 14, cadendo poi in una sortita da Forte Marghera ndA] emulò nel coraggio e nell'ardore i più giovani e arditi bersaglieri.

LEGIONE BOLOGNESE.
Due ufficiali bolognesi, di cui s'ignorano i nomi, sempre uniti alla colonna di vanguardia, sostennero gli scontri con coraggio, ed uno di essi si distinse all'assalto della casa Bianchini.
Un comune bolognese, di cui s'ignora il nome, correndo innanzi alla colonna di vanguardia fece a tre prigionieri. Gomerelli, sergente maggiore, e Piaggi, sergente furiere, uccisero quattro croati e ne fecero cinque prigionieri.
Mercuri Carlo e S. Marchi Leonardo furono sempre tra' primi in contro al nemico.

VOLONTARI PONTIFICI,
Il capitano Coletti, comandante una compagnia del terzo reggimento, combatté con valore all'assalto della casa. Quella compagnia fu do lente di essere giunta tardi per difetto di barche, e vi fu anche l'ordinatore Aglebert nel giungere a quella casa.

BATTAGLIONE ZAMBECCARI,
Grimaldi, aiutante sott'ufficiale, montò primo alla barricata ove erano posti ed abbandonati due

cannoni nemici.
Fontana, aiutante maggiore (ferito).
Orsini capitano, Facchini sottotenente, Gori sergente dei zappatori.
ITALIA LIBERA.
Giuseppe Mircovich, capitano, impugnò la bandiera, ferito che fu il porta-stendardo Buccello, e corse alla testa de' suoi, perché lo seguissero.
Gaudini, facente da maggiore;
Meneghetti, capitano comandante il secondo battaglione.
Scipione Bagaggi, lombardo, tenente, dal principio alla fine dell'azione intrepido, valorosissimo.
GENDARMERIA.
Marinello, affrontò primo la porta del campanile, fece sette prigionieri e sonò i tocchi della campana a stormo.
Capitano Viola, comandante il distaccamento;
il brigadiere Quadro, napoletano, Solda e Picinin gendarmi.
CACCIATORI SILE.
I tenenti Cattabene e Belli attaccarono un distaccamento nemico con ardire, e vi fecero dei prigionieri.
Poerio, i tenenti Mantese e Rossiello, ed i sergenti maggiori Trisolini e Vitale, volontari, accorsero al combattimento, e furono sempre primi ove più ferveva la mischia.
AMBULANZA.
Gli ufficiali di salute, nell'ambulanza, lombardi, romani, veneti, napoletani, tutti inostinatamente gareggiavano nel mostrarsi pieni di patriottismo e di umanità verso i nostri feriti.
MARINA VENETA.
Baldisserotto, tenente di vascello, in un battello, unito ai capitani dello stato maggior generale Carrano, Pigozzi e 1° sergente Santasilia, arditamente esplorava il nemico fino a tiro di fucile da Fusina. Animava colla voce il fuoco delle piroghe, e con i detti ufficiali dello stato maggiore primo sbarcava in Fusina.
Antonio Zorzi, fanciullo di dodici anni, mozzo della piroga n°1 essendosi, per un colpo di cannone nemico, staccata la bandiera della piroga e caduta in mare, si gettò a nuoto, la ricuperò, e rimessala sull'antenna in mezzo al fischiare della moschetteria, la inaugurò gridando: Viva l'Italia.
Il Tenente Generale Coman. in Capo
GUGLIELMO PEPE[41]

Sempre il 27, da Brondolo, una ricognizione di 600 uomini si spingeva fino a Cavanella, che trovava abbandonata. Gli austriaci, infatti, da tempo si sono ritirati lungo l'Adige più ad occidente, fino a Cavarzere, tanto che la linea di blocco, nel tratto meridionale, si può dire che più non esista.
Ma il Pepe non è in grado di presidiare adeguatamente tutta la linea, che forma un ampio semicerchio da Cavallino per Mestre, fino a Cavanella: in quel momento le sue truppe sono diminuite, con la partenza dei piemontesi e dei napoletani, a 18 000 uomini, di cui 7 od 8000 malati o comunque febbricitanti, e non adoperabili in vere azioni di guerra. Il successo ha mostrato però l'ardore delle truppe, in gran parte volontarie, e il Pepe avrebbe voluto continuare in simili azioni, così da scuotere veramente o addirittura infrangere il blocco nemico; ma il governo si mostra contrario, sembra dietro pressioni del governo francese, che spera di poter includere Venezia nella mediazione. Dal canto loro, gli austriaci rioccupano Mestre con maggiori forze. Ma arretrano in più punti le loro linee e fino al marzo del '49 si astengono da serrare veramente il blocco e dall'intraprendere operazioni di rilievo. Cosicché le operazioni austriache contro Venezia si risolsero in un blocco di dieci mesi e in un assedio, cominciato veramente alla fine d'aprile, di quattro mesi.

---

41 Cit. in A. Noaro, *Dei Volontari in Lombardia e nel Tirolo, e della difesa di Venezia del 1848- 49*, Torino 1850, pp. 127- 136.

VENEZIA RESISTERÀ ALL'AUSTRIACO AD OGNI COSTO

Giovanettin dalla pupilla nera
qual'è il colore della tua bandiera?
- Se una rosa vermiglia e un gelsomino
a una foglia d'allor metti vicino
i tre colori avrai più cari e belli
a noi che in quei ci conosciam fratelli;
i tre colori avrai che più detesta
l'augel grifagno dalla doppia testa.

Gli austriaci, riconquistato il Veneto dopo Custoza, possono ora concentrarsi su Venezia, e concentrano sulla terra ferma ingenti truppe e cannoni decisi a punire severamente la *Serenissima* una volta per tutte. Venezia è isolata anche diplomaticamente: la Francia della Rivoluzione del 1848 si è data a Luigi Napoleone Bonaparte, che, in procinto di diventare imperatore col nome di Napoleone III, ha inviato le proprie truppe a Roma contro la repubblica mazziniana, mentre l'unica nazione apertamente favorevole, la Gran Bretagna, alle proteste di lord Palmerston per l'assedio ha ricevuta la gelida risposta dell'ambasciatore austriaco, il conte Franz von und zu Colloredo Mels und Wallsee:

Signore, si ricordi che noi trattiamo i nostri insorti meglio di come voi trattiate i vostri irlandesi.

Il 28 marzo 1849, dopo la sconfitta di Carlo Alberto a Novara del 23 marzo, e il successivo armistizio, il maresciallo Haynau, la *Jena di Brescia*, comandante delle forze austriache nel Veneto, intima ai veneziani la resa senza condizioni.

Si arriva così al Lunedì Santo, due aprile 1849. In ogni angolo delle calli e dei campi appare affisso un brevissimo quanto eloquente proclama, di due tragiche righe soltanto:

Venezia resisterà all'Austriaco ad ogni costo.

Non è neppure firmato come si usava allora, non è necessario. Tutti comprendono la gravità del comunicato attribuendolo a Manin. Il 4 maggio un ufficiale austriaco si presenta alle linee veneziane con l'ultimatum che Radetzky invia a Manin:

Il comandante delle truppe I. R. in Italia, feld-maresciallo Radetzky, al presidente del governo attuale di Venezia.

Abitanti di Venezia! In oggi io non vengo da guerriero o generale felice, io voglio parlarvi da padre. È scorso fra voi un intiero anno di trambusti, di moti anarchici e rivoluzionarii, e quali ne furono le sinistre conseguenze? Il pubblico erario esausto, le sostanze del privati perdute, la vostra florida città ridotta agli ultimi estremi.

Ma ciò non basta. Voi ora dalle vittorie della mia valorosa armata riportate sopra le truppe vostre alleate, siete ridotti a vedere le mie schiere arrivate al punto di assalirvi da ogni punto di terra e di mare, di attaccare i vostri forti, di tagliarvi le vostre comunicazioni, d'impedirvi ogni mezzo di lasciare Venezia. Voi così sarete abbandonati, tosto o tardi, alla mercé del vincitore.

Io sono arrivato dal mio quartier generale di Milano per esortarvi l'ultima volta; l'ulivo in mano, se date ascolto alla voce della ragione; la spada nell'altra ad infliggervi il flagello della guerra sino allo sterminio se persistete nella via della ribellione, via che vi farebbe perdere ogni diritto alla clemenza del vostro legittimo sovrano,

Io mi fermo vicino a voi, nel quartier generale del corpo d'armata qui stanziato, tutto domani, ed aspetto 24 ore, cioè sino alle ore 8 di mattina del giorno 6 di maggio, la vostra risposta a questa

▲ Tommaseo e Manin in una oleografia coeva.

mia ultima intimazione. ,
Le condizioni immutabili che chiedo da voi, a nome del mio sovrano, sono le seguenti:

1.° Resa assoluta, piena ed intera;
2.° Dedizione immediata di tutti i forti, degli arsenali e dell'intera città, che verranno occupati dalle mie truppe, alle quali saranno pure da consegnarsi tutt'i bastimenti e legni da guerra in qualunque tempo siano fabbricati, tutti i pubblici stabilimenti, materiali da guerra, e tutti gli oggetti di proprietà del pubblico erario;
3° Consegna di tutte le armi appartenenti allo Stato oppure ai privati.
Accordo però dall'altra parte le concessioni seguenti:
4° Viene concesso di partire da Venezia a tutte le persone, senza distinzione, che vogliono lasciar la città, per via di terra o di mare, nello spazio di 48 ore;
5.° Sarà emanato un perdono generale per tutt'i sotto ufficiali e semplici soldati delle truppe di terra e di mare.
Dal lato mio cesseranno le ostilità per tutta la giornata di domani sino all'ora sovraindicata, cioè alle 8 di mattina del 6 maggio.
Dal quartier generale di Casa Papadopoli, il 4 maggio 1849.
Il Comandante, ecc. Radetzky, feld- maresciallo.

Il giorno dopo Manin a sua volta fa pervenire al feld-maresciallo la seguente risposta:

Il presidente del governo provvisorio di Venezia a Sua Eccellenza il feld-maresciallo conte Radetzky. Dalla parte del governo di Venezia, il 5 maggio 1849. si Eccellenza! Il tenente maresciallo Haynau, con nota 26 marzo p. p. n.° 144, fece già al Governo provvisorio di Venezia quella intimazione di resa ch'è sostanzialmente portata dai proclami dell'E. V. in data di ieri, ac chiusi in un involto a me diretto. « Nel 2 aprile furono convocati i rappresentanti della popolazione di Venezia, ai quali il Governo diede comunicazione della detta Nota del tenente maresciallo Haynau, provocando dall'assemblea una deliberazione sulla condotta ch'esso Governo doveva tenere

nelle già conosciute condizioni politiche e militari dell'Italia. L'assemblea dei rappresentanti ha unanimemente decretata la resistenza, e me ne diede l'incarico.
Al proclama adunque dell'E. V. non posso far altra risposta che quella che mi è già stata prescritta dai mandatarii legittimi degli abitanti di Venezia.
Mi pregio poi di far noto alla E. V, che, sino dal 1 aprile, mi sono rivolto ai gabinetti di Inghilterra e di Francia affinché, continuando la loro opera di mediazione, vogliano interporsi presso il Governo austriaco per procurare a Venezia una conveniente condizione politica, Ho speranza di ricevere fra breve la comunicazione ufficiale delle benevoli pratiche delle prefate alte potenze, specialmente dopo le nuove istruzioni che ho trasmesse a Parigi il 22 dello stesso mese. Ciò non toglierebbe che le trattative potessero aver luogo anche direttamente col ministero imperiale, ove la E. V. ciò stimasse opportuno per giungere ad uno scioglimento più felice e pronto. « Spetta adesso alla E. V. il decidere se, durante le pratiche di pacificazione, abbiano ad essere sospese le ostilità, per evitare un forse inutile spargimento di sangue.
Aggradite, ecc.
Manin.

Radetzky, piccato, invia una seconda lettera, che fa dire ai Veneziani nel loro linguaggio ironico: *Ma adesso el xe rabià*. Ecco il contenuto della lettera:

Il feld-maresciallo Radetzky al presidente dell'attuale governo di Venezia.

S.M. il nostro Sovrano essendo deciso di non permettere l'intervento di potenze estere fra lui ed i suoi sudditi ribelli, tale speranza del Governo rivoluzionario di Venezia è vana, illusoria e fatta solamente per ingannare i poveri abitanti.
Cessa dunque d'ora innanzi ogni ulteriore carteggio, e deploro che Venezia abbia a subire le sorti della guerra.
Dal Quartier generale di Papadopoli, il 6 maggio 1849.
Il comandante, ecc. Radetzky, feld-maresciallo[42].

Ma Marghera e Brondolo non capitolano.
Gli insorti ottengono la solidarietà dei rivoluzionari ungheresi guidati da Lajos Kossuth che hanno anch'essi adottato la bandiera tricolore.
Respinta l'intimazione, Haynau inizia le operazioni per la presa del forte di Marghera, dopo aver fissato il suo quartier generale a Villa Papadopoli lungo il Terraglio.

Il 30 aprile il generale Haynau, forte di 24.000 uomini, inizia l'attacco al forte di Marghera. I preparativi consistono nello scavo di trincee e cortine che permettono un lento avvicinamento. Il forte, comandato dal colonnello napoletano Ulloa è difeso da 2.500 uomini e da 137 cannoni[43].

---

42   Il carteggio è riportato in *Carteggio diplomatico del Governo provvisorio di Venezia co' Governi d'Inghilterra e di Francia e con le Autorità austriache*, Venezia 1849, pp. 14 segg.
43   Girolamo Ulloa Calà è nato a San Giovanni in Carbonara nel 1810; ha frequentato la celebre scuola di artiglieria di Napoli, Alfiere d'artiglieria, viene coinvolto col fratello Antonio nella congiura Rosaroll (1833) ; è arrestato e sottoposto a processo ma assolto. Eletto deputato, preferisce lasciare il seggio e seguire il generale Guglielmo Pepe. Nel 1849 partecipa alla difesa di Venezia e dopo la caduta della città va in esilio a Parigi.
    Rientrato in Italia nel 1859, diviene comandante in capo dell'esercito toscano; ma sospettato di favorire le aspirazioni di Girolamo Napoleone al trono di Toscana, è costretto ad abbandonare il comando. Tornato a Napoli, segue poi Francesco II a Roma nel 1861. Nel 1866 si stabilisce a Firenze e si dedica agli studi militari. Tra i suoi scritti: *La guerre pour l'indépendance italienne en 1848 et 1849* (1859); *L'esercito italiano e la battaglia di Custoza* (1866); *Gli eserciti e la politica degli Stati* (1869); *Dell'indole bellicosa dei francesi e delle cause dei loro ultimi disastri* (1871).

▲ L'evacuazione del forte di Marghera. Il forte sostenne un assedio di un mese, venendo evacuato il 27 maggio 1849.

▼ L'esplosione del Forte di San Giuliano

L'ASSEDIO DI MARGHERA

Chi per la Patria muor, vissuto è assai; La foglia dell'allor non langue mai!
Piuttosto che languir sotto i tiranni E' meglio di morir sul fior degli anni.
(variante del 1848 dell'aria *Aspra del militar*, dall'opera *Caritea Regina di Spagna* di S. Mercadante)

La sortita di Mestre di cui abbiamo precedentemente scritto è stata un'operazione di effetto solo temporaneo, data la sproporzione tra le forze veneziane e quelle austriache dell'Haynau: 24.000 uomini e 200 cannoni concentrati a Mestre e dintorni. Nei giorni successivi Mestre viene riconquistata definitivamente dagli imperiali; il 2 maggio 1849 i Veneziani sostituiscono il generale Paolucci, sospettato di tradimento, col giovane colonnello napoletano Girolamo Ulloa Calà; Il 4 maggio 1849 l'artiglieria austriaca apre il fuoco sul forte di Marghera. Il primo giorno vengono sparate settemila palle di cannone; Haynau ed il suo Stato Maggiore osservano dal campanile della vicina Mestre il bombardamento del forte, certi che gli italiani avrebbero capitolato la sera stessa[44]. Fin dai primi colpi, il presidio difensivo viene sottoposto ad un massacro indicibile. Gli austriaci sparano con cannoni ed obici di grosso calibro, su un'opera fortificata antiquata di un secolo, non aggiornata e protetta contro una tale micidiale "pioggia", ma la guarnigione non cede. Tutti gli uomini della difesa hanno fatto voto di farsi seppellire tra le rovine della fortezza stessa piuttosto che arrendersi. Anche quando rimangono in pochi, nessun veneziano, napoletano, lombardo o svizzero alza bandiera bianca. All'assedio di Forte Marghera è dedicata la seconda parte del presente lavoro; saremo qui più schematici nella trattazione degli eventi.

Era il giorno 4 di maggio, e volgeva il meriggio; quando il tuono del cannone nemico mise l'allarme per tutta la fortezza (…). Mille bombe furono scatenate dai mortari del nemico, e piombarono nella for tezza. Mille racchette segnarono l'aere della rapida striscia, quasi infausta cometa. Mille granate, portatrici di cento morti ciascuna, scoppiavano sulle teste de' nostri. Globi di fumo, vampe di fuoco succedevansi rapidamente, incontravansi, si mescolavano, si confondevano; tuoni senza intervallo, che di lontano parevano rumor di tamburi. Una pressa, una furia, voci di concitato comando, celeri movimenti di chi scendeva, di chi saliva. Vari gli affetti, più vario il linguaggio degli occhi. Ire sfogate in fieri sorrisi; sdegni espressi in un grido repente; gioie leonine con fremito di denti e suon di mani improvviso. Carri d'ogni sorta munizioni correvano dalle polveriere ai bastioni, dall'uno all'altro capo della fortezza, sotto la pioggia delle bombe fischianti[45].

In quei giorni la fortezza diviene bersaglio di 70.000 bombe, con 500 tra morti e feriti di parte italiana. Operando secondo le regole dell'arte militare della presa di fortezza, gli austriaci in pochi giorni, coperti dai tiri d'artiglieria, si avvicinano al forte procedendo in trincea.

Contro Marghera gli austriaci il 24 aprono di nuovo il fuoco, dopo aver collocate nella seconda parallela 11 nuove batterie: erano adesso in azione non più 60 pezzi, ma 151, e per quasi due terzi assai più vicini. E dirige ora le operazioni, al posto del generale Haynau, inviato contro gli ungheresi, il generale Thurn. Il bombardamento, straordinariamente intenso, rallenta nella notte, ma per riprendere la mattina dopo con uguale intensità: gravi i danni a tutte e tre le opere; un terzo dei pezzi erano smontati ed erano esplosi dei magazzini di polvere e depositi di munizioni.

Pure, la guarnigione persiste nella lotta intrepidamente, e tutta la popolazione, dai borghi della città e delle isole minori o sulle gondole, assiste al terrificante spettacolo.

L'attaccamento al simbolo dell'indipendenza, alla bandiera tricolore che manifestarono gli Italiani in quello spaventevole combattimento d'artiglieria ha in sé qualche cosa di maraviglioso. Su d'ogni punto fortificato vedevasi sventolare una di queste bandiere attaccata ad una lunga asta. La stoffa di quelle bandiere era tutta lacera e fatta in pezzi dalle innumerevoli palle, e qual che volta

---

44 Ginsborg, in Bernardello, Brunello, Ginsborg, *Venezia 1848-49*, cit., p. 37.
45 *Memorie istoriche dell'artiglieria Bandiera- Moro*, cit., pp. 113- 114.

accadeva che una di queste spezzasse anche il bastone. Quando vedevasene una cadere, subito v'era qualche soldato od anche ufficiale che intrepidamente saliva, a rischio della sua vita, a piantare sul bastione un'altr'asta, e durante quell'operazione tanto pericolosa molte volte lo si perdeva di vista, avvolto dai turbini di polvere sollevata dalla pioggia di palle che senza interruzione cadevano a lui d'intorno. Questi tratti di coraggio eroico non sono rari presso gli Italiani[46]. Tra i difensori di Marghera vi è anche l'ufficiale napoletano Enrico Cosenz, futuro Capo di Stato Maggiore del Regio Esercito. Cosenz partecipa, mostrando particolare valore, alla eroica difesa del Forte. Come comandante delle artiglierie dei bastioni egli sa resistere dall'inizio dell'assalto, il 4 maggio, e per le tre settimane successive. Dopo la caduta del forte si ritira verso Venezia e, dopo aver distrutto cinque arcate del ponte ferroviario, si trincera nell'isola di San Secondo: qui Cosenz rimane due volte ferito. Da capitano passa nel maggio 1849 maggiore per nomina del Governo provvisorio di Venezia, poi tenente colonnello, e quindi colonnello. Dopo la caduta della città, il 24 agosto 1849, la flotta francese evacua circa 600 fra i maggiori esponenti della Repubblica di San Marco: Cosenz (insieme a Ulloa, a Pepe, a Manin ed alla sua famiglia ed a molti altri) viene imbarcato sul *Solon*, poi sul *Pluton*, che li sbarca a Corfù, allora protettorato britannico, dove vengono trasferiti al lazzaretto, a causa del colera che infuriava a Venezia

Ma sia il Pepe sia il governo ritengono che la posizione non possa essere tenuta più a lungo, che d'altra parte la vera difesa di Venezia sia data dalle acque della laguna, e che non convenga perciò sacrificare altre vite per conservare un'opera il cui valore è più offensivo, come testa di ponte e sbocco verso Mestre e quindi verso Treviso e Padova, che difensivo. [47].

Il generale Pepe indirizza il 27 alle truppe il seguente ordine del giorno:

Il presidio di Marghera, che comandava il colonnello Ulloa, ha meritato l'ammirazione del governo veneto, del generale in capo, ed otterrà gli applausi d'Italia tutta allorchè si conoscerà la storia dell'assedio che sostenne contro le truppe ed artiglierie nemiche per numero esorbitanti.

Se si avesse potuto consultare, per la durata della sua difesa, soltanto l'audacia, il patriottismo, l'invincibil valore di osar tutto, di sopportar ogni fatica, ond'erano animati i difensori della piazza, essa si sarebbe sostenuta per qualche giorno ancora ed avrebbero i nostri respinto più d'un assalto. Ma il governo, il generale in capo, il consiglio di difesa decisero la sua evacuazione, riflettendo che la perdita di Marghera non compromette la sicurezza della laguna; che le 150 bocche da fuoco nemiche ne avrebbero scemato i mezzi di difesa, e che infine bisognava conservare quegl'intrepidi alla difesa indispensabile della città e dell'estuario. Fu sgomberato perciò Marghera la notte scorsa, operandovi in tutt'ordine la ritirata. Se noi dobbiamo deplorare perdite superiori ad ogni calcolo, non riderà di noi il nemico che le ebbe numerosissime. Sopra il nostro presidio di due mila e cinque cento uomini di tutte le armi, quattrocento rimasero fuori di combattimento.

Sappia il popolo della Venezia e d'Italia che non si conosce piazza in terraferma la quale non debba cedere ad un assedio regolare, e che il nemico impiegò contro Marghera mezzi superiori a quelli che richiedonsi per la presa di una piazza di prima linea, mentre la nostra era tutt'al più di terzo ordine. Dirà il nemico stesso in quale stato deplorabile fosse ridotto Marghera.

Le polveriere a prova di bomba e coperte di sacchi di terra furono grandemente pregiudicate e rese inservibili; le due casematte divenute mal sicure; le piatteforme ed i parapetti disfatti; infine molti pezzi posti fuor d'uso. Nondimeno l'ordine conservavasi a segno tale da potersi ben dire che agli Italiani nulla manca, neppure la disciplina.

Il luogotenente generale comandante in capo: Guglielmo Pepe.

---

46 Magg. J. Debrünner, *Venezia nel 1848-1849*, cit., p.144
47 R. Foffano, D. Lugato, *Da Marghera a forte Marghera*, Spinea, 1988; M. A. Morsiani, "Le fortificazioni ottocentesche della piazzaforte marittima di Venezia", in *Castellum*, 29/30 (1988-1989), pp. 43-80; S. Grillo "Il piano napoleonico di fortificazione della Laguna di Venezia. Dicembre 1805-Aprile 1814", in *Chioggia*, 2 (1989), n. 3, pp. 117-142; F. Brusò, *Visitare forte Marghera*, in *I forti di Mestre. Storia di un campo trincerato*, Verona 1997, pp. 145-178; C. Cappai, M. A. Segantini, *La costruzione della difesa militare della laguna di Venezia dalla caduta della Repubblica al Regno d'Italia*, in D. Calabi (cur.) *Dopo la Serenissima. Società, amministrazione e cultura nell'Ottocento veneto*, Venezia 2001, pp. 513-576.

LE IGNIVOME PALLE ROVENTI
VENEZIA BOMBARDATA

Foco, foco, foco, foco !
S'ha da vincere o morir.
Foco, foco, foco, foco !
Ma il tedesco ha da morir.
Tre colori, tre colori,
L'italian cantando va ;
e cantando i tre colori
il fucile imposterà.

(Luigi Mercantini, 1849)[48]

Eliminato l'intralcio del Forte di Marghera, gli austriaci passano all'assalto diretto della città. Dopo ordinato il ripiegamento da Marghera, che si è effettuato senza ostacoli nella notte del 27, ora la difesa si concentra a due terzi del ponte ferroviario, sullo spiazzo e l'allargamento di questo. Il ponte è di 222 archi, largo 9 metri, lungo 3600 metri, e 5 allargamenti lo dividono in sei parti di 600 metri ciascuna.

Sarebbe stato opportuno abbattere il primo terzo del ponte, dal lato di Mestre, e cosi avrebbe voluto il Pepe coi suoi ufficiali, ma il governo veneziano non ha voluto rovinare una simile opera ingegneristica e si finisce col rompere soltanto 19 archi, sei fra la testa di ponte e la prima piazza, dieci fra questa e la seconda, tre fra la seconda e la terza, ch'è la più grande.

La prima interruzione è di 400 metri soltanto. La difesa si concentra dunque sul terzo spiazzo, dov'è armata una batteria di 7 pezzi e 2 mortai, che si chiamerà poi batteria di Sant'Antonio e diverrà famosa.

Più indietro, al limite della città, ci sono 3 altre batterie; e una quarta molto importante, quella dell'isola di San Secondo, 500 metri indietro a destra della batteria di Sant'Antonio.

In questo modo gli austriaci, dopo un mese di sforzi, sono padroni del margine della laguna. Essi hanno occupato anche il piccolo forte di San Giuliano, che i veneziani hanno dovuto abbandonare, sebbene la sua occupazione sia loro costata cara in quanto che una mina già preparata è esplosa, seppellendo una cinquantina di soldati sotto le macerie.

Agli austriaci resta pur sempre un compito assai gravoso: dai margini occidentali della laguna sino a Venezia ci sono più di 3 chilometri di specchio d'acqua, intercettati da un gran numero di fortini e di batterie costruite sui diversi isolotti, e moltissime barche cannoniere, oltre la difesa vera e propria del ponte. Si entra così in una seconda fase dell'assedio.

I lavori d'apprestamento delle batterie da parte degli austriaci, dato il terreno molle e spesso paludoso, richiedono grande fatica e procedono lentamente. Mentre verso il ponte i combattimenti subiscono rallentamenti, non così avviene a Brondolo, dove gli imperiali sperano di ripetere il successo di Marghera:

Il 4 giugno gli Austriaci assalirono vigorosamente le linee venete per terra e per mare. Scopo principale di questo attacco era di abbattere il Pentagono Nuovo, onde rendersi libero lo sbarco

---

[48] *E' il primo degli inni di guerra del celebre autore dell'Inno di Garibaldi : il Mercantini (nato a Ripatransone il 20 settembre 1821, morto a Palermo l'8 novembre 1872) lo scrisse nel 1848, e con quell'inno sul labbro i crociati romagnoli corsero in aiuto di Venezia combattente eroicamente contro gli Austriaci (…). In una nota ai suoi canti il Mercantini dice a proposito del presente inno di guerra : « Quando in Corfù io fui a visitare Daniele Manin, da una stanza vicina si udiva cantare : « Tre colori, tre colori ». «Ecco! mi disse Manin, commovendosi, ecco il canto col quale abbiamo combattuto insino all'ultima ora sulle nostre lagune ».* (*Inni di Guerra e Canti Patriottici del popolo italiano,* Milano,1915)

all'imboccatura del Brenta. In pari tempo però slanciarono dalle loro batterie di terra gran numero di bombe, granate e razzi contro i posti avanzati e Brondolo. Gli assaliti risposero con un fuoco non meno vivace, il che dimostrò agli Austriaci che la conquista di questa piazza sarebbe stata congiunta con difficoltà eguali a quelle che avevano incontrate a Marghera. Il bombardamento durò dalle undici del mattino alle nove della sera; da una parte e l'altra si ebbero una ventina di morti e feriti senz'altro risultato. La flotta che essendosi appostata a troppa distanza non aveva prodotto alcun effetto contro il Pentagono, si ritirò il mattino susseguente prendendo la via verso Caorle e lasciando una corvetta e un brigantino intorno alla spiaggia per il blocco come prima.

Solo il 13 giugno, due settimane e mezzo dopo l'occupazione di Marghera, gli austriaci pongono in azione le loro nuove batterie. Ma le distanze erano troppo grandi per la gittata dei pezzi: a 1300 metri dalla batteria di Sant'Antonio, a 1800 da quella di San Secondo e 3200 anche solo dal margine della città. Il fuoco si venne concentrando verso la grande batteria del ponte, l'obbiettivo meno distante: contro i 7 cannoni e i 2 mortai della batteria erano in azione 14 cannoni, 8 mortai e 3 obici.

▲ Julius Jacob von Haynau, detto dagli italiani la Jena di Brescia

Lotta violenta e tenace: di giorno le difese della batteria erano sconvolte, di notte i difensori le rimettevano in efficienza, soprattutto con grande quantità di sacchetti di terra. E via via i veneziani aumentavano il numero dei pezzi delle batterie: quella di San Secondo da 5 pezzi fu portata a 13, e sul piazzale retrostante a quello di Sant'Antonio fu posta una nuova batteria di 6 pezzi. Il fuoco veneziano contro l'isolotto di San Giuliano era così intenso ed efficace che i soldati austriaci chiamavano il ponte che lo collegava alla terra ferma «ponte della morte». Il 13 giugno era dunque cominciato il nuovo grande bombardamento; siccome era il giorno di sant'Antonio, la grande batteria del ponte fu battezzata dal popolo con questo nome.

Siamo al 16 giugno 1849: vengono concessi i pieni poteri alla Commissione militare; si realizza l'idea del Circolo italiano, prima e sola vittoria dei radicali, ottenuta grazie alla popolarità di Sirtori distintosi nella difesa di forte Marghera. Viene istituita una commissione militare di guerra e marina con pieni poteri, superiori anche a quelli di Manin, formata da Ulloa, dallo stesso Sirtori, lombardo, e dal giovane guardiamarina trevigiano Francesco Baldisserotto. La folla adunata in piazzetta accoglie con grida di gioia Manin che annuncia il nuovo organo di governo militare.

I suoi capi sono vincolati al mandato che abbiamo già citato e che recita:

Venezia resisterà all'Austriaco ad ogni costo.

I veneziani si barricano nella città e per i tre mesi che seguono subiscono la furia del nemico. L'assedio, navale e terrestre cinge la città totalmente isolandola dal resto del mondo.

Ciò provoca molte rovine e danni, il mancato arrivo di viveri freschi e impedisce l'arrivo di eventuali rinforzi esterni. Portate sotto le artiglierie, il bombardamento della città diviene quotidiano, sulle case, sui campanili, sui depositi. Incendi e crolli ovunque, fanno scempio di secolari palazzi, tesori d'arte e di molte vite.

▲ Palla austriaca, murata sulla facciata della chiesa di San Salvator a Venezia

La mattina del 2 luglio 1849 l'intera popolazione di Venezia, si riversò lungo le calli e sui ponti per osservare un fenomeno bellico straordinario: il primo bombardamento aereo della storia. Nel cielo azzurro e limpido sovrastante l'intricato dedalo di canali, a circa 500 metri di quota, volteggiavano infatti una mezza dozzina di grosse mongolfiere austriache, dalle quali iniziarono a piovere sulla città strani ordigni esplosivi destinati, per fortuna, a non creare gravi danni ad edifici, case e persone. Questo curioso episodio che vide i veneziani protagonisti del primo esperimento di guerra aerea, nacque da una geniale intuizione di un ufficiale dello Stato Maggiore austro-ungarico, il colonnello d'artiglieria Benno Uchatius. Essendosi reso conto - dopo lunghi mesi di assedio scanditi dal tuono dei cannoni e delle bombarde - dell'inutilità di tale sistema (pur arrecando danni non indifferenti ad una parte della città, il bombardamento non aveva ancora indotto le forze ribelli della *Serenissima* a cedere alle ingiunzioni di resa austriache) Uchatius decise di fare ricorso ad un'arma insolita, di fronte alla quale i veneziani nulla avrebbero potuto contrapporre: una mongolfiera in grado di trasportare un certo carico di esplosivo per bombardare la città dall'alto.

Ottenuto il consenso dal maresciallo Radetzky, nonostante lo scetticismo dei colleghi e dei superiori, l'ufficiale austriaco riunì un équipe di matematici, artificieri e genieri esperti nella costruzione di mongolfiere, e si mise a lavorare al piano, nella convinzione che l'effetto materiale e soprattutto psicologico di un inatteso attacco dall'aria avrebbe costretto i difensori ad arrendersi senza condizioni. Uchatius approntò e sperimentò diverse soluzioni tecniche, utilizzando in un primo tempo alcuni piccoli palloni aerostatici. I problemi da superare erano infatti molti. La forza e i capricci del vento, la distanza che separava la terra ferma dalla città e lo scarso carico portante dei palloni dell'epoca non consentivano, infatti, di prendere alla leggera una missione il cui insuccesso sarebbe costato probabilmente la carriera all'intraprendente ufficiale austriaco. Sebbene l'utilizzo delle mongolfiere in ambito bellico non rappresentasse una novità assoluta (durante le guerre napoleoniche, i francesi fecero uso di palloni da osservazione, ancorati però alla terra ferma) gli ostacoli che Uchatius aveva di fronte risultavano infatti del tutto nuovi.

Senza considerare che il tempo concesso da Radetzky all'ufficiale per portare a termine il suo progetto e per intraprendere la prima missione contro la città assediata era molto esiguo. Dopo avere calcolato la velocità e la direzione dei venti e dopo avere valutato per via teorica le dimensioni e le caratteristiche (cubatura, altezza, larghezza e portanza) della mongolfiera, Uchatius fece allestire

▲ La chiesa di San Geremia colpita dalle bombe austriache (1849)

nei pressi di Mestre un capannone dentro il quale un gruppo di ingegneri e maestri velai iniziò a fabbricare un primo pallone dotato di una grossa cesta di vimini per il trasporto di due uomini di equipaggio e di circa 100 chilogrammi di piccoli ordigni a miccia lunga (si trattava di sfere di metallo riempite di polvere da sparo, pece, olio e 500 pallettoni da fucile). I primi esperimenti si rivelarono però un disastro, in quanto il mezzo, ovviamente privo di una propria unità motrice, iniziò a vagare nel cielo sospinto dai venti, rendendo impossibile il lancio degli ordigni. Accantonata l'idea di utilizzare una normale mongolfiera, Uchatius tentò allora un'altra soluzione, decisamente bizzarra, facendo approntare palloni più piccoli. Questi, legati tra di loro da lunghe funi, avrebbero costituito una specie di *ragnatela volante*, di grande ampiezza, che avrebbe potuto così garantire (almeno in teoria) una maggiore stabilità orizzontale e una superiore copertura dell'area da colpire. L'idea dell'ufficiale era in realtà semplice, ma di difficilissima attuazione pratica in quanto il vento avrebbe esercitato egualmente la sua forza - e forse con esiti ancora più disastrosi - contro l'incredibile meccanismo volante.

Ma Uchatius, che evidentemente era un ottimista come tutti gli innovatori, non se ne preoccupò più di tanto. E verso la metà di giugno del 1849, l'*équipe* dell'ufficiale sperimentò il nuovo sistema. Forse complice la bella giornata e l'assenza di forti venti, la *macchina volante*, formata da dieci palloni collegati a ragnatela, decollò dolcemente, raggiungendo presto la quota di 600 metri e palesando una discreta stabilità.

Galvanizzato dal successo, Uchatius comunicò il risultato dell'esperimento al Comando dell'Esercito, chiedendo il permesso di utilizzare il suo nuovo mezzo per un'azione dimostrativa su Venezia. Sulla base di complicati calcoli trigonometrici, i palloni (legati uno ad uno) sarebbero stati Lanciati sopravvento rispetto alla città.

Telemetrando di volta in volta la posizione del primo pallone della fila, che era disarmato, gli equipaggi di quelli al seguito avrebbero potuto calcolare l'effettiva distanza dell'obiettivo, innescando gli ordigni di bordo con micce adeguate, in modo da non farli deflagrare in aria.

I palloni "bombardieri" avevano un involucro di stoffa di 100 metri cubi e un carico ridotto (per motivi di sicurezza) di circa 20 chilogrammi di ordigni. Secondo i calcoli di Uchatius, la fila dei palloni, decollata da Mestre, avrebbe dovuto raggiungere, complice la brezza di nord-ovest, la città lagunare in 35-40 minuti. Il 1 luglio 1849, venne tentato un primo lancio, ma questo diede risultati assai deludenti in quanto iniziò a spirare dal mare una corrente che rigettò verso la terra ferma le "navi volanti". Sballottate dal vento alcune di esse ruppero le funi di collegamento e finirono, dopo un lungo tragitto, nell'entroterra mare. Altre, invece, si adagiarono in acqua, proprio di fronte alla parte nord della città da dove una folla curiosa osservò il fallimento dell'impresa, commentando in modo molto colorito la *buffonata di Radetzky*.

Tuttavia, non tutti i veneziani presero sottogamba quel primo tentativo di assalto dall'aria compiuto dal nemico. Un ufficiale della Repubblica, il maggiore friulano Giuseppe Andervolti, che era un esperto artigliere, rendendosi conto del pericolo che si celava dietro il fallimento austriaco, di diede subito da fare per approntare un arma adatta a respingere un secondo, eventuale attacco dall'aria. In pochi giorni, Andervolti costruì un razzo *Congreve* (un'arma che la marina inglese aveva già adoperato con successo nel 1811, durante il bombardamento di Copenhagen). Al vettore (un tubo di legno lungo circa un metro e mezzo, riempito di polvere nera e pallettoni, sostenuto la un bastone direzionale di circa 5 metri), il maggiore ebbe l'idea di legare una cinquantina di metri di una fune dotata di arpione in ferro in modo da agganciare e spezzare il dedalo di corde che teneva unite le mongolfiere austriache. Avuta notizia del tentativo di "bombardamento aereo" su Venezia, un altro personaggio non meno eccentrico, l'ingegnere milanese (ma di origini venete) Federico Piatti - a quel tempo in esilio a Londra poiché accusato da Vienna di essere un carbonaro - iniziò a studiare anch'egli un'arma adatta per respingere le mongolfiere austriache. Piatti disegnò un pallone aerostatico *da intercettazione*, dotato di lunghe funi con i cima degli ancorotti. Secondo l'ingegnere, il pallone avrebbe dovuto posizionarsi sopra la formazione nemica e arpionare i cavi di collegamento delle mongolfiere, scompaginandone la formazione. Ma per quanto ingegnose, e fantasiose, le contromisure di Andervolti e di Piatti non vennero mai utilizzate anche perché il povero Uchatius - dopo un secondo, fallito tentativo di bombardamento dall'aria tentato il 25 luglio del 1849 - fu costretto ad abbandonare definitivamente il progetto, lasciando all'artiglieria pesante austriaca il compito di piegare Venezia[49].

Dopo mesi di questo "trattamento", in luglio, con il caldo afoso che solo la laguna veneta sa portare ai limiti della sopportazione, gli austriaci vengono affiancati nella loro azione dal colera.

A questo si aggiunga la fame: i cinque fucilati del 15 luglio, tutti uomini sposati, di non giovane età, non cero signori o borghesi (*instà i sciuri*, si giustificarono i popolani milanesi al ritorno degli austriaci, *sono stati i signori*: ma in Veneto una schematizzazione tanto semplicistica non regge: i cinque fucilati erano due pescatori, un falegname, un muratore ed un fittavolo, ed anche i ruolini di marcia della Guardia Civica mostrano come i popolani fossero moltissimi, come scrive il comandante in seconda, Zilio Bragadin, dopo un'ispezione: sono *nella massima parte [...] erbajuoli, ostricanti, pescatori, battellieri, facchini ed altri giornalieri*[50]) pronti a giocare la vita per portare in laguna *2 vitelli, 11 pecore, 40 polli, 5 casse di limoni* (per lo scorbuto) *4 casse di uova ecc.* ecc., sono solo pochi nomi delle centinaia che rischiarono, e spesso diedero, la vita per aiutare gli insorti di Venezia. Si ripetono scene già viste durante la Guerra di Chioggia del 1379- 1381, quando nottetempo i ganzaruoli facevano la spola tra Venezia e Chioggia carichi di vettovaglie, avventurandosi in canali e barene cercando di sfuggire ai genovesi ed ai padovani di Francesco da Carrara.

E la reazione austriaca è feroce, spietata oltre le leggi di guerra del tempo: neppure il generale

---

49 Ripreso da A. Rosselli, "Il primo tentativo di bombardamento aereo della Storia Venezia, 2 luglio 1849".
50 A. Bernardello, *Il contributo delle classi popolari di Venezia alla rivoluzione e alla difesa della città nel 1848- 49*, in Bernardello, Brunello, Ginsborg, *Venezia 1848- 49*, cit., pp. 67 segg.

francese Oudinot che nel 1848- 49 assedia Roma difesa da Garibaldi arriva a tanto, come non vi arriveranno i piemontesi a Gaeta nel 1861 o i tedeschi durante l'assedio di Parigi del 1871. Vengono alla mente i versi di Arnaldo Fusinato, che li scrisse di getto nella sua postazione difensiva al Lazzaretto Vecchio:

> *Ma non le ignivome palle roventi,*
> *ne' i mille fulmini su te stridenti,*
> *troncaro ai liberi tuoi di' lo stame...*
> *Viva Venezia! Muore di fame!*
>
> *Sulle tue pagine scolpisci, o Storia,*
> *l'altrui nequizie e la sua gloria,*
> *e grida ai posteri tre volte infame*
> *chi vuol Venezia morta di fame!*

E il popolo era pur sempre molto fiducioso e animato da alto spirito patriottico. In realtà, fino ai primi di luglio il cannoneggiamento austriaco, per quanto intenso e rumoroso, non diede per nulla grandi risultati; tanto che dopo aver deciso, come si è visto, di concentrare lo sforzo nel punto centrale della laguna, il comando austriaco sembrava riprendere l'idea di procedere anche da sud, dal lato di Brondolo.

Sebbene anche di li, pur dopo aver preso Brondolo e Chioggia, l'avanzare lungo il cordone litoranee, sbarrato da successivi fortini e battuto di fianco dalle barche cannoniere, dovesse essere impresa oltremodo difficile, pure con grande fatica gli austriaci procedevano all'investimento di Brondolo, difesa da quattro o cinquemila uomini, e il 4 giugno sferravano con sette od ottomila uomini l'attacco generale. Anche la flotta doveva concorrere contro il fianco sinistro dei difensori, operando pure uno sbarco. Ma le navi si tennero troppo a distanza e i diversi attacchi delle fanterie contro i vari punti della linea di difesa fallirono tutti. Occorrevano dunque, anche qui, lavori sistematici e gli austriaci si posero all'opera; ma anche qui, oltre l'intenso fuoco dei difensori, trovarono le grandi difficoltà del suolo poco compatto e paludoso, oltre che intersecato da canali.

Venezia pareva veramente imprendibile, sebbene cominciasse a risentire le conseguenze di un blocco sempre più rigido e dell'inazione della flotta, che sola avrebbe potuto romperlo dalla parte del mare. Comunque, parve che alla fine di maggio l'Austria fosse disposta a trattare: il giugno passò relativamente tranquillo, mentre si svolgevano vane trattative, che l'Austria, visto che la pace col Piemonte tardava a concludersi, voleva guadagnar tempo e fece proposte generiche e insufficienti.

E alla fine si aveva un ultimatum: l'Austria rinunziava all'indennità di guerra, ma la carta moneta emessa nel 1848-49 sarebbe stata riconosciuta solo per un terzo del suo valore nominale e la città avrebbe dovuto incaricarsi d'ammortizzarla! L'Assemblea quasi all'unanimità respingeva tale ultimatum e più che mai si mostrava fermamente decisa alla resistenza la massa della popolazione. E sì che Venezia, caduta ai primi di luglio la Repubblica romana, rimaneva sola in Italia, perché caduta anche l'Ungheria, ora che la Russia appoggiava l'Austria, ben poca speranza poteva avere di sostenersi. In Venezia si sentì dunque il bisogno di porre la difesa nelle mani d'un triumvirato energico; l'Assemblea creava una commissione militare di tre membri: Girolamo Ulloa, l'ufficiale napoletano difensore di Marghera, promosso ora generale in premio del suo valore, il tenente colonnello Giuseppe Sirtori, lombardo, ex prete, e rimasto una figura ascetica di cavaliere dell'ideale, combattente delle Cinque giornate di Milano, poi a Venezia alla testa d'un battaglione di volontari lombardi mandato a sostegno dal governo provvisorio lombardo, distintosi anch'egli a Marghera (sarà poi ufficiale garibaldino, nonché tenente generale del Regio Esercito), e il Baldisserotto, distinto ufficiale di marina. In questo modo venivano un po' esautorati il vecchio Guglielmo Pepe e Daniele Manin e anche il colonnello e ingegnere Cavedalis.

Ma Manin restava pur sempre dittatore della Repubblica, e il Pepe fu messo a presiedere, sia pure con ufficio decorativo, la commissione militare e restò capo delle forze di terra. Così che il solo sacrificato fu il Cavedalis, che tuttavia mostrò nella circostanza dignità di carattere, mosso unicamente dal desiderio del pubblico bene. La commissione si mise al lavoro con grande energia: eliminò molti ufficiali improvvisati, altri ne sostituì nei punti di maggiore importanza, si adoperò perché la disciplina fosse sempre più rigida, aprì nuovi arruolamenti nell'artiglieria, arma essenziale della difesa; curò i rafforzamenti delle batterie del ponte e di San Secondo, curò la ricerca del salnitro e la fabbricazione della polvere. Ma grave era il problema dei viveri: si creò al riguardo un'apposita commissione, che regolasse le vendite e i prezzi, impedisse gli accaparramenti e le speculazioni vergognose. Il 28 giugno il governo decretava una nuova imposta fondiaria di sei milioni a carico dei proprietari di immobili.

Nella notte sul 7 luglio, un reparto scelto di 60 austriaci, tutti volontari, guidati da un capitano di Stato Maggiore, avanzava cautamente a nuoto o in barca lungo i tratti intatti del ponte fino alla batteria di Sant'Antonio, per tentare un colpo di mano. Un brulotto, lanciato verso la batteria, scoppiava avvolgendola di fumo e facendo ritirare le barche poste attorno al ponte; i 60 austriaci s'arrampicavano fino alla batteria, i cui difensori, reputandosi al sicuro da un attacco di fanteria, erano in gran parte senza piccole armi, e s'impadronivano della posizione, inchiodavano i cannoni e si mettevano a disfare cannoniere e parapetti; ma accorrevano prontamente uomini dell'altra batteria e della riserva all'estremità del ponte, e gli austriaci erano respinti e gettati in acqua, dove perivano quasi tutti.

Ecco come descrive l'episodio il maggiore svizzero Jean Debrunner, che vi partecipò:

Ecco in che modo la curiosità salvò la vita a miei soldati. Nella notte del 6 al 7 luglio, un cannoneggiamento straordinario da San Secondo e dalle piroghe mi svegliò di botto. Salii sul terrazzo d'una casa di Campo Sant'Andrea ove dimorava, e a mia grande sorpresa vidi che s'era impegnato un vivo combattimento sulla batteria principale Sant'Antonio. Le navi della divisione destra e della divisione sinistra fulminavano senza interruzione, intanto che San Secondo eseguiva un fuoco di fila co' suoi quattordici cannoni. Corsi in tutta fretta alle caserme ove stavano ancora una dozzina de' miei: ma il combattimento fu ben presto terminato, senza che mi giungesse alcun ordine di lasciare il quartiere, ove eravamo già pronti sotto le armi. Era nientemeno che un assalto del nemico alla batteria Sant'Antonio. Dando varii segnali di fuoco, il nemico aveva attirato l'attenzione delle sentinelle dal lato destro intanto che un brulotto nemico avvicinavasi non veduto alla batteria in esplorazione. Protetto dal fumo che avviluppava tutta la batteria, e favorito dalla confusione che ne viene di conseguenza, un distaccamento di sessanta uomini che s'avanzava su diverse barche pervenne a salire la batteria. I cannonieri, sbalorditi e armati soltanto di sciabola, incapaci di resistere a quell'urto dopo un combattimento disperato cogli assalitori, presero la fuga, lasciando un ufficiale e alcuni soldati morti. Ma al grido d'allarme mandato dai cannonieri, la riserva, composta di sessanta gendarmi appostati alla stazione, accorse in tutta fretta: e questi, sostenuti dai piccoli posti avanzati in numero di trenta uomini circa del reggimento Sile, *corsero coraggiosamente sulla batteria, e scacciarono alla bajonetta il nemico occupato ad inchiodare i cannoni, il quale fuggendo disperatamente si cacciò nelle barche: ma quella ritirata fu tanto precipitosa che molti si gettarono in acqua. I nostri perseguitarono poscia i fuggitivi a colpi d'archibugio, intanto che la piroga la Brillante da una parte e il forte San Secondo dall'altra li fulminavano a mitraglia, di modo che è da credersi che ben pochi scampassero da quella temeraria impresa.*

Tutti i nostri cannoni meno uno vennero inchiodati, ma fortunatamente s'erano serviti di chiodi così piccoli che si potè estrarneli subito parte colle dita e parte con tanaglie. Poche ore dopo quell'assalto, tutt'i pezzi fecero fuoco nuovamente, essendoché due soli ne rimanessero guasti, che furono surrogati da altri, trasportati dall'arsenale con una prestezza straordinaria. In quello scontro caddero in nostro potere un brulotto ancora intatto, alcune barche e una e una quantità di armi. Tuttavolta il più gran guadagno da noi fatto in quell'affare fu la lezione ricevuta, di non più abbandonarci a siffatta spensieratezza, ma di mantenere durante la notte, presso la batteria, una conveniente scorta di fanteria, e munire gli artiglieri di archibugio.

Dopo d'allora, scrive il massimo storico militare del Risorgimento, Piero Pieri, gli austriaci non rinnovarono alcun colpo di mano contro la batteria.

Ma gli austriaci stanno già meditando un nuovo mezzo per aver ragione dell'indomabile città. Dal 16 luglio il loro fuoco cess completamente e comincia un lavoro intenso per trasformare le loro batterie così da permettere ai cannoni di tirare con un angolo di 42-45 gradi.

I cannoni e gli obici vengono dunque smontati dai loro affusti e aggiustati su slitte di legname con la base a culatta, affondate nel terreno e addossate alle scarpate, rivestite anch'esse di travi e di assi. Solo poche artiglierie sono rimaste nella forma primitiva. Sparando cosi alto in aria, si viene ad ottenere una maggiore gittata e si possono lanciare proiettili su due terzi della città: solo le zone di piazza San Marco, dell'Arsenale, dei giardini pubblici restano esenti dal bombardamento.

Il tiro a palla piena arriva a 5200 metri, quello a granata a 4200, e le bombe possono esser lanciate fino a 3800 metri; in questo modo gli austriaci ritengono di poter finalmente domare la città, tanto che rinunziano alle operazioni dal lato di Brondolo, i cui apprestamenti sono pur costati tante fatiche e l'impiego di tanti mezzi, anzi arretrano notevolmente la linea di blocco da questo lato, tenendovi ora di presidio una brigata soltanto. I veneziani non hanno avuto notizia dei nuovi lavori e hanno utilizzato il nuovo periodo di tregua da un lato per economizzare munizioni, dall'altro per intensificare i soliti lavori di rafforzamento delle batterie e delle difese.

La notte sul 28 luglio, dopo dodici giorni di tregua, si scatena improvviso il nuovo grande bombardamento: per circa due chilometri di profondità la città si trova sotto una pioggia di proiettili nemici.

Ma se ciò desta sulle prime meraviglia e qualche confusione tra la popolazione, ben presto ritorna una relativa calma. I quartieri colpiti vengono in gran parte abbandonati e senza pianti né lamentele né proteste: la gente, che ripara nelle zone non colpite, viene accolta fraternamente sia nelle case particolari, sia negli edifici pubblici o sotto i portici di piazza San Marco.

Poco lo scompiglio tra la popolazione e ancor meno quello dei difensori delle batterie. Il bombardamento improvviso viene accompagnato dalla riunione su barche di un notevole numero di soldati per svolgere colpì di mano contro isolotti e batterie e contro il ponte: ma nulla in pratica viene tentato. Quanto alla popolazione essa si abitua ben presto alla nuova offesa. E in realtà questa ha i suoi limiti. Le palle di ferro piene, giunte al vertice della loro parabola aerea, precipitano per semplice forza di gravità, così che la loro forza di penetrazione non è grande; avrebbero potuto produrre danni maggiori se arroventate, ma gli austriaci mancano di forni a riverbero per poterle arroventare adeguatamente; quanto alle bombe, esse giungono colla minore gittata di 3800 metri al più e quindi arrivano in pratica solo al bordo della città.

La grandine del proiettili spasseggia sopra la povera Venezia; molte bombe seppelliscosi innocue nell'ampiezza delle lagune, ma non poche danno sui tetti; palle, anche infuocate, battono assai più nel cuore della città. Granate e racchette solcano l'aria senza interruzione, e non di rado si appende il fuoco ad un edificio: Accorrono i pompieri laddove veggono fiamme, e fanno prodigi, né mai schivano i più gravi pericoli[51].

Nell'insieme, il bombardamento durato intenso per tre giorni, il 28, 29 e 30 luglio, non ha dato i risultati sperati.

---

51 Contarini, *Memoriale veneto*, cit., p. 181.

D'altro canto, sono falliti anche i tentativi di collocare sul ponte batterie di mortai maggiormente ravvicinate alla città. In realtà, non sarà il bombardamento a condurre Venezia alla resa.

Anzi, il primo agosto i chioggiotti, vista la ritirata austriaca dal lato di Brondolo, compiono con 1200 uomini una ben riuscita sortita da questo lato, respingono vigorosamente un distaccamento nemico da Calcinata, e possono fare incetta di 200 buoi, nonché d'una notevole quantità di grano e di viveri. Viceversa fallisce una sortita a nord, dal lato di Treporti. Il 28 luglio 1849 si riunisce ancora l'Assemblea permanente per valutare la situazione in città. Manin chiede ai deputati se a loro parere si può continuare a lottare. I radicali Sirtori e Ulloa e il moderato Avesani si esprimono a favore di una resistenza fino allo stremo delle forze. Il trevigiano Francesco Baldiserotto, uno dei reduci della battaglia di Mestre, comandante della marina, sottolinea però la difficoltà per la flotta a prendere il largo ma assicura che l'ammiraglio Bucchia sta solo

▲ Giuseppe Sirtori

attendendo il momento buono per fare una sortita. L'Assemblea approva la proposta di chi vuole continuare la lotta. I viveri scarseggiano sempre più. Per rompere il blocco e farne entrare in città, il 20 viene fatta da Tre Porti una vigorosa sortita contro Cavallino, e si possono catturare 100 buoi. Il 22 da Brondolo 1000 uomini, in 3 colonne, si spingono verso l'Adige a Cavanella e ritornano con 300 buoi, e altri viveri. Gocce nel mare, che vengono utilizzate soprattutto per sfamare i feriti. Il bombardamento non ha dunque avuto il risultato sperato dagli imperiali, sebbene dal 29 luglio al 22 agosto gli austriaci scaglino sulla città ben 23000 proiettili: fra la popolazione civile si hanno sette morti e una trentina di feriti e anche gli incendi, per quanto molto frequenti, sono quasi sempre di limitata estensione e facilmente estinguibili. E gli italiani si battono: nella notte tra il 31 luglio e il 1 agosto Giuseppe Sirtori dirige un'ennesima sortita dal Forte di Brondolo; fa undici prigionieri, cattura la bandiera del secondo battaglione del 18. k.u.k *Infanterie- Regiment von Reisinger*, unica bandiera persa dagli austriaci nel corso della Prima Guerra d'Indipendenza, e trasporta a Brondolo *duecento animali bovini; cinquanta barche, cariche di farina, frumento, grano turco, patate, vino, legumi ed altre derrate ; in fine bagagli e materiali da guerra*[52].

---

52 Ibid., p. 179.

▲ Forte dei veneziani a S.Secondo
▼ Batteria austriaca laterale ai pilastri del ponte

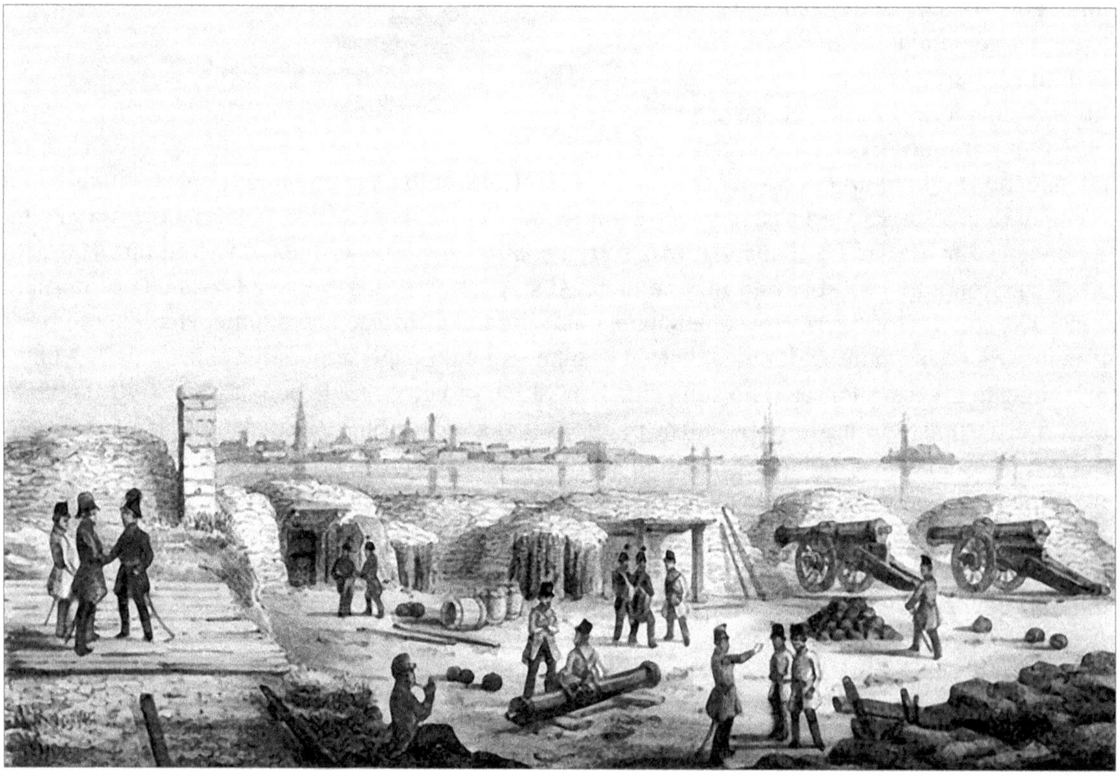

LA FINE
...E grida ai posteri tre volte infame chi vuol Venezia morta di fame!

> *Ma il vento sibila,*
> *Ma l'onda è scura,*
> *Ma tutta in gemito*
> *È la natura:*
> *Le corde stridono,*
> *La voce manca,*
> *Sul ponte sventola*
> *Bandiera bianca!*

(Arnaldo Fusinato, 19 agosto 1849)

Ma due altri mali incombevano e l'uno anzi era conseguenza dell'altro: la crescente mancanza o cattiva qualità dei viveri e il colera, che si sviluppava pericolosamente sotto l'influenza dei grandi caldi, del cattivo nutrimento e della concentrazione della popolazione. Ecco il rapporto del dottor Duodo, medico municipale, al governo della repubblica:

Li 6 agosto 1849

Visto il grande numero dei cadaveri da trasportare giornalmente, ed atteso che due battelieri del municipio sono essi stessi colpiti dal cholera, io ho dovuto d'urgenza far ingaggiare altri due battelieri. L'epidemia fa dei progressi spaventevoli. Dal 27 luglio fino a ieri sera il numero dei morti in seguito del cholera e di qualche ora solamente di malattia, ha raggiunto la cifra di 406. Io dovrei qui dilungarmi su punti estremamente dolorosi; ma che direi io che la municipalità nol sappia? La commissione sanitaria centrale, della quale io son membro, si occupa senza tregua di questo triste soggetto, ma essa non può stornare il flagello sempre terribile, né correggere le circostanze che minacciano di dar gli delle proporzioni gigantesche. Come impedire l'agglomerazione di più in più grande nei locali sovente umidi, stretti, malsani? Come modificare la nutrizione della quale non solamente i poveri ma anche i ricchi devono servirsi? Come procurarsi i medicinali indispensabili che ci mancano? Come infine offrire delle consolazioni ad un popolo attristato per tante cause ec. ec.

Il medico municipale
Duodo.

Testimonia a sua volta il maggiore Jean Debrunner:

Già da più settimane eransi verificati dei casi di cholera, senza per altro che se ne dessero troppo pensiero: ma dopo l'emigrazione al Sestiere del Castello aumentarono con una spaventevole rapidità, e nella prima quindicina di agosto il morbo infierì così intensamente nella città, già tanto afflitta dalla guerra e dalla fame, che vi perivano fin 100 persone al giorno. La mia compagnia, già ridotta a quell'epoca a soli 81 uomini, ne perdette diciotto nel breve spazio di dieci giorni. Vi soggiace vano più facilmente quelli affetti da malattie sifilitiche, e la cui salute fosse già dissestata per patimenti: non risparmiò per altro molti uomini della mia compagnia robusti e atti al servizio. (...). Ordinariamente l'ammalato soccombeva a capo di ventiquattr'ore; alcuni di loro, prevedendo inevitabile la morte, dividevano il poco loro avere fra i camerati: solo le persone robuste e sane poterono resistere alla crisi.

Pure, la mancanza di viveri pareva pur sempre il pericolo maggiore. La sortita di Brondolo aveva per un momento fatto sperare di risolvere il problema; ma in realtà il blocco continuava sempre più stretto; gran parte delle truppe d'occupazione nella Toscana (II *Armeekorps*) venivano ora richiamate, per intensificare appunto il blocco.

Ad inizio agosto, i comandi imperiali si convincono che le difese siano state abbastanza ammorbidite da tentare la presa della città. Impiegano comunque tre settimane per aver ragione delle ultime difese cittadine.

Aumenta la pioggia di fuoco, cominciata dagli Austriaci la notte del 29 al 30 luglio, annota Piero Contarini. *Da otto giorni tre quarti della città soggiacciono ai projettili, i quali cadono talvolta sulle donne, sui pargoli, sui vecchi cadenti. – A ciò aggiungasi il cholera, che fa progressi, il pane che devesi attendere spesso sino a sera ; il disagio de'cittadini, fuori delle loro case ec*[53].

La fame, il colera (più di 2788 morti, il 1,5 per cento della popolazione) le distruzioni, i feriti e parecchie centinaia di appestati, convinsero, più degli austriaci, Manin e gli ultimi irriducibili a cedere.

il 12 agosto tutta la guardia nazionale della città partecipa ad un'ultima rivista a piazza San Marco. Malgrado gli impedimenti particolari, le otto legioni vi si recano in massima parte, esclusi gli uomini in servizio.

La rassegna e lo sfilare delle milizie fu operato nel più bell'ordine.

Terminata la rivista, si affaccia Manin, da quel balcone, dove da diciassette mesi ha annunziato tanti avvenimenti ora fausti ora drammatici, e dove aveva udito tante entusiastiche acclamazioni. Le otto legioni stavano a lui dinanzi in colonna strettamente serrata. E' un momento solenne, una scena colma di emozione quando Manin, con voce profondamente commossa, parla al popolo e ai militi, i quali sanno bene di assistere all'epilogo di un anno in cui la vecchia Dominante ha osato, pressoché da sola, opporsi alla maggiore potenza europea :

Militi, cittadini ! Nella nostra rivoluzione in questi ben 17 mesi si mantenne puro quel nome di Venezia, già vilipeso ed ora venerato da amici e da nemici. Il merito principale è dovuto allo zelo costante, infaticabile, vigilante della milizia cittadina.

Un popolo che ha fatto e patito quanto ha fatto e patito e patisce il popolo nostro non può perire. Deve venir giorno in cui gli splendidi destini sieno corrispondenti al merito di voi

Quando verrà questo giorno?

Ciò sta in mano di Dio.

Noi abbiamo seminato: fruttificherà il bene seminato nel buon terreno; sventure grandi potrebbero avvenire; sono forse imminenti: sventure nelle quali noi avremo il grande conforto di dire: Vennero senza colpa nostra. Se in poter nostro non sta l'allontanare queste sventure è pur sempre in poter nostro mantenere intemerato l'onore di questa città. A voi spetta salvare questo patrimonio ai figli vostri, forse ad un tempo molto vicino; a voi spetta quest'opera grande, senza la quale tutto quello che fu fatto sarebbe perduto, senza la quale noi saremmo derisi non meno dai nemici, che, peggio ancora, dagli amici: saremmo preda ai beffardi che cercano trovar sempre il torto in chi è infelice. Un solo giorno in cui Venezia non fosse degna di sé, tutto ciò che voi avete fatto sarebbe dimenticato, sarebbe perduto. « Io ho adunque pregato la milizia cittadina, già affranta da tante fatiche, già percossa da tanti dolori, a raccogliersi qui intorno a me come in consiglio di amici e di famiglia. E la guardia civica prego e scongiuro che in tale opera sua benefica, virtuosa e grande perseveri ancora e ci metta, se possibil fosse, uno zelo ancora maggiore. Chiederei che tutte la classe di cittadini ascritta alla guardia civica personalmente prestasse questo servizio, il quale non è solamente un servizio politico, ma ben anco di difesa delle proprie case, delle proprie famiglie; e sarebbe ingiusto che taluno appunto lasciasse ad altri la difesa delle proprie facoltà.

Il nome della guardia civica di Venezia rimarrà onorato nella storia, e quali che sieno le dicerie di taluni dei nostri contemporanei, la storia dirà sempre: Viva la guardia civica di Venezia !

---

53   Ibid., p. 180, alla data del 5 agosto 1849.

▲ *"interno del forte dei veneziani al centro del gran piazzale del ponte"*

Alla guardia civica aggiungo che essa non è un potere politico, ma tuttavia la guardia civica è il popolo; la guardia civica è quella stessa che istituiva e che proclamava il governo del 22 marzo 1848. L'assemblea dei rappresentanti, che è un potere legalissimo, ha creduto di affidare un incarico di peso insopportabile a me perché gli altri tutti l'hanno rifiutato.
Ma se la guardia civica non avesse quella fiducia nella lealtà mia, del resto non parlo, quella fiducia ch'ebbe per molto tempo, non sarebbe possibile che nessuno continuasse a portare questo peso enorme senza avere l'ap poggio di questa guardia.
Allora l'assemblea potrebbe legalmente ad altre mani affidare questo da me non desiderato né desiderabile potere. Dimando francamente alla guardia civica: ha fiducia nella mia lealtà?
(Tutti, guardia civica e popolo: *Si!* Applausi fragorosi e continuati.)

Questo amore indomabile mi addolora, mi farà sentire più vivamente ancora, se possibil fosse, quanto questo popolo soffra. Nella mia mente, nelle forze mie fisiche, morali ed intellettuali calcolar non potete; ma sul mio affetto grande, sviscerato, immortale, contate sempre. E checché avvenisse, dite: Quest'uomo si è ingannato; *se ma non dite mai:* Quest'uomo ci ha ingannati.
(Tutti: *No, mai!* Applausi ripetuti.)
Io non ho ingannato mai nessuno, non ho mai dato lusinghe che non avessi; non ho mai detto di sperare quando io non isperava.

E gli austriaci intensificano i bombardamenti. Francesco Giuseppe esige la punizione dall'odiata città marciana. Monumenti, luoghi di culto, e opere d'arte sono anch'essi obbiettivi e molti andranno perduti per sempre.
Per descrivere il quadro della situazione a Venezia nell'agosto 1849 citeremo quanto scritto nelle *Memorie istoriche dell'Artiglieria Bandiera- Moro. Assedio di Marghera e fatti del ponte di Venezia* pubblicate nel 1850:
Una notte, dopo mezzo l'agosto, fu uno spettacolo inenarrabile. Ricordò una delle tre memorabili giornate di Marghera. Volgeva la mezzanotte; quando da gl'Imperiali l'artiglieria, che innanzi s'era fatta spessa, cominciò a rallentare. Ecco vediamo nella città un tetro chiarore. Da San Giuliano, e dall'altro ponte can noni da ottanta elevati all'angolo di quarantacinque gradi lanciavano e palle e granate, le quali descrivendo la smisurata parabola, con un fischio desolatore annunziavano

all'assediata Venezia la loro precipitosa discesa. Da San Giuliano a Venezia tremilledugento metri. Il chiarore a poco a poco cresceva, e diveniva men tetro. Densi globi di fumo s'innalzavano per l'aria, quasi a segnale d'incendio. Tutto ad un tratto fu udito un cupo, ma terribile fracasso. Tutto l'aere avvampò d'improvviso mandando un romore, un rombo simile a quello del vapore. Si sarebbe creduto opera infernale. Le fiamme si innalzavano minacciose, e s'allargavano sensibilmente. Tizzoni infuocati, grosse faville pareva volassero a contrastare il lume alle stelle. Intorno intorno il lontanissimo cielo appariva d'un colore nerastro. Un crepitar frequente s'accordava a un indistinto rumor di voci umane, talché l'animo nostro indovinava lo spavento, la confusione e la pressa de'cittadini. Appresso ne ferì gli orecchi un rumor di tamburi. Tutto questo si sentiva a intervalli, secondo che ce lo permetteva il tuono de'cannoni. Quella massa di fuoco si rifletteva variamente nella sottoposta Laguna, che all'occhio de'riguardanti pareva liquido vetro, Allora l'artiglieria nemica cominciò a fare le canno nate ognora più spesse. La nostra del pari. Le palle di rimbalzo ci fischiavano sopra le teste. Le bombe piovevano spesseggiando; crepitando scoppiavano le granate. Non so se più danno siasi recato a'nostri o a'nemici. Orribile a dirsi! In mezzo a quell'infernale frastuono s'udivano voci venir da San Giuliano e da quel ponte, voci di scherno, di gioia feroce, d'imprecazione; accenti che in altri agghiacciavano il sangue per ribrezzo mortale, ma in altri lo infiammavano per ira che esalava. Sull'alba tacquero le artiglierie d'ambe le parti; e la luce del giorno vinse la luce del fuoco, che lentamente s'andava spegnendo. Causa dell'incendio una granata. Il luogo incendiato era sacro, contiguo al tempio di San Geremia, borgo pregevole rispetto al tempo in che fu costrutto. Fra le perdite varie e grandi furono parecchie pitture, nelle quali perdemmo come un anello nella storica collezione dell'arte[54].

Il 23 agosto 1849 per evitare la distruzione totale della città Manin, Tommaseo ed altri quaranta *ribelli*, si arrendono senza condizioni all'intimazione del maresciallo Radetzky.

Ecco il testo della resa della città:

In presenza di S. E. il conte Gorzkowzky generale di cavalleria ec., di S. E. il barone De Hess generale d'artiglieria ec. e del conte Marzani, aggiunto per gli affari civili al signor generale di ca valleria,

Sono comparsi per la municipalità di Venezia, i signori conte Nicolò Priuli, Dataico Medin ed avvocato Calucci; per la parte militare, il signor ingegnere Cavedalis; per il commercio, il signor Antonini, i quali esposero la determinazione dei loro commettenti e della popolazione di Venezia di fare la loro sommessione a Sua Maestà I. R. A. e di stabilire il modo di consegnare la città e le sue

---

54 *Memorie istoriche dell'Artiglieria Bandiera- Moro*, cit., pp. 140- 141.

▲ Medaglia commemorativa del decreto del 2 aprile 1849 per la resistenza ad oltranza;

dipendenze, locché viene d'accordo combinato come segue:
1° La sommissione avrà luogo secondo i precisi termini del programma di S. E. il signor feldmaresciallo conte Radetzky in data 14 agosto corrente:
2° La consegna intiera di quanto è contemplato dallo stesso proclama 14 agosto, seguirà entro giorni quattro, decorribili da quello di posdomani, nei modi da concertarsi da una commissione mili tare, composta delle Loro Eccellenze il signor generale di cavalleria conte Gorzkowzky, il signor generale d'artiglieria barone De Hess, e del signor colonnello cavaliere Schlitter, aiutante generale di S. E. il feld-maresciallo conte Radetzky, e del signor cavaliere Schiller, capo dello stato maggiore del secondo corpo d'armata di riserva da una parte, e del signor ingegnere Cavedalis dall'altra, al quale si associerà un ufficiale superiore della marina.

Avendo poi i signori deputati veneti esposto la necessità di alcune delucidazioni relativamente alle disposizioni contemplate agli art. 4 e 5 del precitato proclama, si dichiara che le persone che debbono lasciar Venezia, sono primieramente tutti gli ii. rr. ufficiali che hanno servito colle armi contro il loro legittimo sovrano, in secondo luogo tutti i militari esteri di qualsiasi grado, e in terzo luogo le persone civili nominate nell'elenco che sarà consegnato ai deputati veneti.

Nella circostanza che attualmente in Venezia circola esclusivamente una massa di carta monetata, di cui non potrebbe essere spogliata la parte più povera della numerosa popolazione senza gravissi mi inconvenienti per la sua sussistenza, e nella necessità inoltre di regolare questo oggetto prima del l'ingresso delle ii. rr. truppe, resta disposto che la carta monetata che trovasi in giro sotto la de nominazione di carta comunale, vien ridotta alla metà del suo valore nominale, ed avrà corso forzato soltanto in Venezia, Chioggia e negli altri luoghi compresi nell'estuario per l'accennato diminuito valore, fino a tanto che d'accordo col municipio veneto sarà ritirata e sostituita, il che do vrà aver luogo in breve spazio di tempo.

L'ammortizzazione poi di tale nuova carta dovrà seguire a tutto peso della città di Venezia e dell'estuario suddetto, mediante la già divisata sovraimposta annua di centesimi 25 per ogni lira d'estimo, e con quegli altri mezzi sussidiari che gioveranno ad affrettarne l'estinzione.
In riguardo di questo aggravio non saranno inflitte multe di guerra, e si avrà riguardo per quelle che furono già inflitte ad alcuni abitanti di Venezia relativamente ai loro possessi di terra-ferma.
In quanto poi alla carta denominata patriotica [sic], che viene totalmente ritirata dalla circolazione, nonché circa gli altri titoli di debito pubblico, si verrà in progresso alle opportune determinazioni.
Fatto in doppio originale e firmato di proprio pugno nel giorno e luogo sopracitato.
Villa Papadopoli, 22 agosto 1849.

Vennero stabiliti anche i tempi della partenza delle truppe venete e dell'occupazione del territorio della repubblica:
La reddizione della piazza e dell'estuario della città avrà luogo nel modo seguente:
1° Partenza da Venezia dei battaglioni lombardi e del Veneto, comandati da Meneghetti per la terra-ferma, cioè via di Fusina.
2° Occupazione dei forti nel giorno 25, cioè s. Secondo, Piazzale, s. Giorgio, s. Angelo, e quello della stazione della strada ferrata.
3° Partenza dei corpi Euganeo *e del* Sile *il 26 per la via di Fusina.*
4° Occupazione della città, consegna dell'arsenale e della flotta nel giorno 27: riunione degli ufficiali al Lido.
5° Partenza dei corpi Friuli, Brenta e Galateo nel 28, e dissoluzione dei reggimenti di linea.
6" Occupazione di Chioggia, Burano e rispettivi circondari nel 29.
7° Partenza dei Napoletani per mare nel 30: occupazione del forte s. Nicolò e del Lido.
8° Partenza degli ufficiali e consegna del forte del Lido nel 31 agosto.

Il 23 agosto è l'ultimo giorno di libertà per Venezia e per la Repubblica. L'atmosfera è irreale, quasi sospesa. La tensione è alle stelle, e c'è chi vorrebbe combattere ancora, soprattutto tra i militari provenienti da varie parti d'Italia, che sanno di non aver più nulla da perdere, e di non aver più dove tornare, e, pronti come sono a tutto, non esitano a sparare sullo stesso Manin che alla testa di un gruppo di guardie civiche è intervenuto personalmente per sedare il tumulto, che potrebbe portare alla distruzione della città da parte degli austriaci. Annota nel suo *Memoriale* Pietro Contarini:

Venezia è immersa in un silenzio profondo e nell'estremo abbattimento. Non più s'ode il fiero rimbombo delle artiglierie… Il popolo atterrito dalla continua pioggia di ferro, che durò con poche interruzioni per 24 giorni, oppresso da lunghi patimenti minacciato pur sempre dal cholera (questa volta assai più letale che negli anni 1855 e 1856) si mostra rassegnato e disposto a subire quel destino cui piace al Signore – La guardia civica continua a prestarsi con patrio zelo per l'ordine interno. E non dee tacersi un fatto che onora il Manin. Alcuni malcontenti in Cannareggio [sic] alzarono querele e minaccie. Manin si pose alla festa di un corpo di guardie civiche dicendo: Chi è buon patriotta mi segua, *ed accorse sul luogo a contenere e reprimere quegli audaci che già scaricarono contro di lui qualche moschetto. – Quest'ultimo servigio reso dal Manin alla patria è commovente, I posteri ricorderanno con qualche compiacenza il Manin del secolo XIX, il quale purgò i Veneziani dalle taccie di viltà che il Manin del secolo XVIII aveva loro lasciate in retaggio[55]. La storia dirà che quei due amarono egualmente di caldo amore la patria; ma se il Manin del secolo XVII[56] procurò la pace a Venezia col mezzo della servitù, trovò la via piana ed agevole, al contrario Manin del secolo XIX, che volea la gloria di Venezia col mezzo della libertà, trovò la via dapprima ardua, poscia impossibile[57].*

Il *General der Kavallerie* Karl Gorzkowsky entra quindi in città, alla quale la resa ha risparmiate se non altro le violenze avvenute a Brescia ed a Vicenza, il 24 agosto, e provvede all'arresto ed all'esilio dei patrioti più in vista e dei membri del governo. Ecco la lista nominativa degli esiliati veneziani inviata dal generale Gorzkowsky:

1 Avesani Gio. Francesco, avv. – 2 Benvenuti Bartolommeo, avv. – 3 Giuriati Giuseppe, not. – 4 Minotto Giovan ni, nob. – 5 Mengaldo Angelo, avv. – 6 Pincherle Leone – 7 Manin Daniele, avv. – 8 Tommaseo Nicolò – 9 Zerman dott. Pietro – 10 Zannetti (cognato di Manin) – 11 Ver gottini

---

55 Contarini si riferisce qui a Lodovico Manin, centoventesimo ed ultimo doge di Venezia, che abdicò nel 1797, consegnando di fatto Venezia a Bonaparte e quindi all'Austria, ponendo fine ingloriosamente alla storia della Serenissima. Nel 1797, davanti all'avanzata e alle richieste di Napoleone Bonaparte, il doge, convinto che patria e governo patrizio fossero concetti distinti, il 1° maggio presentò una "parte" al Maggior Consiglio, chiedendo di abolire il diritto esclusivo del patriziato al potere, per *salvar questa città*. Il 4 maggio ammonì i colleghi che *el rifiuto non farìa che portar l'eccidio de tutta la città, ed esponer loro stessi a un pericolo sicuro, mentre nel caso d'un attaco violento, i sarìa i primi sacrificadi*. Questo ha consegnato alla storia l'immagine di un doge debole e tremante, e gli ha fatto guadagnare il nome di *sior spavento*, dovuto forse al suo stato di salute, da sempre precario. Tuttavia, nella storia della Repubblica veneziana mai un individuo aveva assunto un tale potere come rappresentante e interprete del corpo sovrano, dato che negli ultimi giorni della Serenissima gli organi competenti (Senato e Signoria) non furono più chiamati a esprimere il loro parere, eccettuata la Consulta straordinaria, convocata dal doge stesso. Dopo l'abdicazione del Maggior Consiglio il 12 maggio, il Manin. rimase in Palazzo Ducale fino al 15, preoccupandosi della continuità politica e istituzionale: convocò i membri della Consulta per assicurare l'ordine nella città; proseguì a mandare dispacci ai delegati di Bonaparte; organizzò l'annuncio dell'abdicazione del Maggior Consiglio e il passaggio del potere alla Municipalità provvisoria. Dopo di allora, chiusosi per scrivere le sue memorie rifiutò risolutamente di prendere parte a qualsiasi nuova forma di governo, anche di fronte a minacce di morte rivoltegli dai nuovi padroni della città. All'inizio del 1798, quando a Venezia- in seguito al trattato di Campoformio - entrarono gli Austriaci, il Manin accolse la novità con sollievo e fu nella delegazione di dodici membri che prestò giuramento al nuovo potere. Vide anche aumentare il suo prestigio, soprattutto con l'arrivo del cognato, Francesco Pesaro, divenuto consigliere intimo dell'imperatore Francesco II e commissario straordinario per Venezia e la Terraferma. Anche negli anni successivi il Manin restò punto di riferimento, probabilmente per la volontà di rimanere fuori da ogni partecipazione nel potere straniero. Nel 1801 cominciò a uscire più spesso per fare qualche passeggiata a Cannaregio e andare alla chiesa dei Servi o all'antico Ridotto, dietro le Procuratie. Malgrado una donazione di 20.000 ducati annui ai patrizi poveri, una serie di incidenti gli fece capire quanto il popolo e una parte dell'ex patriziato lo ritenevano responsabile del proprio stato: fu insultato in strada e in chiesa e derubato due volte dell'orologio. Morì a Venezia il 24 ott. 1802; cfr., sul Manin, D. Raines, *MANIN; Lodovico*, in *Dizionario Biografico degli Italiani* - Volume 69 (2007), s.v..

56 Evid. refuso per XVIII, ndA.

57 Contarini, *Memoriale veneto*, cit., p. 188 alla data del 23 agosto.

Nicolò – 12 Seismith-Doda Federico – 13 Varè Gio. Battista – 14 Morosini Gio. Batt. (già dep. prov.) – 15 Malfatti Bartolommeo – 16 Torniello (frate capp.) – 17 Degli Antoni – 18 Mircovich Demetrio – 19 Mazzucchetto Bernardino (frate) – 20 Comello Angelo – 21 Canetti Antonio, not. – 22 Giustinian Augusto – 23 Levi dott. Cesare – 24 Stadler Augusto – 25 Lanza Marco – 26 Ponzani Pietro – 27 Soler Giuseppe – 28 Mattei Giacomo, avv. – 29 Bernardi Giuseppe, avv. – 30 Grondoni Ernesto – 31 Fabris Domenico (già dep. centrale) – 32 Sirtori (prete lombardo[58]) – 33 Serena Leone – 34 e 35 I fratelli da Mula, nobili – 36 Bellinato Angelo – 37 Manetti Dario, notaio – 38 Lazaneo, sac. – 39 Manzini, ing. – 40 Caffi, impiegato. (Oltre ai suddetti, più di 500 altri furono esiliati come compresi nell'art. 5 del proclama).

Quando gli austriaci prendono possesso di Venezia, *la popolazione*, quella popolazione che si è mostrata *dopo la pubblicata capitolazione, tranquillissima, ed anzi lieta del prossimo fine di patimenti ormai insopportabili, li accolse tranquillamente, dignitosamente; e per le calli, al mostrarsi di drappelli o di cannonieri passeggianti a diporto, non si osservarono atti o sentirono parole che mostrassero neppure l'impressione della novità*[59], un'ostentata indifferenza assai diversa, ad esempio, dalla gioia con la quale i veneziani avevano accolto gli imperiali nel 1814.

Erano passati esattamente diciassette mesi dall'insurrezione, e Venezia era caduta per la fame e il colera, non sconfitta militarmente. La batteria S. Antonio non venne mai messa a tacere, il ponte non venne mai conquistato.

Ma fu gloria de' Veneziani o meglio degl'Italiani, scrivono a piena ragione la *Memorie istoriche dell'Artiglieria Bandiera- Moro già citate, e fu gloria vera l'indomabile resistenza de' suoi propugnacoli, de' suoi cento artiglieri, de' suoi mille fanti. L'Austriaco riebbe nella sua podestà quella gemma; ma non si vanta d'averla presa d'un palmo. Il piazzale, quel punto di terra, non fu mai né vinto, né soverchiato; fu inespugnabile. Cento cannoni vi mutarono. – Vi posero piede quand'era vuoto de' nostri.*

Agl'Imperiali costò parecchie migliaia di cannonieri e di fanti. Il piazzale gronda ancora di sangue; ma se noi piangemmo, viva Dio, essi non risero. L'assedio di Venezia costò all'Austria venticinquemila uomini. Né tanto numero poté espugnarla. La vinsero il digiuno, la fame, la pestilenza, che sono gli effetti dell'assedio.

Tutti gli arrestati furono inviati in esilio in Francia. Manin vi morì nel 1857 senza mai più aver rimesso piede nella sua città.

L'avventura della Repubblica Veneta era durata poco più di un anno, l'assedio cinque mesi. Seguirà una massiccia emigrazione delle migliori menti venete verso il Piemonte, che, tra il 1849 ed il 1866 raggiungerà la cifra di ottantamila emigrati, con Torino che vede triplicare la propria popolazione proprio per gli emigrati lombardi e veneti.

La lunga lotta è costata a Venezia 1.000 morti in combattimento, 3.000 per colera e malaria e 600 feriti. Ma gli uomini di Radetzky hanno pagata carissima la riconquista della città: l'esercito austriaco ha subito ben 12.000 morti e 10.000 feriti, consumando oltre 500.000 colpi di cannone.

Scrive il *Times* di Londra all'indomani del ritorno della città sotto il controllo degli austriaci:

La recente difesa della regina dell'Adriatico aggiunge un'altra pagina ad una storia in cui molte valorose azioni di guerra e molti risultati di una prudente linea di condotta sono riportati per

---

[58] In realtà Giuseppe Sirtori ha abbandonato l'abito talare per seguire la vita militare. Nato a Casatenovo, in Brianza, nel 1813, diviene sacerdote nell'ordine degli Oblati, ma smette l'abito talare nel 1844 e si reca a Parigi, dove prende parte alla rivoluzione del febbraio 1848. Tornato in Italia, partecipa alla difesa di Venezia e alla caduta della città si reca esule a Londra; entrato in contatto con gli ambienti mazziniani, è presto in disaccordo con la loro rigida pregiudiziale repubblicana e preferisce raggiungere Parigi, continuando lì la sua attività di propaganda a favore dell'unità d'Italia. Rientrato in patria nel 1859, nel 1860 viene eletto deputato e prende parte, come capo di Stato Maggiore, alla spedizione dei Mille, nel corso della quale viene nominato dittatore provvisorio di Palermo e poi pro-dittatore di Napoli. Al comando di una divisione dell'esercito regolare durante la guerra del 1866, dopo esser stato collocato a riposo per le critiche avanzate agli alti comandi dopo la battaglia di Custoza, è riammesso nell'esercito nel 1872.

[59] *Venezia nel 1849, Cronaca inedita*, a cura di Ugo Bassani, Milano 1938, p. 159 (28 agosto 1849).

▲ Gli austriaci sbarcano a Venezia, 24 agosto 1849

l'ammirazione dei posteri. Non si conosce altro esempio nella storia di uno Stato - poiché Venezia isolata nel mezzo della sua laguna è uno Stato - che dopo un tale lungo periodo di frustrazione, nel quale era come se lo spirito nazionale fosse estinto, si sia risollevata dal torpore con tanto vigoroso effetto. Venezia e i suoi abitanti erano diventati quasi sinonimo di mollezza ed effeminatezza [...]. Ma mai un popolo reclamò la sua volontà di partecipare al consorzio delle genti virili d'Europa con uno spirito tanto determinato o in modo più efficace[60].

Piero Pieri nel suo fondamentale lavoro *Storia Militare del Risorgimento*[61], riassume così la vicenda veneziana:

Venezia aveva resistito fino all'estremo. Se durante il blocco, in un primo tempo, aveva avuto il sostegno di soldati degli eserciti pontificio e napoletano e di lombardi, dal gennaio e più che mai dall'inizio dell'assedio vero e proprio, nell'aprile, all'infuori di alcuni ufficiali superiori napoletani d'artiglieria e del genio, tutti valentissimi, e di pochi lombardi, non aveva avuto che elementi veneti e i suoi stessi cittadini: fino all'ultimo era stata una nobile gara d'eroismo e di sacrificio. Venezia cadeva veramente per il colera e per mancanza di viveri. La guerra popolare aveva scritto fra le sue lagune una pagina di gloria imperitura. Ma, al solito, al blocco e all'assedio erano mancati i sostegni dell'insurrezione esterna; i migliori elementi veneti avevano, come a Roma gli abitanti dello Stato pontificio, contribuito a sostenere la difesa interna; era mancata insomma la grande insurrezione delle campagne a sostegno della difesa cittadina. E questi erano i limiti delle possibilità insurrezionali italiane.

---

60 *The Times*, 1 sept. 1849, cit. in traduzione italiana in David Laven, *Punti di vista britannici sulla questione veneziana 1814-49*, in *La 'primavera liberale' nella terraferma veneta 1848-1849*, a cura di Alba Lazzaretto Zanolo, Venezia 2000, p. 49 (pp. 35-49).
61 Torino 1962.

APPENDICI

Stato nominativo degli ufficiali e dei corpi dell'armata veneta di terra all'epoca della capitolazione di Venezia.

GENERALE SUPREMO COMANDANTE LE FORZE DI TERRA E DI MARE:
Tenente-generale Guglielmo Pepe.

COMMISSIONE MILITARE CON PIENI POTERI
Presidente : tenente-generale Gugliemo Pepe
Membri: maggiore generale Ulloa Girolamo, tenente-colonnello Sirtori Giuseppe, capitano di corvetta Baldisserotto Francesco
Segretario generale: tenente-colonnello Seismith- Doda Luigi
Segretarii : maggiore Campo Francesco, capitano Vittore Vittori, capitano De Luigi Attilio
Applicati: commissario di guerra Tessier, capitano Mantovani; tenenti Morosini, Manetti.

DIPARTIMENTO DELLA GUERRA
Capo dipartimento: maggiore generale Cavedalis Giovanni Battista.
Applicati: colonnello Fontana, Pino Galeazzo, Milani Giovanni Battista.
Aiutanti di campo: tenente-colonnello Sanfermo, maggiore di cavalleria Wiel Luigi, maggiore Erenthaler, Michiel, capitano di cavalleria Gritti Giovanni.
Ufficiali d'ordinanza: capitani Ebenkofler, Bocchi, Brusa.
Prima divisione – Infanteria e Cavalleria
Capo divisione: colonnello Pino Galeazzo .
Applicati: maggiore Santini Antonio, maggiore Marocco.
Seconda divisione – Genio ed Artiglieria
Capo divisione: tenente-colonnello Avesani Saverio.
Applicato: maggiore Campilanzi.
Terza divisione – Azienda generale di guerra
Capo divisione: colonnello Marcello, intendente generale d'armata .
Applicato: colonnello Cima, intendente generale.
Commissari capi: Hochkofler, Tassini .
Commissari, Morales, Barucco, Borra.
Quarta divisione – Esplorazioni militari
Capo divisione: tenente-colonnello Radaelli Carlo .
Applicati: tenente Pera, Bressanello.
Ufficiali applicati al Dipartimento della guerra: Maggiori Bocchi della Lega, Salvini, Filippi; tenente Guerrieri.

AUDITORATO GENERALE DI GUERRA
Auditore generale: tenente-colonnello Cristiancich
– Vice Auditore: maggiore Sotti
– Auditori: capitani Ricci Giuseppe, Stefani Guglielmo, Pellatis, Zorzi, Donà Guglielmo, Barretta, Mario Radaelli.

CONSIGLIO DI GUERRA PERMANENTE
Presidente: colonnello Jehan.
– Vice-presidente: colonnello San Martino
– Giudici: maggiori Gandini Odoardo, Pigozzi Francesco, tenente di vascello Germani Enrico, sotto-tenente Montuori Achille, sergente (poi sotto-tenente) Macchi
– Relatore: maggiore Manetti Giovanni Dario auditore di guerra della marina militare.

STATO MAGGIORE GENERALE

Capo dello stato magg: colonnello Fontana Francesco
– colonnello Cosenz Enrico comandante il 1° circondario, tenente-colonnello Mezzacapo Carlo direttore del materiale dell'artiglieria, tenente-colonnello Radaelli incaricato dell'esplorazioni dell'esercito, tenente-colonnello Assanti Damiano, tenente-colonnello Sirtori Giuseppe membro della commissione militare, maggiore Virgili Giuseppe, maggiore Carrano Francesco comandante il forte di s. Secondo
– Applicato: capitano Vitali Crispino
– Gran Prevosto: tenente-colonnello Materazzo Francesco
– Ordinanze del generale in capo: maggiore De Petris Carlo, tenenti Mainardi Ottavio, Fenzi Carlo.

COMANDO DEI CIRCONDARI

ispettore del 2° e 5° circondario: generale di divisione Solera Francesco, già ministro di guerra
- capitano Solera Francesco aiutante di campo.

1° Circondario (Ponte) Comandante: colonnello Cosenz Enrico – Capo dello stato maggiore: maggiore Mathieu Giovanni
– Ispettore del genio: tenente-colonnello Chiavacci Vladimiro
– Applicati: capitani Mastrovich Antonio, Morel Giovanni Battista, Talento Luigi, Grondoni Ernesto, Piacentino Diego; tenenti Vinti, Paradiso, Amati Camillo, Rossi, Merryweather Giorgio.

2° Circondario (Lido) Comandante: colonnello Mattei Francesco
– Capo dello stato maggiore: colonnello Oliva Lorenzo
– Applicati: capitano aiutante maggiore Facchini Lodovico, tenente Moretti.

3° Circondario (città di Chioggia) Comandante: colonnello Noaro Agostino
– comandante in 2°: tenente colonnello Boldoni Camillo
– Capo dello stato maggiore: maggiore Stucchi Napoleone
– Applicati: capitani Bertoni Carlo, De Resnes Omodeo, Calogerà Antonio, Basilisco; tenenti Bellini, Pecorini.

4° Cicondario (Burano) Comandante: tenente colonnello Belli
– Capo dello stato maggiore: maggiore Straolino Giorgio
– Applicati: maggiore Jean, capitano Bovio, tenenti Civita, Guarnieri, Barbaro.

5° Circondario (Alberoni) Comandante: capitano di fregata Tiozzo Alessandro
– Capo dello stato maggiore: capitano Bernard
– Applicato: tenente Fontana.

COMANDI DELLE PIAZZE

Piazza di Venezia Comandante: colonnello De Joui Agostino
– maggiore Zennari.
- Applicati colonnello Maticola direttore dei trasporti militari, maggiore Fontana Antonio direttore dell'ufficio d'arruolamento; capitani Riva Antonio, Seneca Francesco; tenenti Barrozzi, Burovich Augusto, Bellotto, Filaretti Vincenzo, Ruzzini, Remondini, Morelli Antonio, Pertinazza, Masi Vincenzo.

Piazza di Chioggia Comandante: tenente-colonnello di cavalleria Zorzi co. Jacopo
– maggiore Dea Adolfo
– capitano aiutante maggiore Mottaigne.
– Applicati: tenenti Barone , Gnoato ; sottotenente Correnti Achille.

Piazza di Malamocco Comandante: maggiore Piccioni Cesare
– capitano aiutante maggiore Ferrari
- Applicati: tenenti Massedaglia, Franchini.

Piazza di S. Pietro e Porto Secco Comandante: capitano Grisi Alessandro

- aiutante tenente Giacomazzi.

Piazza di Palestrina [sic per Pellestrina] Comandante: capitano Calvi Giuseppe
– aiutante tenente Pellatis Giovanni.

COMANDO DEI FORTI PRINCIPALI

FORTE DI TREPORTI
– Comandante: maggiore Cavalletto
– Aiutante: capitano Vigna Giuseppe.

FORTE LIDO
– Comandante: tenente-colonnello Lancetta.
– Aiutanti : tenenti Assergio, Stels, Ruggieri.

FORTE ALBERONI
– Comandante: tenente-colonnello Mastrovich Giovanni
– Aiutante: tenente Berton.

FORTE S. PIETRO
– Comandante: tenente di fregata Früscholz Ferdinando.

FORTE CAROMAN
– Comandante: capitano Jehan, del 1° reggimento
– Aiutante : tenente Oliva Vincenzo.

FORTE DI BRONDOLO E PICCOLI FORTI DIPENDENTI
– Comandante: tenente-colonnello Sartori Felice
– Aiutante: capitano Gugliani
– Applicati: capitano Fontanini Agostino del 2° reggimento, tenente Ponsard.

FORTE S. FELICE
– Comandante: maggiore Radonich Enrico
– Aiutante: capitano Sugana Girolamo.

FORTE SAN SECONDO
– Comandante: maggiore Carrano Francesco dello stato maggiore generale
– Aiutanti: vari ufficiali per turno.

FORTE SAN MICHELE
– Comandante: capitano Brunetti.

N. B. I piccoli forti erano comandati dall'ufficiale di presidio più elevato in grado.

ARTIGLIERIA

Direttore e comandante generale : generale di divisione Armandi
– Comandante : maggior generale Paolucci Antonio
– Direttore e comandante del materiale: tenente-colonnello Mezzacapo Carlo.

Artiglieria di campo
Comandante: tenente-colonnello Boldoni Camillo
– Capitani: Testa Giovanni, Belluzzi Luigi, De Filippis Gioacchino
– Primi tenenti : Calvi Paolo, Gagliano Raffaele, Guarini Michele , Mai, Tommasi Camillo, Tosti Nicola, Vanotti Augusto
– Tenenti: Armandi Gaspare, Acerbi Giovanni, Avesani Ignazio, Besozzi Luigi, Correnti Annibale, Cuomo Leopoldo, De Rubeis Angelo, Dorigozzi, Griziotti, Levi Alessandro, Mori, Rossini, Stari Nicandro, Zimermann Arturo
– Cappellano: d. Vincenzo Adamo
– Chirurgo maggiore in 1": dottor Marino Pietro
– Chirurgo maggiore in 2°: dottor Tresolini Tito
–Veterinario : Tofoletti Angelo.

Artiglieria terrestre

Comandante: colonnello Bertacchi Antonio
– Maggiori: Pisani Francesco, Marzon, Ifansknecht
– Capitani: Bianchini, Chiavacci Annibale, Fabri, Haochswirtd, Lombardo Giovanni, Marzari, Panigai, Pellosio, Petrosiglio, Petrosini Domenico, Ragusini , Varisco Giuseppe, Viani
– Primi tenenti : Amadori, Caenazzo, Durelli, Ferro, Galanti, Hendel, Mangarotti, Perosa, Toscanelli Giuseppe, Vatri, Vigna Massimiliano
– Tenenti: Alfano Gennaro, Bocca Leone, Capri, Dumontel, De Chiara Vincenzo, Gottier, Giusti, Rogero, Valasco Melchiorre, Vinci, Zacco Fortunato.

Artiglieria **Bandiera e Moro**.

- Comandante: tenente-colonnello Mezzacapo Carlo
– Maggiore: Tolotti Luigi
– Capitani: Bosi Luigi, Dolfin
– Tenenti: Bosi, Bozzoli 1°, Bozzoli 2°, Golotti, Fontebasso, Girardi, Savorgnan, Tarrossi, Welten

GENIO TERRESTRE

Comandante : colonnello Ronzelli
– Tenenti-colonnelli : Chiavacci Vladimiro ispettore del 1° circondario, Ponti Giuseppe
– Maggiori: Merlo Antonio, Acton Riccardo, Martinelli
– Capitani: Benvenuti Giovanni Battista, Bernardi Antonio, Bracciadoro, Dolfin Francesco, Fernandes, Maschietti, Nicoletti, Simonetti Giuseppe, Tommasini Tommaso
– Tenenti: Accursi Michele, Arpesani Tomistocle, Arcellazzi Lodovico, Amadeo Giovanni , Balzaretti Giuseppe, Bazzaro Achille, Bernasconi Gio. Battista, Bonetti Giovanni, Brugnateli Tullio, Brusamini, Bonola Giulio, Bernardi, Grippa Felice, Dellabona, Delvitto Carlo, Dusini Pietro, Fornara Federico, Frigerio Giulio , Franchini Emilio, Gotwa, Grassuzzi, Giaretta, Jus Francesco, Mainetti Nicola, Manetti, Martelli Gio. Battista, Martinelli, Mazza Michele, Morassuti, Morelli, Müller, Negrini Antonio, Nicoletti, Odazio Emanuele, Pellegrini Giuseppe, Pessina Enrico, Polletti, Polli, Pozzo Giacomo, Prestinar Enrico , Rataggi Eugenio, Ravioli Giuseppe, Roncaroni Carlo, Salomone, Stabile Giuseppe, Taroni Antonio, Tessari Giovanni, Testa, Testoni Angelo, Toniotti, Usuelli Alessandro, Vittadini Alfonso.

▲ Divise dei volontari d'Artiglieria Bandiera Moro

CORPO DI GENDARMERIA
Comandante: colonnello Somini Raimondo
– Maggiore: Vila Eustachio
– Capitani: Boniotti Giuseppe, Bry Filippo, Chiapella Antonio, Dolfin Gio. Battista, Lucchini Antonio, Mar catti Antonio aiutante maggiore, Nogareni Antonio, Salvini Giuseppe
– Tenenti: Acerbi Filippo, Antonelli Giuseppe, Apollonio, Cavalli Giovanni Battista, Fecondo Augusto, Mazza Giuseppe, Piasenti Antonio, Boscarato
– Sottotenenti: Balsami Enrico, Fanio Domenico, Loris Giuseppe, Luciano Giuseppe, Macculan Valentino, Sartorio Domenico
– Chirurgo maggiore: dottore Bertolatti Gabriele.

FANTERIA.

1° Reggimento
Comandante: tenente-colonnello Torriani Antonio
– Maggiore: Spangaro Pietro
– Capitani: Barbarich, Bonetti aiut. maggiore, Del Colle, Jean, Iory, Malegari, Marsari quartier mastro, Minetti, Nola, Pompeati, Pulè, Rubelli, Stratico, Tavolino, Vochievich, Zerman
– Tenenti: Albertoni, Cavalli aiutante maggiore in 2°, Cisco, Conforti, Ferrari, Manusis, Martini, Musolo, Nani, Rubini, Sarto, Tadinovich Giorgio, Tadinovich Marco, Mayer
– Sottotenenti: Bon, Brochieri, Castellani, Girardi, Rotta Annibale, Tagliapietra, Zapellari
– Cappellano: d. Pietro Graziani
– Chirurgo maggiore in 1°: dottor Pesenti
– Chirurghi maggiori in 2°: Marcheselli, Sartorelli.

2° Reggimento.
- Comandante: colonnello Vandoni Eugenio
– Tenente colonnello: Sartori Antonio
– Maggiori: Gheltof Francesco, Papa Leone
– Capitani: Boldini Agostino, Boldrini Adolfo, Bonivento Vincenzo, Calogerà Antonio, Cappelletto Giuseppe, Caravà Agostino, Fontanini Agostino, Gergotich Giorgio, Lancetta Spiridione, Lucardi Antonio, Massedaglia Giacomo, Nicoli Giuseppe, Pasquini Lorenzo, Penso Vincenzo, Pollidoro Pietro aiutante maggiore, Rizzardi Angelo, Quagliatti Francesco, Sala Giuseppe, Talento Antonio, Tarozzi Giuseppe, Traversi Angelo, Zen Gaetano
– Tenenti: Arcaro Francesco, Belloni Antonio, Bocchi Achille, Canelli Francesco, Caonero Domenico aiutante maggiore in 2°, Cassetti Bartolomeo, Dolfin Marco, Fuga, Sina Giuseppe, Le Roy Giuseppe, Marseille Carlo, Massedaglia Giuseppe, Mestieri Angelo, Muller Augusto, Pavoni aiutante maggiore in 2°, Rotta Michele, Romanello Vincenzo, Sansoni Antonio, Tagliapietra Luigi, Vischia Vincenzo, Zanon Angelo
– Sottotenenti: Barbarich Nicolò, Basich Spiridione, Della Santa Francesco, Duse Pietro, Franco Pietro, Germich Nicolò, Lanzo Angelo, Lironcurti Marco, Mattei Francesco, Pedrina Liberale, Penso Tancredi, Prata Luigi, Rotta Carlo, Sartori Antonio, Talliani Nicolò, Tiozzo Gaetano, Zaro Adolfo
– Cappellano: d. Giuseppe Andreatta
– Chirurgo maggiore in 1°: dottore Lorenzoni Giacomo
– Chirurghi maggiori in 2° : dottori Leon Giuseppe, Bordini Francesco, Dolfin Angelo, Fornasari Giuseppe, Bordignon.

3° Reggimento (Brenta e Bacchiglione)
Comandante: colonnello Zanellato
– Maggiori: Bellotto, Cavalletto
– Capitani: Bezzati, Bragato, Braghetta, Castellani, Comin , Cremasco Giulio aiutante maggiore,

Lignassi, Modenese, Papesso, Passetti, Turri, Tamini, Toffanello, Vecchia
– Tenenti : Casinato, Cavelti, Conforti, Daina, Incontri, Regazzoni, Saccomani, Vinci, Zanetti, Zanati
– Sottotenenti: Bezzati, Boldrin, Bordin, Caonero, Chiampan, Dian, Leopardi, Lotto, Ognibene, Pedrazza, Pigni, Tagliaferri
– Chirurgo maggiore in 1°: dottor Papesso Antonio
– Chirurgo maggiore in 2°: dottor Piaggi.

4° Reggimento (Legione Galateo)
Comandante: tenente-colonnello De Galateo Giuseppe
– Maggiori: Regalazzo Rocco, Stefaneo Antonio
– Capitani: Zanetti Pietro Luigi, Maiolarini Carlo (furono promossi maggiori negli ultimi momenti della guerra), Comello Francesco, De Antoni Spiridione, Ferrighi Domenico aiutante maggiore, Fabris Adriano, Larber Angelo, Landi Vincenzo, Liberali Giuseppe, Martinelli Gervasio, Marini Giovanni, Morel Gio. Battista, Rovelli Pietro, Venturini Giovanni, Zorzi Giacomo.
– Tenenti: Bartoli Carlo, Berlese Angelo, Bon Alessandro, Boschetti Giovanni aiutante maggiore, Campilanzi Cesare, De Castello G., De Faveri Angelo, Faleschini Antonio, Lanisio Angelo aiutante maggiore, Missaglia G., Noghera Giovanni, Serafini Pietro, Urbanski Vincenzo, Vernici Giovanni
– Sottotenenti: Alessi Domenico, Boscarato Isidoro, Bonivento Felice, Bonvinci Domenico, Buggiani Caterino, Cardin Giuseppe, De Cantaveri Ignazio, Destefani Federico, DeRiso Francesco, Fasoli Luigi, Federico Antonio, Ferraro Marco, Laquidara Francesco, Mariuski Giovanni, Nota Raffaello, Pesce Luigi, Quimpfe Giovanni, Raffarelli Giuseppe, Rovelli Carlo, Stengel Gio. Battista, Tebaldi Scipione, Verrizzo Costantino, Zen Antonio, Zorzi Luigi
– Cappellano: d. Francesco Campioni
-- Chirurgo maggiore in 1°: dottore Gastoldi
– Chirurghi maggiori in 2°: dottori Locatelli, Zorzi, Sbordoni.

Legione Cacciatori del Sile
Comandante: maggiore Francesconi Daniele
– Maggiore: Merighi Vittorio
– Capitani: Burri, Carapia direttore dei conti, Chinaglia Marcello aiutante maggiore, Curioni, Cattabene Gio. Battista, Dall'Ongaro, Demo , Demin, Gualteratti, Nardi, Pastro, Sartori, Steffanone Ernesto, Rinaldi 1° uffi ciale di vestiario
– Tenenti; Belli, Berti 1°, Carretta, De Martini, Jehan aiutante maggiore in 2°, Massa Agostino, Nardelli, Perazzo Giuseppe, Renieri, Rinaldi 2°, Tafuri, Tamburini, Schmit, Busch , Cordenonsi
– Sottotenenti: Berti 2°, Bianchi, Bonomini, Capponi, Comin, Gattay Simone, Libe rali, Marchetti, Manusardi . Pavan, Policardi, Polli, Savorgnan
– Cappellani: De Domini, Moretti
– Chirurghi medici: Testa in 1°, Padovan in 2°, Marchetti in 2°.

Corpo di Guardia Nazionale Mobilizzata Lombarda
Comandante: colonnello Noaro Agostino
– Capitani : Amati Luigi, De Luigi Attilio, Fossati Paolo direttore dei conti, Luraschi Gio. Antonio, Maino Angelo, Molteni Carlo ufficiale di massa, Pesce Vincenzo aiutante maggiore, Sa la Giuseppe
– Tenenti: Tommasi Antonio f. f. di capita no, Bolla Achille, Caprotti Carlo, Chinaglia Stefano, Cortellezzi Andrea, Pozzi Luigi, Seiffardi Gioacchino Enrico
– Sottotenenti: Agostinoni Giulio, Besozzi Giacomo, Bianchi Pietro, Biffi Luigi, Bonomi, Ciocca Gaetano, Cortellezzi Luigi, Gervasoni Luigi, Ghezzi Giovanni, Origgi, Teruizzi
– Cappellano: parroco Scarfarotti
– Chirurghi maggiori: Marozzi Maurilio, Vaccani Eugenio.

Battaglione Veneto-Napoletano.
Comandante: maggiore Vaccaro Rocco –
Maggiore: Cappelli Silverio
– Capitani: Campolieto Tommaso, Del Balzo Giuseppe, Gaetani Eduardo, Martinez Raffaele, Spedalieri Francesco, Vollaro Saverio aiutante maggiore
– Tenenti: Fabrini Giovanni Battista, Foschini Amedeo, Graziosi Giovanni Battista, Marciano Innocenzo, Materazzo Michele, Mineri Consalvo, Pastori Giuseppe, Solazzar Domenico
– Sottotenenti: Donatelli Domenico, Cochiarelli Domenico, Cernelli Luigi, Fratazzi Giovanni, Giuliano Orazio, Golotto, Gottier, Logarbo, Maldacea Moisè, Montori Achille, Sprovieri Francesco, Tresolini Giuseppe
– Cappellano: d. Giuseppe Campanella
– Chirurgo maggiore : dottor Santore Luigi.

Battaglione Italia libera
Comandante: maggiore Meneghetti Luigi
– Capitani: Mauro M. Augusto, Romè Carlo ufficiale di vestiario
– Tenenti f. f. di capitano: Pozzi Carlo, Sementi Pietro, Calligari Antonio, Tironi Vincenzo, Gnecchi Nemesio
– Tenenti: Bagaggia Scipione aiutante maggiore, Carminati Giacomo, Fonte basso Giovanni, Foschini Gaetano, Mandruzzato Giuseppe, Perosini Napoleone
– Sottotenenti: Avogadri Antonio, Bettin zoli Faustino, Comisso Luigi, Corner Lorenzo, Dolcetta Marco, Figna Pio, Pagnossin Giuseppe, Perusini Giacinto, Ratti Stringari Giuseppe, Traversi Giovanni
– Cappellano: d. Curzio Pata
– Chirurgo maggiore: dottor Caravita Giuseppe.

Legione Euganea
Comandante: maggiore Stucchi, capo dello stato maggiore del 3° Circondario
– Comandante interinale: capitano aiutante maggiore Tiretta Gio: Battista
– Capitani: Alessandri Gio. Battista, Casazza Giuseppe, Castrodardo, Cipollini, Diotallevi, Montanara Giuseppe
– Tenenti: Buggiano Francesco, Della Torre Giuda, Giacomazzi, Gradenigo Gio. Battista, Marinelli Pietro, Oliva Cesare, Oliva Modesto, Pesce Gennaro, Valle Pietro
– Sottotenenti: Caravà, Carrero, De Luca, Martinassi, Merlo Roberto, Palarin, Porra, Stadler Giuseppe, Vitachio
– Chirurgo maggiore: Marini.

Coorte dei Veliti
Comandante: generale di brigata Mengaldo Angelo
– Aiutante maggiore: Oppizzi Alessandro maggiore
– Comandanti delle centurie: maggiore Sambucco Carlo, Bosa Teodoro, Straolino Giorgio, Caimi Eugenio
– Capitani: Bocchi Giacinto, Dercano Orazio, Cometti, Fratina Giorgio, Landriani Federico, Monti Luigi, Pera Gaetano, Turri Rinaldo
– Tenenti: Castiglioni Luigi, Giacometti Giovanni, Nani Antonio, Sanfermo Enrico, Spilimbergo Luigi, Tiretta Edoardo.
N. B. Tutti i sottufficiali avevano il grado di sottotenente.
Cappellano: d. Bartolomeo Barozzi
– Chirurghi maggiori: Biasutti Luigi, Cristini.

Legione Friulana
Comandante: tenente colonnello Giupponi Gio. Battista
– Maggiore : Troier Gio. Battista
– Capitani: Antivari Pietro ufficiale di vestiario, De Paoli Giuseppe, Domini Raimondo, Graffi Cirillo, Formentini Paolo, Pontotti Giovanni Battista, Sanfermo Rocco, Venuti Francesco, Villabruna Amilcare aiutante maggiore.
– Tenenti: Bertolotti Angelo, De Checco Enrico, Erenthaler Giuseppe, Fortunati direttore dei conti, Locatelli Giacomo, Lupieri Osvaldo
– Sottotenenti: Andreazzi Antonio, Caratti Francesco, Grini Giuseppe, Metz Annibale, Modestini Francesco, Piccoli Giuseppe, Pisoni Antonio, Torelli Nicolò, Vatri Olinto, Viezzi Angelo, Zai Olimpo, Cecchini Angelo
– Cappellano: Collovatti
– Chirurghi maggiori: Pognici Giuseppe, Venuti.

Legione Cacciatori delle Alpi
Comandante: tenente-colonnello Calvi Fortunato Pietro
– Capitani f.f. da maggiori: Vianelli Cesare, Vecellio Osvaldo
– Capitani: Barattini Paolo, Coletti Giuseppe, Costa Antonio, Miari Marcello , Olivieri Fileno, Romano Alfredo
– Tenenti comandanti di compagnia: Antonibon Pasquale, Cap pellari Mauro, Molena Ferdinando
– Tenenti: Conti Pietro, Fusinato Arnaldo, Matscheg Luigi aiutante maggiore in 1°, Peruchi Taddeo, Raspi Carlo, Sammartini G., Vecellio Scipione direttore dei conti, Vittorelli Giacomo, Giusti Carlo
– Sottotenenti: Chiminello Ermenegildo aiutante maggiore, Della Lucia Francesco, Fondini Antonio, Fusinato Clemente, Leiss Giuseppe, Merluzzi Enrico, Piva Antonio, Sommavilla Angelo, Talamini Giovanni, Zanatelli Carlo
– Cappellano: Ignazio Colle
– Chirurgo maggiore in 1°: Cao
– Chirurghi maggiori in 2°: Rizzo Federico, Longo.

Coorte Ungherese
Comandante: capitano Winkler Ludwig
– Tenente: Morolin.

Compagnia Cacciatori Svizzeri
Comandante: capitano (poi maggiore) Debrunner Jean – Tenente: Debrunner.

CAVALLERIA
Comandante: maggiore Diaz Guglielmo.
- Capitani: Chinca Giovanni, Norcen Giorgio
– Tenenti: De Milanovih Luigi, Orlandini, Rizzo Antonio, Scudelanzone Giuseppe
– Sottotenenti: Beaciani Domenico, Capocci Teucro, Neuman, Thomas
– Chirurgo maggiore: Bertasini
– Veterinario: Migolini.

CORPO SANITARIO
Medico in capo dell'armata: Minich Angelo.
Primi medici degli ospedali: Mircovich Demetrio, Renier.
(*Tutti i primari medici e chirurghi di Venezia e Chioggia prestavano la loro opera presso gli ospedali militari*).

Ambulanza
Comandante: capitano Moccia
– Tenente: Dubtzi Bernardo

– Sottotenente: Biasello
– Medici: Bologna, Turrà, Conti, Castorano, Visetti, Biasutti Luigi, De Pascale, De Toni.

UFFICIALI A DISPOSIZIONE DEL DIPARTIMENTO DELLA GUERRA
Generali: generale di divisione Rizzardi Giorgio, generale di brigata Morandi Antonio
– Colonnelli: Boniotti Luigi, Belluzzi
– Tenenti-colonnello: Gritti Camillo, Zamboni Ciuseppe, Caprotti, Baio
– Maggiori: Foramiti Antonio, Bezi, Tebaldi Scipione, Brera Fedele
– Capitani: Tadini Edoardo, Signori Giovanni, Franchini Epaminonda, Moro, Valentini
– Tenenti e Sottotenenti: Zanerini, Giacomelli, Gulinelli Gaetano, Guttierez Giuseppe, Besich, Notaroberti Tancredi, Prandi, De Antonibon, Savioli Giovanni, Pastore, Sarnello.

Gli ufficiali dell'armata veneta erano così divisi:

1° Anteriormente addetti all'armata austriaca, nativi del Veneto. - - - - - - .	160
2° al servizio austriaco come impiegati	45
3° Anteriormente di condizione civile, nativi delle provincie occupate dall'Austria	710
4° Di sudditanza non lombardo- veneta.	100

In totale 1015.

Personale della marina militare
DIPARTIMENTO DELLA MARINA

Capo dipartimento: vice-ammiraglio Graziani Leone

– Segretario: capitano del genio marittimo Foscolo Giorgio
– Applicati: commissario di marina Bressan, capitano del genio marittimo Lassovich Giovanni
– Ufficiale d'ordinanza: sottotenente d'infanteria marina Foschetti.

COMANDO GENERALE
Comandante generale: contr° ammiraglio Milanopolo Agostino
– Segretario: capitano di corvetta Attaian Vittorio – Applicato: tenente di fregata Marchesi Giovanni.

Comando dei corpi militari marittimi
Comandante: capitano di fregata Zambelli Vittorio
– Aiutante: alfiere di fregata Gelmi Ludovico.

Commissariato generale di marina
Commissario in capo: Locatelli.

Intendenza generale dell'Arsenale
Intendente generale: Gialina.

Auditorato generale di marina
Auditore generale: tenente-colonnello Berti
– Primo Auditore: maggiore dottor Manetti Gio. Dario
– Auditori: capitani Gori, Paltrinieri, Malaman.

DIVISIONE NAVALE DI OPERAZIONE:
Comandante: capitano di corvetta Bucchia Achille.
Capo dello stato maggiore: tenente di fregata Paulucci Guglielmo, comandante dei legni d'operazione.

Corvetta	*LOMBARDIA*	capitano di corvetta Bucchia Achille
"	*VELOCE*	tenente di vascello Gogola Antonio
"	*CIVICA*	tenente di vascello Lettis Giuseppe
"	*INDIPENDENZA*	tenente di vascello Mazzuchelli Ippolito

Brick	*S.MARCO*	tenente di vascello Paita Vincenzo
"	*CROCIATO*	tenente di vascello Zurowski Floriano
"	*PILADE*	tenente di vascello Rossi Eugenio
Vapore	*PIO IX*	tenente di vascello Rotta Luigi
Goletta	*FENICE*	tenente di vascello Martinez Giuseppe.

DIVISIONE NAVALE LEGGERA
Comandante: tenente di fregata Liparacchi Dionisio.

ARMAMENTO MARITTIMO DELLA LAGUNA
Capitano di fregata Morari Antonio, comandante la divisione del Lido.
Capitano di corvetta Suman Pietro comandante la suddivisione di Burano.
Capitano di fregata Basilisco Antonio, comandante la divisione di Chioggia.
Capitano di fregata Tiozzo Alessandro, comandante la divisione degli Alberoni.
Capitano di corvetta Sagredo Giovanni, comandante la divisione del ponte.
Capitano di corvetta Viscovich Annibale, comandante la divisione di sinistra del ponte.

UFFICIALI DELLA MARINA
Contrammiragli Marsich, Milanopulo, Bua.
Capitani di vascello Raffaelli, Logotetti, Foscolo.
Capitani di fregata Tiozzo, Turra, Zambelli, Basilisco, Manessi. Neckich, Morari, Bon.
Capitani di corvetta Scordilli, Spinosa, Viscovich, Neckich, Ottaian, Sagredo, Caffiero, Suman, Loy, Bucchia, Baldisserotto.
Tenenti di vascello Millich, Guelfi, Callegari, Pugliesi, Marsich, Timoteo, Zurowsky, Paolucci, Vuccassinovich , Gogola, Mazzucchelli, Rossi, Bosa, Paita, Tiozzo, Germani, Gellich, Rossi, Martinez, Milanopulo, Paresi, Zambelli, Dabovich, Gambillo, Cumano, Mainardi, Bonetti, Lettis, Timoteo, Fincati, Sandri, Varisco.
Tenenti di fregata Bonandini, Mainardi, Marchesi, Hafner, Pascottini, Frischolz, Alessandri, Muzzarelli, Marini, Rotta, Dondio, Bordini, Foscolo, Tilling, Melchiori, Gica, Fattori, Mastraca, Vecchietti,
Alfieri di vascello Pezzini, Toffanin , Merzlisack, Burrovich, Maldini, Villanich, Cecchini, Zandonella, Millich, Lombardo, Calvi, Bassi, Rocco, Manolesso, Ongari, Donadini, Rossinovich , Feletti, Pozzati.
Alfieri di fregata Vucotich , Conti, Podreider, Gambillo, Mazzucato, Predanzan, Pola, Calvi, Gelmi, Peruzzini, Moro, Narciso, Devecchi, Cabessin, Tacchio, Gobbato, Pavan, Costovich, Nordio, Mar chetti, Ricordini, Esposto, Caime, Eisner, Zink, Di Dominici, Atanascovich, Nievo, Cusolich, Pugnaletto, Costa, Bonetti.
Alfieri di fregata ausiliari Scordilli, Federigo, Biasioli, Marzari, Biondi, Vescovi, Al berti, Sussi, Musolo, Baldini, Comacchio, Bassi, Moro, Bonifacio, Georgomilla, Damalta, Righetti, Bassi, Bonuto, Bozza, Bascoi , Dolce.
Guardiamarina Costantini, Zink, De Dominici, Attanascovich, Nievo, Bolubanovich, Wiel, Gambillo, Carcano, Cingria, Perarzi. Roelli, Cavalli, Trombetti , Vecchietti, Sagredo, Biasioli, Taccheo, Righetti, Varagnolo, Barbin, Danelon, Corredese, Vianello, Casella, Zorzi, Zuliani, Caimo, Plancich, Marvich, Agostini, Bistort, Osmocovich, Franca, Scarpa, Furlomi, Dal Fabbro, Lefebure, Tilling, Revessi, Bampo, Fontebasso, Dei Conti, Filippi, Rochlitzer, Torelli, Baroni, Zibardi, Busizia, Zucchelli, Mazzucchelli, Baffo.

ARTIGLIERIA DI MARINA
Direttore: tenente-colonnello Marchesi Angelo
Maggiori : Gianci Pietro, Graziani Lorenzo

▲ Moneta da 20 lire oro, 1848

Capitani: Checchini, Vuc cassinovich, Mancini
Capitani tenenti: Brustoloni, Chinotto, Griffi, Cecchini, Andreassi, Vergnasco, Zucarello
Primi tenenti: Zamboni, Delanzi, Lancetta, Furlan, Billanovich, Vito, Roberti, Muzzarelli, Barbarani, Bortolazzi, Cecchini, Fullici, Zanutich, Perazzo, Maestri, Mazzoli
Secondi tenenti, Fontanin, Miovillovich, Sayler, Bolubanovich, Piola, Oddi, Bornia, Scalabrin, Lodolo, Cinetta, Torri, Decoltz, Piola, Mangiagalli, Lipizer, Cecchini, Giccotti, Gioia, Carbone, Fontinelli, Pusinich, Amadeo, Zanuzzi, Cecchini, Zitti, Astolfi, Vecchio, Mangiagalli, Pietra, Dal Conte, Pelvi, Castellan, Catturan, Davide, Camatti, Lanza, Scabbia, Ermagora, Segala, Martinelli.

GENIO MARITTIMO
Direttore: tenente-colonnello Coccon Giacomo
Maggiore: Novello Girolamo
Capitani: Coccon, Lassovich, Foscolo
Capitani tenenti: Novello Antonio, Lassovich, Alberti
Primi tenenti : Gioppo, Moro
Secondi tenenti: Fontanella, Trani, Miani, Pazziaro
Sottotenente: Luzzetti.

INFANTERIA DI MARINA
Comandante: tenente-colonnello Licudi
Maggiore: Persico Giacomo
Capitani: Brioschi, Veruda, Bergamini, Petrizzevich, Pantoli, Alibrante, Fortunati
Capitano-tenente: Mastrovich Antonio
Primi tenenti: Cateich, Filaretti, Paresi, Battistig, Plona, Ruzzolo, Mazzuccato, Deviola
Secondi tenenti : Saggini Giuseppe, Salvadori, Tomasoni, Desewich, Vailans, Metzeler, Ponta, Zanardini, Foschetti, Scolari, Fressich, Facco, Frignani, Billanovich, Viale, Formella , Menegolli, Mestrovich , De Lorenzi, Stegneich, Penza, Rosa, Tressich, Ghisetti, Pasqual, Fappirco, Lipovath, Granziol, Pilati, Galimberti, Smittarello[62].

---

62 Tratto da Carlo Alberto Radaelli, *Storia dell'Assedio di Venezia negli anni 1848- 1849*, Napoli 1864.

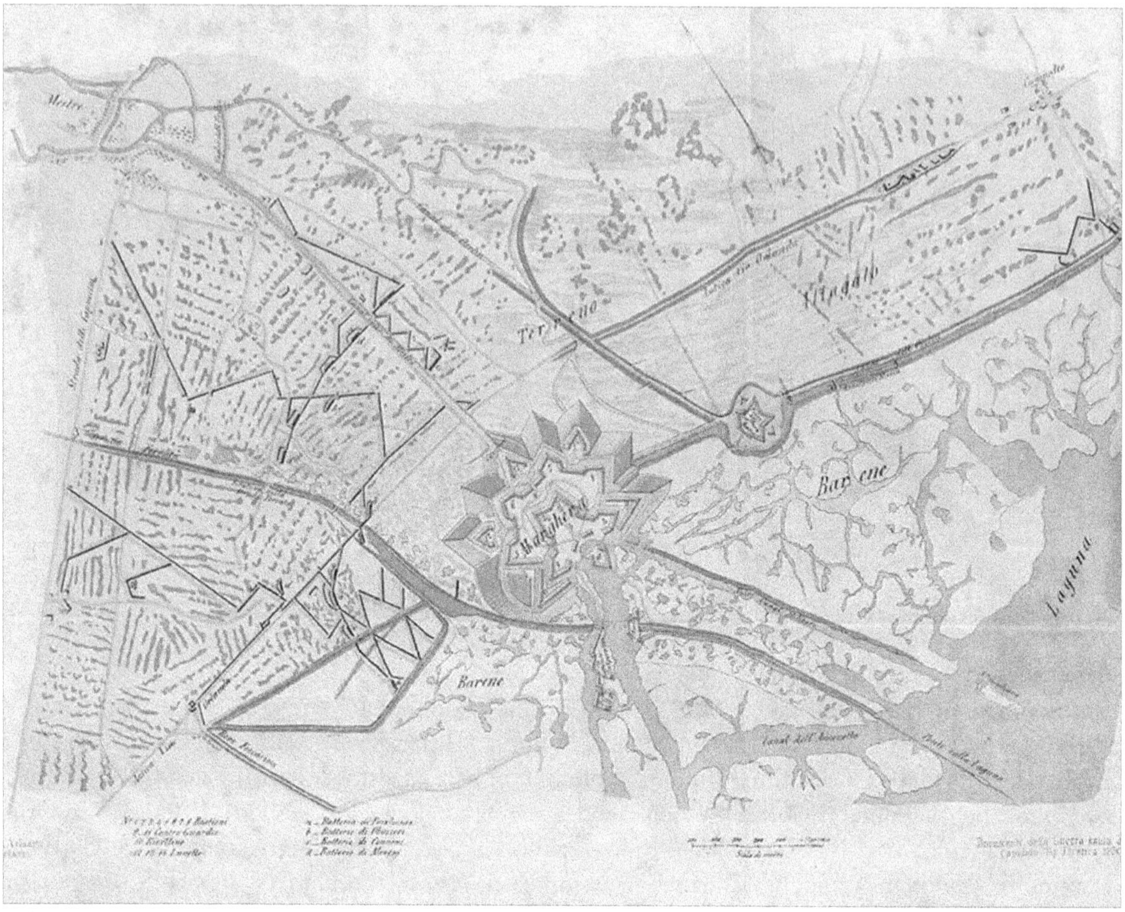

▲ Mappa coeva del forte di Marghera
▼ Forte di Marghera oggi. I resti delle strutture della piazzaforte.

SECONDA PARTE

GIORNALE DELL'ARTIGLIERIA NELLA DIFESA DI MARGHERA AVANTI ALL'ASSEDIO GENERALE DI VENEZIA
CARLO MEZZACAPO (1859)

E lo mio Amore se n'è ito al forte,
L'ha colto una granata in mezzo al petto!
Sperò la libertà, trovò la morte;
Volle una patria in terra, e al Ciel fu eletto.
Anch'io, meschina, lo vorrei seguire:
Mi prese un nuovo desio di morire.
Vorrei seguirlo, ove non c'è nemici,
Dove si vive liberi e felici!

(Dal giornale *Fatti e parole*, Venezia 1849.
Lo stornello rielabora per Forte Marghera un sonetto di Francesco dell'Ongaro dedicato alla morte del fratello a Palmanova nel 1848)

Carlo Mezzacapo: una nota biografica.

Carlo Mezzacapo nacque a Capua il 9 novembre 1817, terzogenito di quattro fratelli, da Amalia Del Re e Gaetano, di famiglia dal passato ragguardevole ma a quel momento di modeste condizioni.
Il padre, colonnello di artiglieria, aveva seguito nel 1806 il re Ferdinando IV di Borbone in Sicilia e vedeva nel mestiere militare, per sé e per la famiglia, l'unica risorsa per estinguere l'ingente mole di debiti contratta dal proprio fratello Francesco. Particolarmente intenso e stretto si dimostrò nel corso degli anni il legame tra il Mezzacapo e il fratello maggiore Luigi, tanto che si scrisse di loro quantunque di abitudini e di gusti diversi, si potevano considerare due corpi con un'anima sola .
Luigi percorse anch'egli la carriera militare, con notevole successo, ed ebbe probabilmente personalità più netta e decisa di quella del fratello Carlo; si scontrò, tuttavia con un maggior numero di avversari ed ebbe, infine, una minore fortuna postuma.
Alla fine del 1829, come figlio di militare, il Mezzacapo poté essere avviato alla carriera delle armi, con l'iscrizione alla Reale Accademia militare della Nunziatella (dove Luigi avrebbe conseguito il grado di alfiere nel 1832, passando primo tenente nel 1838 e capitano nel 1847); il Mezzacapo, alfiere d'artiglieria nel gennaio 1836, fu inviato in Sicilia, ma già alla fine del 1837 tornava a Napoli presso il 2° Reggimento Artiglieria La Regina, transitando, l'anno dopo, nel 1°; nel 1838 fu nominato tenente, quindi, nel 1841, primo tenente. Fu presto evidente che egli non era insensibile ai fermenti rinnovatori che allignavano nella capitale del Regno borbonico e persino nella roccaforte del sistema repressivo napoletano, appunto l'esercito; il Mezzacapo, militare di artiglieria, l'«arma dotta», fu scelto, per partecipare ufficialmente all'VIII congresso degli scienziati italiani a Napoli nel settembre 1845.
Certo conoscendo le sue propensioni (e ancora più accentuate erano quelle di Luigi), nella primavera del 1848 il ministero della Guerra del governo costituzionale di C. Troya da Napoli lo inviò in Piemonte per comunicare a Carlo Alberto di Savoia l'offerta della collaborazione militare napoletana. Per concretare quell'offerta, il Mezzacapo si recò in seguito a Bologna, dal comandante del corpo di spedizione napoletano Guglielmo Pepe, ma vi giunse quando da Napoli Ferdinando II di Borbone era rapidamente tornato sui propri passi, mentre ufficiali e soldati napoletani, già

al fronte, tumultuavano per non abbandonare il campo della lotta nazionale e andare anzi al Po a combattere con Pepe. Il Mezzacapo condivise questa scelta, imprimendo così una svolta radicale alla propria vita: i successivi diciassette mesi, da quel maggio 1848 sino al settembre 1849, segnarono indelebilmente il Mezzacapo, che si trovò a combattere per l'Italia. Per incarico di Pepe, andò ad Ancona onde facilitare l'afflusso delle truppe napoletane. Soprattutto, promosso nel luglio 1848 capitano d'artiglieria (non più quindi dal ministero borbonico ma dalla «rivoluzione») fu a Venezia dove, nel gennaio 1849, venne nominato comandante della divisione d'artiglieria a Marghera e della 2ª compagnia Bandiera e Moro con i gradi prima di maggiore dell'artiglieria veneta di terra (gennaio) e poi di tenente colonnello, comandante della legione Bandiera e Moro (20 giugno).

▲ Carlo Mezzacapo

Una settimana dopo la capitolazione di Venezia, il 22 agosto 1849 il Mezzacapo lasciò la città e si recò a Genova, dove altri patrioti, democratici e mazziniani, si stavano dirigendo; lo precedeva la fama del fratello Luigi, che nel frattempo aveva conquistato una posizione di primo piano fra i militari napoletani passati alla causa nazionale.

Luigi, avendo anch'egli scelto di appoggiare la rivoluzione nazionale e anch'egli a Venezia, divenne, nell'agosto, membro del Consiglio di difesa della città; quindi, in dicembre, si unì all'esercito della Repubblica Romana e a Roma, nel successivo febbraio 1849, divenne sostituto del ministro della Guerra; fu poi promosso colonnello e, alla fine di giugno, maggior generale. Esulato a Malta dopo la caduta della Repubblica, aveva raggiunto successivamente Genova per ricongiungersi con il Mezzacapo.

Il Mezzacapo, esule politico, continuò a coltivare aspettative nazionali, guardando a soluzioni forse di tipo murattiano, certamente democratiche, forse anche mazziniane, mentre, con il tempo, le posizioni contrastanti di conservatori e liberali, piemontesi e napoletani, confluivano, e in qualche modo si qualificavano, per i due fratelli, in quelle di Destra e Sinistra. Nel 1853, trasferitisi da Genova a Torino, i due entrarono in stretto contatto con il circolo del conterraneo P.S. Mancini; non persero, comunque, la propria identità di militari, ambito in cui volevano e sentivano di poter *dare un contributo alla causa nazionale.*

Non potendo, al momento, esercitare un ruolo attivo, si dedicarono a elaborare un contributo di idee e di riflessioni sulla materia militare: nel 1850 fondarono la Biblioteca militare per la gioventù italiana che si dedica alle armi; *dal 1853 il Mezzacapo prese a collaborare con una certa regolarità a Il Diritto; dal 1856 pubblicò, insieme con Luigi, la* Rivista militare italiana, *a tutt'oggi pubblicata dall'Esercito, e, a doppia firma, apparve nel 1859* Studi topografici e strategici su l'Italia *(Milano), un importante trattato di politica militare.*

Nel gennaio 1859 il Mezzacapo, insieme con il fratello e altri ufficiali esuli, firmò la lettera con cui tutti i sottoscrittori si mettevano a disposizione del re di Sardegna Vittorio Emanuele II nella campagna militare che si stava aprendo. Fra 1859 e 1861 partecipò quindi attivamente alle operazioni militari.

Tenente colonnello (dal 6 maggio 1859), fu capo di stato maggiore nel II corpo dell'Italia centrale dell'esercito volontario in Toscana, noto anche come divisione delle Romagne o divisione Mezzacapo – di cui era comandante Luigi (maggior generale nell'aprile 1859, poi tenente generale in giugno) –, destinato a raccogliere i volontari dello Stato pontificio e a portarli a Bologna, che in giugno si era sollevata. Quando in agosto, dopo l'armistizio di Villafranca, arrivò a Modena il generale Mezzacapo Fanti, incaricato dal ministero sardo di far transitare velocemente quello che era diventato l'esercito della Lega nei ranghi dell'esercito regolare, il Mezzacapo, nominato capo di stato maggiore dell'esercito della Lega, dalla fine di settembre affiancò Fanti a Bologna e di fatto, tra la fine del 1859 e l'inizio del 1860, lo sostituì in quello specifico incarico, presiedendo alla fusione delle due strutture. Come ufficiale dell'esercito sardo il Mezzacapo, dopo alcuni incarichi non di primo piano, fu promosso colonnello e prese parte alla campagna meridionale con E. Cialdini partecipando ai combattimenti di Mola di Gaeta (2 novembre). Entrò a Napoli con Fanti (7 novembre) e il 15 ottobre ebbe le spalline di maggior generale.

A compimento di questo periodo che si chiudeva con la proclamazione del Regno d'Italia, il Mezzacapo e il fratello facevano ormai parte dell'élite militare nazionale, ma come in precedenza quali patrioti e militari avevano fatto esperienza degli aspetti più chiusi e retrivi del vecchio Regno borbonico e del suo esercito, ora da combattenti volontari fecero diretta esperienza anche delle chiusure dell'esercito sardo, per la riforma intellettuale del quale si erano ambedue spesi nel decennio di preparazione.

Il Mezzacapo – che nel frattempo aveva tenuto incarichi di comando fra Ancona, Rimini e Forlì ed era stato nominato tenente generale ai primi del 1864 – allo scoppiare della guerra del 1866 si trovò a capo della 13ª divisione sotto Cialdini con la quale, nel luglio, passò il Po, poi l'Adige e il Brenta portandosi infine sino a Venezia (22 luglio). In seguito ebbe comandi territoriali a Venezia, Alessandria, Bologna e Napoli.

A Bologna incappò nei moti per la tassa sul macinato e nelle effervescenze rivoluzionarie delle campagne e delle città della Romagna; a Napoli, come comandante del locale corpo d'armata, dovette fronteggiare l'epidemia di colera e il terremoto di Casamicciola.

Con il trascorrere degli anni il Mezzacapo aveva assunto posizioni politiche progressivamente più moderate, avvicinandosi a quelle di Mezzacapo Minghetti; di fatto sosteneva di non avere una posizione politica precisa ma di tenere solo – da militare – alla saldezza delle istituzioni di quello Stato liberale che sentiva di aver contribuito a far nascere. Si candidò, ma con poca fortuna, nelle file della Sinistra moderata a Portogruaro e San Donà, nel 1870, e poi a Napoli nel 1874; fu infine nominato senatore nel 1876.

Nel giugno 1886, mentre appunto era di stanza a Napoli, fu esonerato dal comando attivo, per avanzata età, dal ministro della Guerra Cesare Ricotti Magnani, con cui aveva avuto numerosi scontri in Senato pronunciandosi contro le economie imposte ai bilanci militari e mostrandosi insoddisfatto della politica coloniale del paese.

Il Mezzacapo svolse in seguito le funzioni di presidente del Tribunale supremo militare e fece parte di numerose commissioni senatoriali, intervenendo ancora sulla stampa (un suo articolo nella Nuova Antologia, L'Eritrea e i suoi confini, *1° dicembre 1897, su Adua e contro la politica espansionistica fece scalpore); ma oramai la politica militare seguiva linee e programmi ispirati a un accentuato nazionalismo le cui logiche risultavano al Mezzacapo incomprensibili, e forse anche inaccettabili.*

Definitivamente collocato a riposo nel 1896, il Mezzacapo fu nominato Cavaliere della SS. Annunziata e vicepresidente del Senato del Regno; morì a Roma il 26 luglio 1905.

Anche la carriera militare e politica di Luigi proseguì attivamente dopo l'Unità: ebbe alcuni incarichi minori, ma nel settembre 1864 fu designato al significativo ruolo di presidente del Consiglio superiore per gli istituti d'educazione militare; dopo la guerra del 1866, cui non poté partecipare per una malattia, dal dicembre 1867 fu ispettore per gli istituti militari; a dicembre 1868 fungeva da comandante della prestigiosa piazza di Firenze. Nel 1870 fu nominato senatore e in Senato

▲ Ritratto del generale Gerolamo Ulloa, litografia 1859

seguì criticamente e da vicino le riforme militari introdotte dai governi della Destra, in particolare dal ministro Ricotti Magnani, per trasformare il vecchio esercito di caserma in un grosso esercito di mobilitazione.

Nel 1876, in seguito alla rivoluzione parlamentare, *chiamato da Agostino Depretis a ricoprire l'incarico di ministro della Guerra – primo militare non piemontese, con l'eccezione di Fanti, e soprattutto primo meridionale a occupare tale ruolo, le critiche precedentemente portate alla gestione Ricotti Magnani divennero il programma dei suoi due successivi ministeri (25 marzo 1876 - 24 marzo 1878). In anni in cui si andavano diffondendo timori di rottura della pace in Europa, un conflitto armato, secondo Luigi, avrebbe colto lo Stato, e in particolare lo strumento militare italiano appena riformato, in una crisi di impreparazione, egli pensò quindi soprattutto alla «preparazione guerresca» accantonando la gradualità e la* lesina *del precedente ministero. Fu pronto a intervenire sulla stampa, facendo uscire la politica militare dall'ambito ristretto degli alti comandi e cercò di ridurre il peso delle camarille interne al ministero; pur mirando in sostanza a completare l'ordinamento militare impostato dalla Destra, ampliandolo nonostante la scarsità dei fondi, sembrò volerlo trasformare radicalmente. Il suo operato infastidì l'establishment militare più tradizionalista come anche, nel 1877, infastidì la scelta di pensionare alcuni vecchi ufficiali, per la verità soprattutto di Destra e piemontesi: una politica del personale per la quale fu coniata la definizione di* vendetta della Nunziatella. *Chiusa la parentesi ministeriale trascorse gli ultimi anni a Roma.*

Presidio di Marghera nel maggio 1849
Quarto reggimento di linea (legione *Galateo*): tenente colonnello Galateo;
Cacciatori del Sile: maggiore Francesconi Daniele;
Legione Friulana: tenente-colonnello Giupponi Gio. Battista;
Compagnia Svizzera: capitano Debrunner Jean;
Distaccamento del battaglione *Veneto-Napoletano* comandato dal capitano Silvestro Cappelli;
Due compagnie di Bersaglieri lombardi comandate dai capitani Maffei ed Amasi;
Tre compagnie del battaglione *Italia libera* che si alternavano con altre tre dello stesso corpo;
Una centuria di *Veliti* che alternavano come sopra:
Un distaccamento della Guardia Nazionale comandato dal maggiore Foscarini e dal capitano Degli Antoni;
Un distaccamento di maestranze dell'arsenale;
Corpo *Bandiera e Moro*, artiglieria;
Due compagnie di artiglieria di marina;
Una compagnia artiglieria di terra;
Un distaccamento artiglieria della Guardia civica;
Un distaccamento del Genio;
Ambulanza del circondario di difesa.

Stato maggiore del forte
Comandante: colonnello Girolamo Ulloa
– Capo dello stato maggiore del forte: maggiore Seismith-Doda Luigi
– Direttore dell'artiglieria: maggiore Mezzacapo Carlo
– Direttore del Genio di terra: capitano Merlo Antonio
– Comandante l'artiglieria alla fronte d'attacco: maggiore Cosenz Enrico
– Comandante le opere staccate: maggiore Sirtori Giuseppe
– Comandante gli avamposti: tenente-colonnello Rossaroll
– Comandante la batteria dei Cinque Archi: capitano Virgili Giuseppe
– Comandante il forte Manin: capitano di marina Andreasi
– Comandante il forte Rizzardi: capitano di marina Barbaran
– Comandante gli arsenalotti, zappatori ed altri lavoratori: maggiore di marina Ponti, assistito dai capitani Novello ed Acton
– Direttore del magazzino delle polveri: capitano Griffi Antonio.

Comando della Piazza
Comandante in 1°: maggiore Sartori Felice,
Comandante in 2°: capitano Roberto.

Carlo Mezzacapo
GIORNALE DELL'ARTIGLIERIA NELLA DIFESA DI MARGHERA

Superate le forze italiane a Vicenza da prima, indi a Padova e Treviso, e con esse rioccupata tutta la terraferma veneta, non rimaneva aperta alla città di Venezia che la sola via del mare, tenuta libera dalle navi sarde e venete, sole che proteggessero la regina dell'Adriatico, dopo la partenza delle navi napolitane. L'armistizio di Milano, che teneva dietro alle sanguinose giornate di Custoza e Sommacampagna, toglievale temporaneamente ogni qualunque appoggio marittimo; e più tardi la battaglia di Novara, nella quale rimanevano vinte le principali forze attive degl' Italiani, anzi le sole con le quali si potesse sperare di riconquistare le provincie lombardo- venete, dopo che funesti avvenimenti ne avea privati del concorso delle forze napolitane, Venezia vedevasi ridotta alle sole sue forze, bloccata strettamente per mare e per terra, e cominciava quell'assedio memorabile, che forma uno de più splendidi episodi della guerra italiana del 1848 e 49.

Esso veniva iniziato dal forte Marghera, specie di testa di ponte per cui dal centro della laguna veneta, ed anzi dalla stessa città di Venezia, si sbocca nella terraferma a Mestre, e di quivi da un lato a Treviso, dall'altro a Padova e Vicenza; essendo gli sbocchi delle ali Tre Porti ad oriente e Brondolo a mezzodì. Il forte di Marghera fatto costruire da Napoleone negli anni 1808 e 10, è un pentagono irregolare circondato da due controguardie, una doppia corona e tre lunette i cui fossati sono tutti pieni d'acqua. È lontano 2 mila metri all'incirca dal lembo della laguna poco più da Mestre, ed è costeggiato a sud-ovest dalla strada ferrata, la quale da Venezia, per il ponte sulla laguna, passa un chilometro a mezzodì di Mestre. Un canale che si chiama militare parallelo al ponte ed alla strada ferrata, mette in comunicazione Marghera con Venezia e Mestre. - Verso oriente alla distanza di 500 metri all'incirca era un fortino denominato forse dal tempo de' Francesi il forte dell'*Eau* e quindi *Manin*; il cui scopo era di allontanare con questa opera che possiamo dire distaccata da Marghera l'assediante, il quale muoveva da Campalto. E per viemeglio circondare di difese estemporanee l'opera principale, furono allora costruite le due batterie di Cinque Archi, appunto sopra gli archi del ponte rotto della strada ferrata, e della Speranza, alle quali si aggiunge il forte Rizzardi in continuazione e a fiancheggiamento di quelle. Più lontano ancora, e verso il mezzogiorno, di più piccola dimensione sorgeva il forte S. Giuliano, i cui cannoni offendevano il nemico trincerato sul medesimo cammino di Campalto e proteggevano il canale così detto dell'Osellino.

L'approvvisionamento di tutte queste bocche da fuoco è stato costantemente mantenuto di duecento tiri per ciascuna di esse; venendo supplito al giornaliero consumo dall'arsenale di Venezia.

1° giorno, 26 aprile.

Erano già taluni giorni che gli esploratori i quali si manda vano nella terraferma a spiare i movimenti del nemico, ci facevano avvertiti come esso dalle vicine piazze facesse tra intendimento d'intraprenderne l'assedio. Stamane sull'albeggiare si è per la prima volta veduta una riunione di gabbioni ed altro materiale tanto sulla strada ferrata al di là del casello-bucato, quanto nella direzione di Boa- Foscarina, la quale par che accenni allo stabilimento dei depositi di trincea da parte del nemico, per quindi procedere ai suoi lavori di assedio. Affine di ritardarne lo stabilimento, si è, con mortai da 12, e parte dei cannoni da 24 e da 18 che armano il fronte della piazza quivi rivolto, incominciato un trarre lento ed aggiustato con grandi cariche. In quel lavoro il nemico ha continuato per tutto il giorno sino alle 4 pom., ora in cui si è avanzato diffilato attraverso i campi con quattro macchine da razzi, che ha collocate in acconcio sito, a riscontro del bastione n° VI ed accosto all'argine sinistro del canale di Mestre, nello intendimento di trarre chi sa quanti proietti nella piazza. Ma un solo è giunto a trarne con ciascuna macchina, chè immantinente un violento fuoco di mitraglia lo ha costretto a ritirarsi malconcio. Indi a poco si è ripreso il fuoco misurato come prima, il quale ha continuato sino al cadere del giorno.

1a notte.

Assicurate bene le punterie, al cader del giorno, col puntel lare le ruotine de sott'affusti e col fissare le altezze delle viti di mira, si è continuato durante la notte lo stesso fuoco eseguito nel giorno.

2° giorno, 27 aprile.

Nulla si è osservato di nuovo nei lavori del nemico; e però si è continuato a tirare su di essi con tutti i cannoni di grosso calibro che potessero essere quivi diretti, facendo con ciascuno di essi due tiri l'ora di rimbalzo ed a grande carica, attesa la distanza eccedente i 1200 metri. Con ogni mortaio si è tirato una bomba l'ora. In questo giorno e nei successivi si è cercato di risparmiare la munizione, e consumare quella strettamente necessaria a rallentare i lavori del nemico, affinchè non venisse a difettare nei maggiori bisogni dell'assedio e nella successiva difesa della laguna. – Si è dato opera alla costruzione delle traverse sulle facce dei bastioni n° V e VI, cioè una nella faccia dritta del bastione n° V, due alla faccia sinistra del bastione n° VI e tre alla faccia dritta dello stesso bastione. Il bastione n° vi era già ben garantito da traverse, perché altre se ne costruissero.
2a notte.
Il fuoco durante la notte ha continuato come nel giorno. Si è proceduto negli intrapresi lavori di terra.

3° giorno, 28 aprile.

L'inimico ha proseguito lo stabilimento dei suoi depositi e dalla piazza si è posto ogni studio a rallentarne il lavoro con fuoco bene aggiustato, come nel giorno precedente. Si è armato il fianco dritto del bastione n° V con un can none da 6 da campo in prosieguo di quello da 12 da piazza ch'è nell'angolo alla spalla, il quale vede il terreno dell'attacco, mentre che batte in pari tempo sul ponte nel mezzo della cortina ed all'angolo saliente del bastione n° VI. Si sono continuati gl'intrapresi lavori. Si sono ricevute dall'arsenale di Venezia le munizioni in rimpiazzo di quelle consumate sinora, e si sono collocate nei magazzini. – Si sono approvvigionate tutte le riserve delle batterie.
3a notte.
Si sono proseguiti i tiri ed i lavori del giorno.

4° giorno, 29 aprile.

In direzione dei depositi del nemico si sono scorti taluni movimenti di terra, come di cammini a zig-zag procedenti verso l'apertura della prima parallela. Su quelli si è tirato ad intervalli di tempo coi mortai e coi cannoni come nei giorni precedenti. Si è proceduto negli intrapresi lavori. Si sono racconciate quattro piattaforme dissestate dal continuo fuoco; cioè, due di mortai da 12, una sulla cortina fra i bastioni n. V e VI, l'altra al bastione n° 1, e due di cannoni sopra affusti da piazza-costa al bastione n° VI. Sono giunte da Venezia le munizioni in rimpiazzo di quelle consumate nel giorno precedente, le quali si sono collocate nei magazzini. - Si sono approvvigionate le piccole riserve delle batterie

4a notte.

Si è continuato il lavoro delle traverse e delle piattaforme non terminate nel corso del giorno. Il fuoco ha proseguito come nel giorno.

5° giorno, 30 aprile.

Nel corso della notte l'inimico ha dato opera all'apertura della prima parallela, il cui lavoro sull'albeggiare si è scorto progredito in due tratti distinti; l'uno dalla dritta di Boa Foscarina a Boeria, l'altro dalla dritta del casello-bucato presso la strada ferrata al canale di Mestre; distanti un mille metri dai salienti dei bastioni n° V e VI. Scorti appena questi due tratti di paralella, vi si sono rivolte le artiglierie della fronte di attacco, e con fuoco lento ed aggiustato, con palle e granate tirate di rimbalzo coi cannoni, si è cercato impedire, per quanto è possibile, che il nemico perfezionasse l'opera tracciata ed incominciata nella scorsa notte, e costringerlo a ciò fare nella notte susseguente. Ed invero si sono eseguiti tiri molto soddisfacenti. I rimbalzi delle palle si sono ottenuti abbastanza bassi da solcare e forare lo spalleggia mento della trincea, e le granate quasi tutte si sono vedute scoppiare in questi spalleggiamenti e nelle stesse trincee. Quelle che passavano superiormente non andavano per questo perdute, perocchè procedevano lungo le comunicazioni nemiche le quali conducono ai depositi. Coi mortai si è tirato nelle trincee, e con parte di quelli da 12 si è continuato a lanciar bombe sui

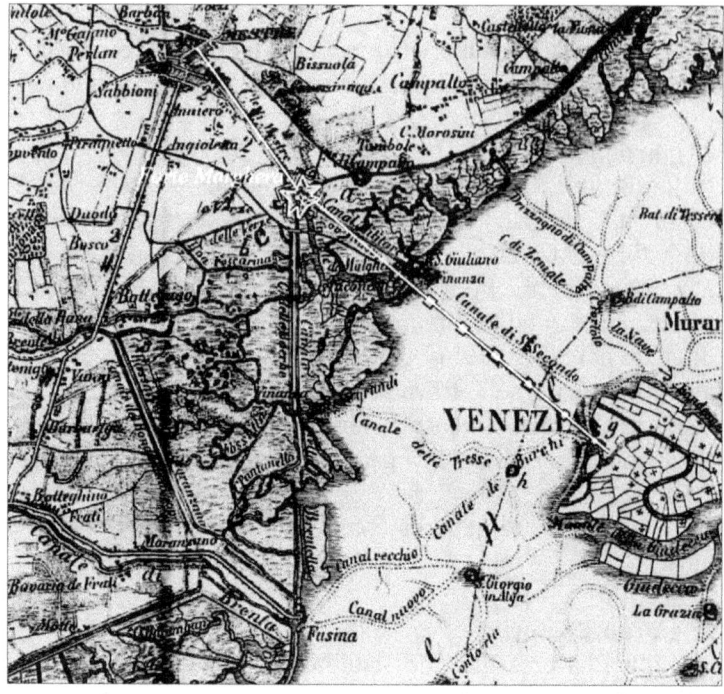

▲ Il sistema difensivo Mestre, Forte Marghera, ponte della Ferrovia all'epoca dell'assedio del 1849

depositi nemici. Si è incominciata la costruzione di una batteria a cavaliere per quattro cannoni da 18 sulla caserma n° I, affine di dominare con tiri ficcanti i lavori del nemico. I lavori per noi già intrapresi si sono proseguiti.

5a notte.
Si è continuato a tirare sui lavori nemici come nel corso del giorno.

6° giorno, 1 maggio.

L'inimico, perfezionato nel corso della notte i lavori della prima paralella, ha cominciato ad avanzarsi con due rami, uno a sinistra in direzione di Boeria, l'altro a dritta, partendo dal forno ch'è quasi nel mezzo della distanza fra la strada ferrata ed il canale di Mestre. - Alla testa di queste zappe si è tirato a palla di volata con parte dei cannoni, mentre con altri si è seguitato a tirare a palla e granate di rimbalzo sulla paralella, come nel giorno precedente, e con mortai. Si è condotto a termine il lavoro delle traverse. Si è continuato quello della batteria sulla caserma. – Si sono racconciate tre piattaforme da costa sui bastioni n° VI e VII; una da piazza sul bastione n° VI, una per mortaio da 12 sul bastione n° II, ed una per mortaio da 8 sulla cortina fra bastioni n VI e VII. (*omiss*)

7° giorno, 2 maggio.

Per garantire i mortai sulla cortina fra i bastioni n° V e VI dall'infilata dei tiri indirizzati contro la faccia sinistra del bastione n° VI,, i quali passassero superiormente a quello, si è dato principio alla costruzione di una traversa al cominciamento di essa verso il bastione n° VI, e propriamente all'angolo rientrante fra il fianco del bastione e la cortina stessa.

7a notte.
Il fuoco si è regolato come nel giorno. Si è condotto a ter mine l'armamento delle differenti opere di sopra accennate.

8 giorno, 3 maggio.
Sul far del giorno si è vista sprolungata la prima paralella sull'altra riva del canale di Mestre sino all'Osellino; e però si è fatto chiaro l'intendimento del nemico di sviluppare l'attacco sui bastioni n° V e VI e le due lunette laterali n° XII e XIII. Nulla ancora si vede che accennasse palesemente alla costruzione delle batterie, ma lo scorgere di molto eccedenti le dimensioni della trincea in taluni punti, come a dritta del casello-bucato presso la strada ferrata ed in direzione del forno presso il canale di Mestre, e sapendo come gli Austriaci abitualmente costruissero le loro batterie sulla paralella stessa, piuttosto che innanzi o dietro di essa, abbiamo immaginato che quivi si costruissero batterie. E sebbene non se ne scorgessero altre, perché coverte forse da cespugli ed altri ostacoli naturali, pure lo sviluppo dei lavori di attacco ha fatto presumere i siti ove altre possibilmente se ne stassero costruendo; e però si è regolato il fuoco delle opere della piazza come segue.

LUNETTA N° XII. Due tiri ogni ora con un obice da 6 pollici a sbieco e di rimbalzo alla testa del lavoro che parte dal forno,
LUNETTA N° XIII. Due tiri ogni ora con un obice da 5", 7", 2° di rimbalzo sui lavori alla sinistra dell'Osellino.
LUNETTA N° XIV. Due tiri ogni ora e di rimbalzo con un obice da 6 alla testa del lavoro che procede dal forno.
BASTIONE N° V. Coi due cannoni del fianco dritto si è fatto alternare il tiro a palla e granata di rimbalzo ed a sbieco alla testa della zappa che s'avanza dal forno. Due tiri in un'ora per ciascun pezzo.
CORTINA FRA BASTIONI V E VI. Una bomba da 8 pollici ogni ora ai lavori sulla sinistra della strada ferrata.
BASTIONE N° VI. Con due cannoni della faccia dritta due tiri ogni ora per ciascun pezzo, a palla e granata di rimbalzo, alla testa del lavoro che parte dal forno. – Col Willantroys due tiri l'ora alla torre di Mestre, ove si sa per mezzo degli esploratori esservi lo stato maggiore austriaco.
CORTINA FRA BASTIONI N° VI E VII. - Una bomba da 8 pollici ogni ora al lavoro che parte dal forno. Una bomba da 12 pollici ed una da 8 pollici ogni ora al lavoro fra il canale di Mestre e l'Osellino.
BASTIONE N" VII. Con due cannoni, uno del saliente, l'altro della faccia sinistra, due tiri l'ora per ciascuno, a palla e granata di rimbalzo ai lavori fra il canale di Mestre e l'Osellino.
BASTIONE N° I. Una bomba da 12 ogni ora ai lavori in direzione di Boeria, col cannone al saliente due tiri ogni ora di rimbalzo, a palla o granata alternativamente, alla testa della zappa che parte in direzione di Boeria.
BATTERIA RIZZARDI, Con due cannoni due tiri l'ora per ciascuno, con palla o granata, di rimbalzo alla testa della zappa che parte in dire zione di Boa- Foscarina,
BATTERIA DEI CINQUE ARCHI. Col Willantroys una granata ogni ora di rimbalzo nella stessa direzione. Sapendosi poi dagli esploratori essere stato il paese di Mestre sgombrato quasi del tutto dagli abitanti, affine di dar luogo alle truppe austriache che l'hanno deputato a quartiere generale di quelle dell'assedio, si è dai nostri tirato dai bastioni n° II e III una bomba da 12 ogni ora alla torre di Mestre, ed una al centro del paese. Si è continuata la costruzione della batteria sulla caserma n° 1, e quella della traversa sulla cortina fra bastioni n° VI e VII. Sono state messe nei magazzini le munizioni giunte da Venezia in rimpiazzo di quelle consumate, e si sono approvvisionate le particolari riserve delle batterie.

8a notte, dalle 8 della sera alle 6 del mattino.
Dalle lunette n° XII, XIII e XIV, dal forte di Rizzardi e dal bastione n° 1 si è nel fuoco tenuto lo stesso metodo del giorno, e si sono conservate le stesse punterie.

BASTIONI N° II E III. - Una sola bomba ogni ora sopra Mestre, cambiando in ciascun tiro la carica, per fare che le bombe cadessero in siti differenti.

BASTIONE N° V. Con due cannoni, uno del saliente e l'altro della faccia dritta, si sono fatti due tiri l'ora per ciascuno, alternando le palle e le granate di rimbalzo all'estremità della trincea verso Boa- Foscarina, ove si presume che il nemico potesse costruire una batteria.

CORTINA FRA BASTIONI N° V E VI. Una bomba da 12 ogni ora all'estremo della trincea verso Boa- Foscarina. Una bomba da 8 con lo stesso intervallo di tempo alla testa della zappa in direzione di Boeria.

BASTIONE N° VI. Con due cannoni della faccia sinistra si è tirato a palla e granata di rimbalzo alla presunta batteria nemica sulla dritta del casello-bucato presso la strada ferrata. Coi cannoni della faccia dritta, si sono eseguiti gli stessi tiri del

▲ L'estrema difesa del forte di Marghera. Disegno di Matania 1889

giorno. Il Willantroys ha tirato due granate ogni ora alla creduta batteria presso il forno.

CORTINA FRA BASTIONI VI e VII. Una bomba da 12 ogni ora alla stessa batteria.

BASTIONE N° VII. Oltre gli stessi tiri del giorno, si son fatti pure due tiri ogni ora, a palla e a granata, di rimbalzo, col cannone ch'è sul l'angolo alla spalla sinistra, indirizzati alla nemica batteria presso il casello-bucato.

BATTERIA DEI CINQUE ARCHI. Ha taciuto durante la notte per non offendere il nostro posto avanzato al casello n° 1 sulla strada ferrata.

CONTROGUARDIA N° XI. Col cannone al saliente si sono fatti due tiri l'ora, alternativamente a palla e granata, all'estremo della trincea verso Boa Foscarina. Per dare agio a tre piccole sortite deputate a disturbare il nemico nei suoi lavori, si è cessato il fuoco alle ore 11, alle 12 e 1/2 ed alle 2 e 1/2, e si è ripreso non appena rientrate le truppe ed al segnale dato dalla lunetta n° XII con un colpo di cannone. Si è dato termine alla costruzione della traversa sulla cortina e si è proseguito in quella della batteria sulla caserma. Si è dato opera ad abbassare le piattaforme dei cannoni, i quali armano i fianchi dei bastioni, per meglio garantire quelle artiglierie dalle offese nemiche.

E temendo che il nemico potesse col giorno far trovare armate le sue batterie ed incominciare il fuoco, si è tenuto tutto disposto al combattimento dalle ore tre antimeridiane in poi.

9° giorno, 4 maggio.

Appena giorno si sono vedute armate le due batterie nemiche presso il casello-bucato e presso il forno, il che faceva supporre che il nemico ben presto aprisse il fuoco con quelle e che altre ne smascherasse; ma veduto trascorrere alcun tempo senza che tanto avvenisse, si è ripreso il metodico fuoco ten dente a rovinare i lavori già terminati dal nemico, e rallentare quelli in corso. Per la qual cosa si sono regolati i tiri nel seguente modo:

LUNETTA XII. Con l'obice da 6 pollici si è tirato una granata ogni ora, di rimbalzo, alla testa della zappa che parte dal forno.

LUNETTA XIII. Con l'obice da 24 e con quello da 6 pollici si è tirato alla testa della stessa zappa: col primo facendo due tiri ogni ora, col secondo un solo.

RIDOTTO RIZZARDI. Con quattro cannoni si è tirato alla testa della zappa in direzione della Boeria, studiandosi colpire di volata, ed alternando le palle con le granate. Si sono fatti due tiri ogni ora per ciascun pezzo.

CONTROGUARDIA N° XI. Con due obici da 5° 7' 2° si è tirato allo stesso sito del ridotto Rizzardi, pure di volata. – Due granate ogni ora per ciascuno.

BATTERIA DEI CINQUE ARCHI. Col Willantroys si sono fatti due tiri all'ora di volata alla stessa testa di zappa,

BASTIONE N° I. Una bomba da 8 pollici ogni ora alla testa della stessa zappa, ed una da 12 alla batteria costruita dal nemico alla dritta del casello-bucato.

BASTIONE N° II. Una bomba da 12 ogni ora sulla stessa batteria nemica.

BASTIONE N° V. Col pezzo al saliente si è tirato a questa medesima batteria, e con quello alla spalla dritta e l'altro di grosso calibro ch'è sul fianco dritto si è invece fatto fuoco sulla batteria presso al forno. Ciascun pezzo ha fatto due tiri in un'ora, alternando le palle con le granate.

BASTIONE N° VI. Coi cannoni della faccia sinistra si è tirato di primo lancio con palle e granate, alla batteria nemica presso al casello-bucato, e con quelli della faccia dritta alla batteria esistente presso il forno. – Due tiri ogni ora per ciascun pezzo. Il Willantroys è stato deputato a coadiuvare con frequenti tiri le artiglierie delle faccie per tentar di smontare e rovinare le batterie nemiche.

BASTIONE N° VII. Col cannone di grosso calibro, ch'è sull'angolo alla spalla sinistra, si sono fatti due tiri ogni ora, a palla e a granata, divolata contro la batteria nemica presso il casello-bucato. Con due cannoni della faccia sinistra si è tirato secondo il solito ai lavori fra il canale di Mestre e l'Osellino. A questi medesimi lavori si è tirato pure una bomba da otto pollici ogni ora.

CORTINA FRA BASTIONI V E VI. Una bomba da 12 ogni ora alla batteria nemica presso al casello-bucato ed un'altra alla batteria presso il forno,

CORTINA FRA BASTIONI VI E VII. Una bomba da 12 ogni ora alla batteria nemica presso ai forno ed una da otto ai lavori fra il canale di Mestre e l'Osellino. Sono giunte in sulle 8 del mattino le munizioni da Venezia, ma non in quantità sufficiente; e però si è dovuto contenere il fuoco nei limiti assegnati di sopra, perché non venissero a difettare, nel caso il nemico aprisse il fuoco delle sue batterie. Il fuoco delle nostre batterie si è siffattamente regolato sino alle 12 e 12 del giorno, ora in che il nemico, quando meno da noi si attendeva, ha aperto il fuoco con sette batterie, cioè: tre di cannoni, delle quali una fra il canale di Mestre e l'Osellino e due quelle che già si erano scorte presso il casello bucato e presso al forno, contro cui si era tirato sino a quel momento; tre di mortai, delle quali una sulla sinistra della strada ferrata e due fra la strada ferrata ed il canale di Mestre, una di obici quasi accosto a quella di cannoni presso il forno. Almeno si è potuto così valutare nel momento del fuoco, ché per altro indizio di forma non si scorgevano coteste batterie. Oltre di ciò, gran numero di macchine da razzi sono state col locate nei lavori a zig-zag procedenti verso la seconda parallela forse nello intendimento d'incendiare il gran numero di baracche, che il nemico sapeva esistere nel forte, afine d'ingenerare disordine e sgomento. incominciato il disfacimento il giorno 3 ; ma nel breve tempo solo poche se ne avevano potuto abbattere. L'attacco si è sviluppato quale già appariva dai giorni precedenti, cioè sul bastione n° VI, sulle lunette n° XII e XIII, alla faccia dritta del bastione n° V ed alla sinistra del bastione n° VII. Il fuoco è stato principalmente diretto al bastione n° VI, alla lunetta n° XIII ed al ponte che per la sinistra della cinta interna fa comunicare con l'esterna. Le opere della sinistra della piazza, come il ridotto Rizzardi, la batteria dei Cinque Archi e la batteria Speranza, non hanno avuto quasi nulla a soffrire: poco il bastione n° I, e la contro guardia n° XI. Il fuoco nemico ha esordito con violenza, al quale si è tar dato pochi momenti a rispondere, per lieve sgomento nato fra le nostre truppe colte quasi di sorpresa; ma si è durato poca fatica a riaccendere gli spiriti al grido cotanto sentito dai nostri soldati di Viva l'Italia, ed in un subito si è risposto con tale energia ed aggiustatezza, da fare che man mano diminuisse il fuoco del nemico sino alle 4 pomeridiane. Poco di poi è rigagliardito, ma tosto è scemato progressivamente: sinchè presso alle 7 pomeridiane si è estinto quello dei cannoni e degli obici ed è lentamente proseguito quello delle bombe e dei razzi. Il nostro fuoco in allora si è pure rallentato, ed è ritornato qual era prima dell'attacco. Nel corso del combattimento, essendo stato rovesciato un affusto da 24 al bastione n.° VI colpito da palla nemica in una ruota, lo si è rimesso in batteria dopo aver cambiata quella ruota; operazione difficile sotto un fuoco gagliardo, la quale non pertanto è stata prontamente eseguita. - Una bomba caduta durante il combattimento su piccolo magazzino di mitraglie addossato al ramparo della faccia sinistra del bastione n.° VI, lo ha interamente distrutto, senza che per questo fossero rese interamente inutili le mitraglie che vi si contenevano. È rimarchevole, che i danni arrecati dal nemico alle nostre artiglierie sui rampari, è stato ben lieve relativamente al gran numero di proietti da lui lanciati, attesa la distanza troppo grande alla quale trovavansi collocate le sue batterie. Di fatti, oltre al danno succitato, una bomba è caduta sulla piattaforma di un cannone da 6 ch'è sul fianco del bastione n.° VII, e l'ha resa inutile; un affusto da 18 al bastione n.° V, che per la sua posizione non aveva potuto prender parte al combattimento, è stato danneggiato da una granata; un sotto affusto da piazza costa è stato messo fuori di servizio. Altri danni agli affusti, ai sotto affusti ed alle piattaforme sono stati cagionati dallo sforzo delle nostre stesse artiglierie. Nel corso del combattimento i razzi e le granate nemiche hanno incendiato la grande baracca che serviva di caserma alla 1a compagnia di artiglieria *Bandiera-Moro* esistente nel bastione n.° V, oltre a gravissimi danni sofferti dai proietti di ogni genere quivi caduti. L'incendio è stato prontamente spento, come lo è stato pure quello di altra baracca presso al comando militare, e di una terza vicino alla polveriera n.° 1. Il lavoro della batteria sulla caserma ha dovuto sospendersi, perché fosse segno ai tiri nemici. Come pure ha dovuto sospen dersi quello dell'abbassamento delle artiglierie dei fianchi.

9a notte, dalle 8 della sera alle 6 del mattino.
Non appena imbrunito, si è dato opera a riparare i danni sofferti nel combattimento, ed a provvedere di munizioni tutte le particolari riserve delle batterie per circa duecento tiri per ciascun pezzo, affin di trovarsi al caso di rispondere al nemico, se alla domane avesse nuovamente impegnato il combattimento. Le munizioni, per le quali si era mandato a sollecitare sin dal cominciamento dell'azione, sono giunte nel corso della notte. fianchi; si è dato mano a racconciare le traverse, i parapetti e le comunicazioni fortemente danneggiate. Il difetto di lavoratori e di materiali ha impedito di farsi altrettanto per le stecconate in buona parte abbattute dal fuoco nemico. Si sono riempiti due mila sacchi a terra, parte serviti a cotesti riatti, parte ripartiti in deposito sulle differenti opere per servirsene ai bisogni del momento, nel caso di nuovo combattimento. Si è cambiato un sotto affusto da piazza ad un cannone sulla faccia sinistra del bastione n.° VII, il quale aveva sofferto nel corrente di mezzo. Si è cambiato pure un affusto da costa al cannone ch'è sul fianco dritto del bastione n.° V, perché rotto il cuscinetto del ruotino di dietro. Si sono riattate due piattaforme per

mortai da 12 e da 8 sulle due cortine della cinta esterna ed una da 12 sul bastione n.° 11. Altri piccoli accomodi si sono sopra luogo eseguiti agli affusti ed ai sotto affusti. Né potendosi tutto fare nel breve corso della notte, le cose non di prima necessità si sono rimesse al giorno susseguente, ove il nemico non rinnovasse l'attacco. Il fuoco della piazza, diretto a disturbare il nemico intento a riparare i danni sofferti nel giorno, ha continuato tutta notte col metodo stesso delle ore del giorno precedente all'attacco, indirizzando inoltre qualche bomba da 12 alla batteria di mortai sulla sinistra della strada ferrata, da cui il nemico non ha cessato di tirare interrottamente sino all'albeggiare, insieme al trarre dei razzi. Appena giorno, già tutto era pronto per noi a novello combattimento.

10° giorno, 5 maggio.

Il fuoco del nemico è interamente cessato col far del giorno. Nei suoi lavori nulla si è osservato di nuovo. E però si è ritenuto essere egli stato nel corso della notte tutto intento a riparare gravi danni sofferti nel combattimento del giorno precedente. - - Da noi si sono proseguite le riparazioni intraprese nella notte e che per la brevità del tempo non avevano potuto essere condotte a termine. Si è pure dato opera a rimettere le stecconate abbattute. Inoltre si è osservato nel corso del combattimento quanto pericoloso fosse transitare pel ponte di sinistra che dalla cinta interna conduce all'esterna, perché preso di fianco da gran numero di proietti nemici; i quali nel superare quella parte della faccia destra del bastione n.°VI, ch'è attigua all'angolo alla spalla ed al fianco destro dello stesso bastione, venivano quivi a cadere: e però si è dato opera ad elevare quelle parti del parapetto con talune ceste ripiene di terra a guisa di due grosse traverse. Veduto pure quanta difficoltà s'incontrasse ad amministrare l'obice Willantroys sul saliente del bastione n° VI, ed avuto riguardo come in quel punto del più gagliardo attacco del nemico occorresse un'arme più maneggevole, si è lavorato a cambiarlo con un obice da 6, tolto dalla controguardia n° IX, ov'era inutile, perocché quell'opera è fuori l'attacco del nemico. Si è continuato nel penoso lavoro della batteria sulla caserma n° 1, e perché potesse essere più celermente armata, si è pensato destinarvi due obici da 6 pollici tolti dalle lunette n" XII e XIII, invece dei cannoni da 18, i cui affusti si stavano costruendo all'arsenale, ed occorrevano ancora taluni giorni prima che potessero essere condotti a termine. - Alle lunette si sono sostituiti due obici lunghi da 5", 7", 2", dell'artiglieria da campo, ritenendoli più acconci a stare in cannoniera, di quello che lo fossero gli obici corti. Si è cominciata pure la costruzione di una seconda traversa sulla faccia dritta del bastione n° V, non perché questa potesse essere battuta con tiri di rimbalzo, ma perché riconosciuta utile a garantire gli artiglieri presso i pezzi dallo scoppio dei proietti vuoti. Si è elevato pure un mezzo merlone sulla sinistra del saliente del bastione n° VII, per garantire il pezzo quivi collocato, il quale vien preso di sbieco dalla nemica batteria presso al forno. Veduto quanto utile fosse stata la traversa costruita alla cortina fra i bastioni n° VI e VII a garantire i mortai e gli artiglieri, si è dato cominciamento alla costruzione di un'altra traversa identicamente collocata sulla cortina fra i bastioni n° V e VII. Ci siamo astenuti dal rifare le piattaforme soverchiamente scosse dal fuoco del precedente giorno, per tema di trovarci con parecchi pezzi smontati, nel caso il nemico, riparati i danni, avesse nel corso del giorno riaperto il fuoco. Ma giunti alle ore pomeridiane, e poche ore prima del tramonto, si è incominciato il lavoro per un cannone sopra affusto da piazza-costa al bastione n° V, per altro sopra affusto da piazza al bastione n° VI, e per un mortaro da 12 pollici alla cortina fra bastioni VI e VII. Tutti cotesti lavori col giorno non hanno potuto essere terminati e si sono proseguiti nella notte. Per dare riposo agli artiglieri, tutta la forza si è divisa in tre parti affine di tenerne una in servizio sui parapetti, una di riserva ed una interamente in riposo. La parte destinata al riposo dell'artiglieria *Bandiera-Moro* si è permesso che si recasse a Venezia presso le loro famiglie, e rimanervi due giorni. Per gli artiglieri da campo è stato disposto che venissero cambiati ogni quattro giorni. – E per quelli dell'artiglieria terrestre si è domandato che lo fossero con quella frequenza che la forza del corpo permettesse. Quelli di marina sono stati oggi cambiati in piccola parte. I fuochi della piazza, dalle 6 del mattino alle 8 della sera, si sono regolati nel seguente modo:

LUNETTE N° XII E XIII. Hanno indirizzato i fuochi dei pezzi della faccia sinistra alla testa della zappa sulla sinistra della strada ferrata. Ciascun pezzo ha fatto quattro tiri ogni ora.

LUNETTA N° XIV. Coi pezzi della faccia sinistra ha tirato sui lavori nemici a dritta e sinistra del canale di Mestre. Quattro tiri ogni ora per ciascun pezzo.

RIDOTTO RIZZARDI E BATTERIA SPERANZA. Hanno fatto quattro tiri all'ora per ciascun pezzo al lavoro di zappa sulla sinistra della strada ferrata.

BATTERIA DEI CINQUE ARCHI. Col Willantroys si sono indirizzati tre tiri ogni ora allo stesso lavoro nemico.

CONTROGUARDIA N° XI. Coi due obici da 24 ha fatto due tiri ogni ora per ciascuno, pure indirizzati a quel lavoro di zappa.

BASTIONE N° I. Una bomba da 12 ogni ora alla batteria nemica di mortai sulla sinistra della strada ferrata, e con due cannoni quattro tiri ogni ora per ciascuno sulla sinistra della stessa strada.

BASTIONI N° II E III. Una bomba da 12 ogni ora alla batteria nemica a dritta del casello-bucato presso la strada ferrata, un'altra alla batteria presso al forno, sinistra della strada ferrata, con gli altri alla batteria vicino al forno, Quattro tiri ogni ora per ciascun pezzo.

CORTINA FRA I BASTIONI N° V E VI. Una bomba da 12 ogni ora alla batteria vicino al casello bucato, ed una da 8 alla testa della zappa sulla sinistra della strada ferrata.

BASTIONE N° VI. Coi pezzi della faccia sinistra si è tirato alla batteria sulla dritta del casello-bucato, e con quelli della faccia diritta al lavoro di zappa che parte dal forno. – Quattro tiri ogni ora per ciascun pezzo.

CORTINA FRA IL BASTIONE VI E VII. Una bomba da 12 ogni ora sulla batteria fra il canale di Mestre e l'Osellino, ed una da 8 sul lavoro di zappa che si vede procedere in questa stessa direzione.

BASTIONE N° VII. Con tutti i pezzi della faccia sinistra ha fatto quattro tiri ogni ora, metà indirizzati alla batteria fra il canale di Mestre e l'Osellino, l'altra metà al lavoro di zappa che procede nella stessa direzione. – Una bomba da 8 ogni ora è stata pure indirizzata sul medesimo lavoro. Si è dovuto essere parchi nel tirare le bombe, perciocché non prima di notte han potuto giungerne da Venezia in sufficiente quantità, possibile sollecitudine la baracca della 1° compagnia di artiglieria *Bandiera-Moro*, insieme a tutte le altre esistenti nel forte e nelle opere distaccate, sgomberarne il materiale e spedirlo a Venezia. - Nella prima ora del mattino essendosi annunziato un parlamentario nemico, si è sospeso il fuoco, e si è ripreso appena quegli ha messo piede nelle nemiche trincee. È giunto da Lido un distaccamento di 45 artiglieri da campo in aumento di quelli che già esistevano nel forte. Da Venezia è giunto un distaccamento di 60 artiglieri di marina, metà serviti a dare il cambio ai più affaticati del loro corpo, e l'altra in aumento degli artiglieri *Bandiera-Moro* di servizio al bastione n° VI. È giunto pure un distaccamento di 100 artiglieri terrestri per dare il cambio a parte di quelli esistenti nel forte.

10a notte, dalle 8 della sera alle 6 del mattino.

I lavori nel giorno intrapresi, e quelli dei precedenti giorni non ancora condotti a termine, si sono proseguiti nel corso della notte ed alacremente. - Il fuoco ha proceduto come nel giorno; solo presumendo che il nemico potesse accingersi ad aprire la seconda parallela, inoltrati com'erano i suoi lavori di zappa a zig-zag, e mancando noi de' buoni artifizi ad illuminare il terreno circostante alla piazza, si è di tratto in tratto eseguito il fuoco di metraglia dalla lunetta n° XII e XIII e dal bastione n° VI su tutto lo spazio nel quale il nemico avrebbe dovuto intraprendere il suo lavoro.

11° giorno, 6 maggio.

Ad onta del fuoco ben regolato e piuttosto nudrito mantenuto in tutta la notte dalle opere della piazza, ed in particolare di quello a metraglia eseguito ad intervalli, al far del giorno il nemico ha fatto trovare tracciato, ed in parte eseguita la seconda paralella a zappa volante distante un 500 metri dai salienti dei bastioni, la quale, a partire dalla testa della zappa in direzione di Boeria, procede con un breve tratto quasi ad incontrare la strada ferrata, e con un secondo tratto dalla dritta della strada ferrata (ove prima esisteva un casello fatto saltare in aria sin dal giugno dell'anno scorso con la mina), si sprolunga sino al canale di Mestre. Inoltre già scorgevansi le tracce dei rami per camminare verso la terza paralella, l'una sulla sinistra della strada ferrata e rasente la diga di essa, e l'altra dall'estremo della trincea confinante col canale. – Immantinente si è aperto il fuoco su tutta la fronte, tendente con tiri di rimbalzo sul lavoro della trincea, e di volata sulle due teste di zappa succitate, a rovinare l'eseguito lavoro; risultamento pienamente ottenuto, perciocchè in men di due ore si son veduti quasi distrutti i due rami procedenti verso la terza paralella, e grandemente rovinata la trincea in tutta la sua distesa. – Da questo momento, ed in tutti i successivi giorni, i tiri di rimbalzo sulla seconda paralella si sono eseguiti con metà di carica, conservando le cariche intere pei tiri indirizzati sulla prima paralella. Pei mortai si è conservato costante l'angolo di 45", facendo variare le cariche e le lunghezze delle spolette. Alle ore 8 antimeridiane il fuoco è stato sospeso, per dar luogo all'uscita di un parlamentario dalla piazza, con la risposta del presidente del governo alle proposizioni inviate il giorno precedente dal nemico i rientrato il quale, si è tosto ricominciato il fuoco. Dalle 10 in poi il fuoco ha ripreso il suo andamento ordinario, ed i tiri eseguiti sono stati gli stessi del giorno prece dente; con la sola differenza, che quelli indirizzati ai due lavori di zappa nella direzione di Boeria e del forno, lo sono stati invece sulla seconda paralella dalla sinistra della strada ferrata al canale di Mestre. Il fuoco indirizzato fra il canale di Mestre e l'Osellino non ha sofferto variazione; perocchè da quel lato procede ancora il lavoro di zappa non ancora giunto all'altura della seconda paralella. - Si è proseguito nel lavoro della traversa al bastione n° V, delle traverse sul parapetto del bastione n° VI, deputate, come dicemmo, a garantire in parte il ponte sulla sinistra, il mezzo merlone al bastione n° VII, e la batteria sulla caserma. Si è menato a compimento l'abbassamento delle artiglierie sui fianchi. Gli altri lavori non ancora compiti nella scorsa notte, lo sono stati durante il giorno. A meglio covrire le artiglierie della piazza dalle offese del nemico dal momento che aprisse il fuoco dalla seconda paralella, si è disposto innalzare i merloni sui parapetti con sacchi da terra, e mettere le artiglierie tutte in cannoniera. E però si è deputata gente a riempire i sacchi, man mano che giungessero dall'arsenale di Venezia. Sono giunti da Venezia un cannone da 18 di ferro sopra affusto marino, di rimpiazzo al Willantroys alla batteria dei Cinque Archi, e due mortai petrieri, i quali si sono messi in deposito al piede del ramparo della cortina fra bastioni n° VI e VII. Si è spedito a Venezia l'obice alla Willantroys tolto dal bastione n° VI.

11a notte.

Si sono proseguiti i lavori del giorno, dei quali si sono condotti a termine quelli della traversa al bastione n° V ed il mezzo merlone al bastione n° VI. I fuochi sono proceduti come nel giorno, da alcuni tiri in fuori aggiunti alle teste delle zappe procedenti verso la terza paralella già distrutte nel corso del giorno. Si è pure alcun poco accresciuto il fuoco delle bombe, sopratutto di quelle da 8 pollici sulla seconda paralella, alla quale indubitatamente doveva travagliare il nemico per riparare i gravi danni sofferti. Alle undici della sera si è sospeso il fuoco dei cannoni e degli obici dal bastione n° VI e dalla lunetta n° XIII, non che quello delle bombe dirette nella seconda paralella, affine di dar luogo ad una piccola sortita dei nostri fattasi innanzi a molestare con vivo fuoco di moschetteria, e molto dappresso, i lavoratori nemici nella seconda paralella. Si è montato il cannone da 18 alla batteria dei Cinque Archi. Si è condotto a termine la traversa sulla cortina fra bastioni n° V e VI. –

12° giorno, 7 maggio.
L'inimico durante la scorsa notte ha in parte riparato i danni sofferti alla seconda paralella dal fuoco del giorno precedente. Null'altro si è scorto di nuovo ne' suoi lavori. Il fuoco della piazza si è regolato allo stesso modo del giorno precedente, per disturbare i lavoratori nemici intenti a perfezionare il lavoro della seconda paralella. In sulle 4 pomeridiane una piccola partita dei nostri tiratori, procedendo per gli argini del canale di Mestre, si è spinta fin sotto la trincea nemica a tormentare i lavoratori, e li ha costretti a sostare dal lavoro. Le opere della piazza, intanto, non hanno sospeso il fuoco, ma solo si è avuto cura di scansare i nostri soldati e proteggerli nella ritirata. Si sono rifatte due piattaforme da piazza-costa ai bastioni n° I e n°VII, ed una per mortaio da 8 sulla cortina fra bastioni n° V e VI. - Si sono continuati a riempire i sacchi da terra. – Si è menato a compimento il lavoro delle traverse sul parapetto del bastione n° VI ed il mezzo merlone sul saliente del bastione n° VII. – Si è proseguito il lavoro della batteria sulla caserma. Avendo osservato nel combattimento del giorno 4 quanto disagevole fosse l'eseguire trasporti sotto al fuoco nemico, si è cominciato a far portare presso le batterie gli affusti ed i sottaffusti da ricambio e farli collocare nei siti meglio coverti dal fuoco nemico, difettandosi di ricoveri convenienti precedentemente preparati. - Sono giunte dall'arsenale munizioni, ma non in quella quantità richiesta.

12a notte, dalle 8 della sera alle 6 del mattino.
Il fuoco di questa notte è stato precisamente lo stesso della notte precedente. - Si sono proseguiti i lavori di terra e quelli di trasporto del materiale.

13° giorno, 8 maggio.
Al fare del giorno dalle opere della piazza non si è veduto lavorare in alcun sito della 2° paralella ed anzi sembrava vuota, come se ne fosse stata perfezionata l'opera nel corso della notte. Per la qual cosa si sono spinte innanzi due esplorazioni, una per la strada ferrata, l'altra per l'argine sinistro del canale di Mestre. La prima non ha scorto che pochi uomini in essa sparsi: nell'avanzarsi la seconda un centinaio di cacciatori nemici ha occupato la testa della zappa. – Alcuni del nostri i quali si sono spinti fin sotto le trincee, han potuto scorgere com'essa non fosse ancora armata, comechè all'esterno ne sembrasse terminato il lavoro e che in nessun punto si lavorasse. Nè avendo il nemico lavorato in tutto il corso del giorno, il fuoco della piazza, sebbene di notte, allo stesso modo del giorno precedente, è stato men vivo, di guisa che le munizioni consumate sono state più del terzo di meno. - Sono giunte da Venezia le munizioni in rimpiazzo di quelle Consumate. - Si è dato opera a tracciare le cannoniere, ripartendo le dire ciascun pezzo, che riescisse riunire sufficiente quantità di fuochi sopra ciascun punto del terreno, ove fosse possibile che il nemico smascherasse una batteria. – Eseguito il tracciato, se n'è incominciata la costruzione con rivestimento interno a doppia fila di sacchi da terra. - Si sono proseguiti gli altri lavori non ancora terminati. Si è spedito a Venezia l'obice Willantroys tolto alla batteria dei Cinque Archi.

13' notte, dalle 8 della sera alle 6 del mattino.
Non appena imbrunito, il fuoco della piazza si è fatto più gagliardo ed ha proceduto come nella notte precedente, affinché il nemico non potesse avanzare coi suoi lavori col favore delle tenebre. - Gl'intrapresi lavori si sono proseguiti con tutta alacrità. – Si sono pure racconciate due piattaforme da mortai, una da 12 al bastione n° III, l'altra da 8 alla cortina fra bastioni V e VI; non che una per affusto da piazza-costa al bastione n° V . – Si è pure cambiato un sottaffusto al bastione n° VII. Incerti sulle intenzioni del nemico, il quale in tutto il giorno aveva fatto sosta al lavoro, si sono apprestate nel corso della notte le truppe per una forte sortita spartita in due colonne, l'una di 100 uomini da procedere sulla sinistra del canale di Mestre ed attirare da quel lato l'attenzione del nemico, l'altra di un 450 uomini con zappatori ed artiglieri forniti d'instrumenti atti a colmare le trincee, rovinare e bruciare le piatta forme e gli affusti. Questa seconda colonna si è fatta pure

accompagnare da due spingarde da una libbra trainate a mano. Scopo della sortita dover essere quello di penetrare nella trincea, ove fosse debolmente occupata, ed arrecare quanti maggiori danni si potesse ai lavori nemici, o ripiegare nel caso contrario e star contenti dell'aver costretto il nemico a far mostra delle vere sue forze, per tal forma limitandosi al semplice ufficio di una ricognizione.

14° giorno, 9 maggio.
Prima che il giorno fosse chiaro e quando già apparivano i primi albori, i nostri si sono mossi verso il nemico. Scambiati pochi colpi di fucile, essi si sono spinti innanzi alla baionetta con ardore indicibile, ma accolti da fuoco vivissimo di fucileria a breve distanza dalla trincea gremita di soldati nemici, si son veduti costretti a retrocedere, protetti dall'energico fuoco delle artiglierie della piazza; il quale, rallentata alquanto la fucilata nemica, ha fatto abilità ai nostri di ritirarsi con ordine e calma. Poco di poi è ricominciato l'abituale fuoco della piazza, regolato su quello del giorno precedente, dappoichè l'inimico non si è veduto lavorare. - Dalla ricognizione fatta si è potuto essere certi come il nemico non avesse ancora armata la seconda parallela, ma invece fosse intento a prosciugarla dalle acque ond'era inondata; acque colà versate dallo innalzamento di quelle del canale di Mestre prodotto da un cavedone costruito innanzi la lunetta n° XIII, affine d'impedire che le acque dell'Osellino, le quali rendono paludoso il terreno intorno al forte Manin e lo fanno inattaccabile, potessero essere distolte dal loro corso con apposito taglio, com'era intendimento del nemico, e versate nel canale suddetto. Le acque in questo raccolte, innalzate dall'ostacolo frapposto al loro corso, venivano per tal forma a superare gli argini e versarsi sui terreni a dritta e sinistra. - In tal guisa ottenevasi il doppio scopo di mantenere inondato il terreno innanzi al forte Manin, ed inondare in pari tempo le nemiche trincee; il che ha fatto sospendere al nemico l'incominciato lavoro nell'interno di Mestre. Non pertanto le sole acque del canale, arrestate nel loro corso, sono state sufficienti circo stante, da costringerlo a penosi lavori di scolo. – La qual cosa non poco vantaggio ha recato alla difesa della piazza, che in tal guisa di parecchi giorni si è trovata protratta. - Verso le 10 antimeridiane, essendosi alcuni prodi nostri soldati fatti da presso alla trincea nemica accosta al canale di Mestre, affin di ritorre due dei nostri quivi caduti nel combattimento; ma feriti e respinti quanti mai alla pia opera si accingessero, dalle opere della piazza che guarda quel lato, si sono quivi diretti il maggior numero di pezzi che si potesse, per proteggere una partita dei nostri che arditamente si è fatta innanzi a compiere l'opera santa. Il fuoco delle nostre artiglierie è stato sì violento ed aggiustato, che in pochi momenti la trincea è stata in quel sito tanto malconcia, da mettere i nemici allo scoverto e costringerli

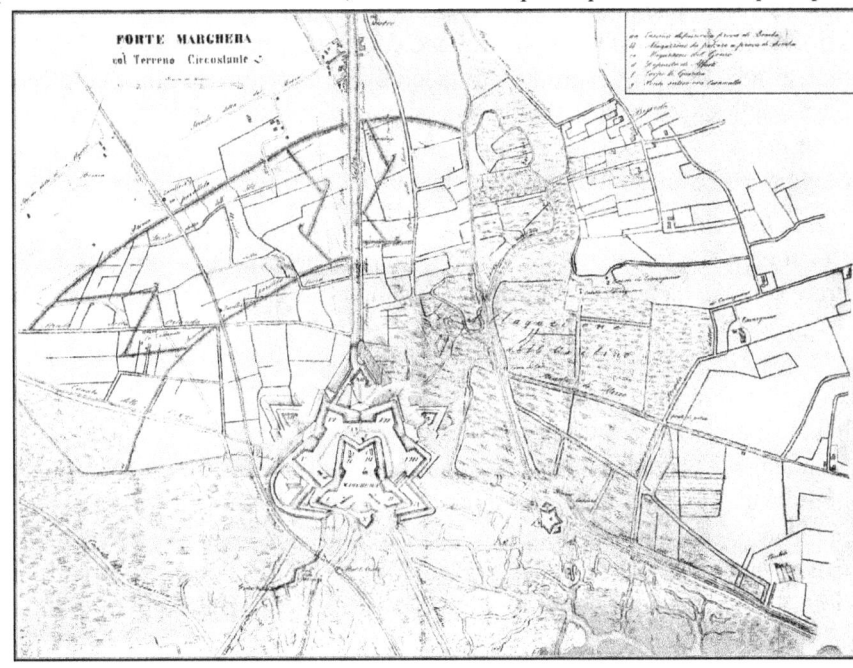
▲ Mappa del forte di Marghera.

a sloggiare. E però i nostri, garantiti dal fuoco della piazza, e coverti da un carro ripieno di fascine e sacchi da terra che li precedeva, han potuto compiere l'opera loro. Dei due levati dalle mani del nemico, se uno era morto, l'altro si è stati fortunati salvarlo del tutto, perocchè era privo di sentimento soltanto, - Per tutto il rimanente del giorno il fuoco ha continuato come prima. Si è proseguita l'intrapresa costruzione delle cannoniere. Si sono riparati alcuni piccoli danni sofferti dagli affusti e sotto affusti negli sforzi dello sparo. Si è continuata la costruzione della batteria sulla caserma. Ed essendosi per l'armamento di essa ricevuti da Venezia un affusto da piazza-costa e due di marina per cannoni da 18 di ferro, si è desistito dall'armarla con due obici da 6 pollici; e quello fra questi che prima era alla lunetta n.° XII, si è rimesso al suo posto antico, e l'obice lungo da 24 si è passato sul fianco sinistro del bastione n. VII, per accrescere l'armamento di questo fianco. Per la qual cosa si è dato opera alla costruzione della piattaforma, e della cannoniera tagliata nel parapetto del fianco SteSS0. Dall'una pomeridiana in poi il nemico si è dato a lanciare bombe nel forte da una batteria della prima paralella sulla sinistra del canale di Mestre, ed ha così continuato in tutto il rimanente del giorno. I nostri hanno proseguito il loro fuoco, senza accelerarlo menomamente. Sono giunte le munizioni dall'arsenale.

14° notte, dalle 8 della sera alle 6 del mattino.
I lavori non ancora terminati nel giorno, si sono proseguiti nel corso della notte. Il fuoco ha proceduto come nella notte precedente. Di tempo in tempo si sono fatti lanciare proietti luminosi dalla lunetta n.° XII. - Col fare della notte il nemico ha rallentato e quindi cessato il tiro delle bombe.

15° giorno, 10 maggio.
Col fare del giorno il nemico ha ripreso il tiro delle bombe come nelle ore pomeridiane del giorno precedente, e la piazza ha pure regolato il suo fuoco su quello di ieri. I lavori di trincea del nemico non hanno per nulla progredito, perché sempre intento a quelli necessari a prosciugare il terreno. Affine di meglio garantire i salienti dei bastioni n.° V, VI e VII, ed i ponti che conducono alle lunette n° XII e XIII, si è aumentato l'armamento dei fianchi del bastione n.° VI, aggiungendo un cannone da 6 da campo a ciascuno di essi. E per avere sul fianco del bastione n.° V un cannone di facile servizio che potesse celermente tirare a mitraglia, e nello stesso tempo del bastione contro i tiri nemici, si è sostituito un cannone da 12 da campo a quello da 18. Di guisa che ciascuno dei fianchi dei bastioni del fronte d'attacco è risultato armato con due cannoni da campo ed uno da piazza sull'angolo alla spalla da potersi pure girare sul fianco. E però si è dato opera al taglio delle cannoniere, alla costruzione delle piattaforme, al tra sporto del materiale; lavoro che non si è potuto eseguire compiutamente nel corso del giorno. Si sono pure proseguiti gli altri lavori in corso.

15a notte.
Nel corso della notte il nemico ha di molto rallentato il tiro delle bombe. Dalle nostre batterie si è tirato come nella notte precedente. - Si sono proseguiti i lavori intrapresi nel giorno, non che quelli già in corso.

16° giorno, 11 maggio.
Nulla di nuovo si è scorto col far del giorno nei lavori ne mici; se non che si è veduta cresciuta grandemente l'inondazione delle trincee e del terreno circostante, prodotta dalle nostre opere idrauliche. Di guisa che, non potendo il nemico proseguire nei suoi lavori, ed il terreno molle rendendo poco efficace il tiro di rimbalzo delle nostre artiglierie, si è nel corso del giorno tirato lentamente di volata, a palla e granata, alle batterie della prima paralella, sulle quali si è pure tirato coi mortai da 12 pollici. L'inimico nel corso del giorno ha gittato poche bombe nel forte, ed invece ha continuamente tirato granate alla *Schrappenel* e razzi. In sulle quattro pomeridiane, fattosi soverchiamente molesto il suo funco, da tutte le opere del fronte di at tacco si è risposto per

alcun tempo con tiri piuttosto celeri. Il nemico si è dato specialmente agittare molti proietti alla lu netta n.° viv, la quale ha risposto col cannone da 12, ed è stata protetta da due cannoni da 18 del forte Manin, comunque fossero a grande distanza. Dal forte Manin si è pure tirato su di un lavoro nemico verso Tombole; ma trovandosi questo coverto dagli alberi e dalle altre varietà del suolo, poco effetto ha potuto ottenersi dal tiro del forte. Per la qual cosa trenta dei nostri sono usciti con una macchina da razzi, e procedendo sull'argine dritto dell'Osellino, si sono recati a collocarla ad un cinquecento passi dal nemico, donde hanno con tanta aggiustatezza tirato, da costringere il nemico, dopo breve tempo, a sloggiare dal suo lavoro. Inoltre, avendo il nemico intrapreso la costruzione di una batteria a Campalto, dal forte S. Giuliano si è cercato mole starlo; ma riuscendo i tiri di poco effetto a causa della gran distanza di quei lavori, si è cessato di far fuoco. Rallentato il trarre del nemico si è ripreso dalle opere della fronte d'attacco l'abituale fuoco. Si è proceduto nei lavori per l'armamento dei fianchi, in quello delle cannoniere su tutta la fronte di attacco, nella costruzione della batteria sulla caserma già quasi al suo compi mento ed in tutti gli altri in corso.

16a notte.
Si è tirato durante la notte alla prima paralella, come nel giorno, e si è fatto perlustrare il terreno sino alla seconda paralella da frequenti pattuglie. Si sono pure tirate alcune bombe su Mestre per impedire che vi si alloggiasse il nemico. Si è menato a compimento l'armamento dei fianchi, l'opera di terra della batteria sulla caserma e la costruzione delle cannoniere al bastione n.° VII. Le munizioni sono giunte da Venezia nelle ore della notte, affine di avvantaggiarsi del rallentamento abituale del fuoco nemico in quelle ore, e trasportarle con più sicurezza nei magazzini e sulle batterie.

17° giorno, 12 maggio.
Le trincee nemiche sono sempre ingombre di acqua: per la qual cosa il fuoco si è regolato come nella notte, ma astenendosi dal trarre sopra Mestre. L'inimico ha tirato bombe nella piazza in tutto il corso del giorno. Terminato il lavoro di terra della batteria sulla caserma, si è lavorato alla costruzione d'una piattaforma da costa sull'angolo sinistro della batteria, seguita sulla dritta da due altre per affusti da marina. Si è pure trasportato tutto il materiale necessario all'armamento di essa. Affine di guarentire i pezzi ai salienti dei bastioni n. V e VI contro il getto delle bombe nemiche, si era già disposto covrirli con blindaggi alla pruova. L'opera di legname occorrente a tale uopo al bastione n° VI, già da parecchi giorni in costruzione all'arsenale di Venezia, è giunta stamane, ed immantinente si è lavorato per innalzarla. Quella pel bastione n.° v si attende tuttora. Difficilmente poi si potrà giungere a blindare il saliente del bastione n.° VII, e gli angoli alle spalle, come intenderebbesi fare. - Si è dato termine alla costruzione delle cannoniere al bastione n.° VI, e si è proseguito in quelle del bastione n.° V. Si sono racconciate talune piattaforme al bastione n.° I ed alla lunetta n.° XIII.

17a notte.
Nel corso del giorno si è potuto scorgere come il nemico fosse intento ad un lavoro attraverso l'argine della strada ferrata, che si presume abbia per oggetto di dare scolo alle acque delle trincee: punto sul quale non si è mancato di frequente mente tirare, e se n'è segnata la direzione, per potere con alcuni pezzi tirarvi ancora durante la notte. Sicuri d'altra parte che l'acqua non permetteva proseguire nei lavori di trincea, si sono regolati i tiri nel seguente modo:
RIDOTTO RIZZARDI E BATTERIA SPERANZA. Durante la notte si è tirato con quattro cannoni sul lavoro della strada ferrata, a palla e granata. Due tiri ogni ora per ciascun pezzo e con carica intiera.
BATTERIA DEI CINQUE ARCHI. Ha taciuto.
BASTIONE N° 1. Con due cannoni due tiri l'ora per ciascuno sul lavoro della strada ferrata, a palla

e granata, con metà di carica.
CONTROGUARDIA N° XI. Con i cannone ed un obice due tiri all'ora per ciascuno, pure sulla strada ferrata.
BASTIONE N° II E III. - Due bombe da 12 ogni ora, l'una alla batteria nemica sulla diritta del casello-bucato, l'altra alla batteria presso il forno.
BASTIONE N° V. Con due cannoni alle stesse due batterie nemiche, ponendo mente a bene aggiustare i tiri sopratutto dalle 10 in poi, e la alla seconda paralella, affinché le pattuglie potessero liberamente circolare e vigilare i movimenti del nemico.
BASTIONE N° VI. Con due cannoni, per ciascuna delle facce, alle stesse batterie, e con le medesime avvertenze di sopra.
BASTIONE N° VII. Con due cannoni due tiri all'ora, per ciascuno, alla batteria nemica sulla dritta del canale di Mestre – Più una bomba da 8 pollici ogni ora alla batteria nemica di mortai sulla sinistra - dello stesso canale.
CORTINA FRA BASTIONI N° V E VII. Una bomba da 8 pollici ogni ora ai lavori nemici sulla strada ferrata, ed una da 12 alla batteria presso al casello-bucato.
CORTINA FRA BASTIONI N° VII e VII. - Una bomba da 12 ogni ora alla batteria nemica di mortai sulla sinistra del canale di Mestre, ed una da 8 sulla batteria a dritta fra il canale e l'Osellino. Le altre opere si sono fatte tacere. Nel corso della notte si è montato il cannone sopra affusto da piazza-costa alla batteria sulla caserma e si è proseguito nella costruzione delle altre piattaforme. - Si è continuata pure la costruzione del blindaggio al bastione n° VI e quello delle cannoniere al bastione n° V. Il nemico durante la notte ha tirato due sole bombe, ciocchè ha fatto abilità di sbarcare le munizioni giunte da Venezia ed approvvigionare le batterie senza pericolo veruno.

18° giorno, 13 maggio.
L'inimico ha proseguito nei suoi lavori per prosciugare le trincee e le batterie della prima paralella. – Col fare del giorno ha ricominciato il giornaliero bombardamento. – Nel corso del giorno si è dalla piazza eseguito lo stesso fuoco della notte scorsa: più dalla batteria dei Cinque Archi si è col cannone da 18 fatto due tiri ogni ora sul lavoro della strada ferrata. Si è proceduto nel compimento dell'armamento della batteria sulla caserma, la quale presso al meriggio ha cominciato a trarre due tiri ogni ora per ciascun pezzo sulle batterie della prima paralella e sui lavori di scolo alla strada ferrata. Si è proseguito negli altri lavori in corso.

18a notte.
Il fuoco del nemico e quello della piazza ha proceduto come nella notte precedente. – Solo dalle lunette n° XII e XIII si è fatto tirare di tratto in tratto sulla seconda paralella sino alle 10: da tale ora in poi queste opere hanno taciuto per dare luogo alla libera circolazione delle pattuglie della piazza. Si sono proseguiti i lavori in corso e si sono rifatte due piattaforme da costa al bastione n°v, una dello stesso modello al bastione n° VII, una da campo alla lunetta n° XIII ed una per mortaio da 8° sulla cortina fra bastioni n° V e VI. Si sono trasportate nel forte le munizioni giunte da Venezia, e si sono approvvigionate le riserve delle batterie.

19° giorno, 14 maggio.
Appena chiaro il giorno, si è potuto scorgere come il nemico strada ferrata, dal ramo di comunicazione sino al canale delle Verze. A molestare il nemico intento a perfezionare il lavoro intrapreso nella notte si è fatto trarre su questo dal bastione n° 1, dalla controguardia n° XI, dalla faccia dritta del bastione n° V, dal ridotto Rizzardi e dalla batteria Speranza, due tiri ogni ora per ciascuno dei pezzi di cui sono armate coteste opere. Vi si è fatto trarre ancora dal cannone da 18 della batteria dei Cinque Archi e dal pezzo sopra affusto da piazza-costa della batteria sulla caserma. – Le altre opere hanno tirato come nel giorno precedente. Si sono compite le cannoniere al bastione n° V ed

intraprese quelle al bastione n° I. – Si è proseguita la costruzione del blindaggio al bastione n° VI. Si è cambiato un affusto al bastione n° VI ed un sottafusto al bastione n° V. - Il fuoco nemico come nel giorno precedente.

19a notte.

Si è tirato sui nuovi lavori del nemico presso il canale delle Verze come nel giorno: dalle rimanenti opere si è tirato allo stesso modo della notte precedente. – Si sono proseguiti i lavori in corso. Il rimanente come nell'antecedente notte

20° giorno, 15 maggio.

Appena giorno si è potuto vedere come il nemico avesse, ad onta del nostro fuoco, non solo perfezionato il lavoro della notte precedente, ma sprolungato ancora sulla dritta del canale delle Verze, sino ad un secondo canale che s'incontra prima di quello di Boa- Foscarina; dove il terreno diviene assolutamente impraticabile a qualunque lavoro. - Immantinente vi si è diretto un fuoco gagliardo dal forte Rizzardi, dalla batteria Speranza, dalla batteria dei Cinque Archi, dal bastione n° I, dalla controguardia n° XI, dal cannone al saliente del bastione n° V i cannoni della faccia dritta di questo bastione, e quello di sinistra della batteria sulla caserma, hanno tirato sul lavoro del giorno precedente. I fuochi delle rimanenti opere della piazza non hanno sofferto variazione. Dalle ore 8 in poi il fuoco di queste opere ha preso un andamento regolare: metà dei pezzi sono stati rivolti al lavoro del giorno precedente, e metà al novello lavoro. – Le rimanenti opere hanno eseguito il fuoco come nel giorno precedente. Pei novelli lavori del nemico, trovandosi in parte avviluppato sulla sinistra il bastione n° V, si è disposto accrescere l'arma mento della faccia sinistra di due cannoni da 18 in bronzo tolti dalle opere non comprese nell'attacco. E perché questi cannoni fossero garantiti dal rimbalzo, si è cominciata la costruzione di due traverse ad essi accoste. Si è creduto pure utile accrescere i fuochi della faccia sinistra della lunetta n° XII, e però vi si sono costruite le piatta forme e le cannoniere per passarvi due cannoni da campo della dritta. - Si sono proseguiti gli altri lavori in corso.

20a notte.

Il fuoco ha proceduto come nel giorno, meno il tiro del cannone della batteria dei Cinque Archi, e con l'avvertenza di lasciare libero il terreno dalla piazza alla seconda parallela fra la strada ferrata ed il canale di Mestre, per la circolazione delle nostre pattuglie. – Si è portato a compimento l'arma mento della faccia sinistra del bastione n° V e della lunetta n° XII. – Si è proseguito il lavoro delle traverse e del blindaggio. – Si sono proseguiti gli altri lavori. – Il rimanente come nella notte precedente.

21° giorno, 16 maggio.

Avendo il nemico migliorato i suoi lavori sulla sinistra della strada ferrata, i fuochi della piazza sono stati diretti a rovinarli, come nel giorno precedente. Sulla faccia sinistra del bastione n° V, si è intrapresa la costruzione di una piattaforma per mortaio da 8 pollici, da aggiungersi all'armamento da quel lato. – Si è proseguita la costruzione delle traverse e degli altri lavori in corso.

21a notte.

Il fuoco della piazza è stato eguale a quello della notte precedente. - Si è compiuto l'armamento della faccia sinistra del bastione n° V, montando i due cannoni da 18 ed il mortaio da 8 pollici. Si sono proseguiti i lavori del giorno. Il rimanente come nella notte precedente.

22° giorno, 17 maggio.

I lavori della seconda parallela sulla sinistra della strada ferrata, guasti dal fuoco della piazza nel corso della giornata di ieri, sono stati migliorati e consolidati dal nemico nella notte scorsa. Inoltre la parte della seconda parallela, compresa dalla testa del ramo di comunicazione sulla sinistra della strada ferrata sino alla stessa strada, è stata fortemente accresciuta nelle sue dimensioni, principalmente in altezza. Ciocchè ha fatto supporre che in quel sito s'innalzasse una grande batteria rivolta alla sinistra della fronte di attacco, e propriamente di riscontro al forte Rizzardi. – Come pure si è scorta racconcia, ed anzi elevata la batteria della prima paralella presso al casello-bucato. batteria Speranza, dalla batteria dei Cinque Archi e dalla contro guardia n° XI si è, come nei giorni precedenti, tirato alle parti della seconda paralella sulla sinistra e sulla dritta del canale delle Verze. Dal bastione n° I si è tirato una bomba da 8 ogni ora alla creduta batteria della seconda paralella sulla sinistra della strada ferrata, e coi cannoni quattro tiri a palla ogni ora, per ciascuno, di volata con intera carica, ed a granata con metà di carica. Dalla faccia dritta del bastione n° V si sono fatti due tiri ogni ora per ciascun pezo a palla e granata, indirizzati egualmente alla stessa batteria nella seconda paralella. Dalla cortina contigua si sono pure quivi tirate due bombe da 8 ogni ora ed una da 12 alla batteria presso al casello-bucato. Il fuoco sui rimanenti lavori del nemico ha proceduto come nei giorni precedenti. Essendosi inoltre sul far del giorno compiuto l'armamento della faccia sinistra del bastione n° V, si è coi due cannoni novellamente montati tirato due colpi ogni ora per ciascuno, a palla o granata, di rimbalzo a dritta e sinistra del canale delle Verze; ove si sono pure lanciate due bombe ogni ora col mortaio montato sulla stessa faccia. Si sono intrapresi i lavori per aggiungere due cannoni da piazza all'armamento della faccia sinistra della lunetta n° XIV, dei quali uno da 18 e l'altro da 12; e ciò perché si potesse tirare con cannoni di grosso calibro a sbieco all'estremo della seconda paralella sulla sinistra del canale di Mestre, non che battere un tratto di trincea poco più indietro sulla dritta del canale stesso. Il che ha potuto farsi senza inconveniente; perocchè sebbene cotesta lunetta, come opera avanzata, avrebbe dovuto armarsi con piccoli cannoni, pure trovandosi collocata in terreno paludoso ed assolutamente impraticabile agli attacchi, la grossa artiglieria vi si trova garantita quasi al pari che in ogni altra opera più ritirata della piazza. - Si sono montati due affusti da campo alle lunette n° XII e XIII. Si è dovuto racconciare l'affusto dell'obice lungo che si trova in quest'ultima lunetta. - - Si è proseguito negli altri lavori in corso. –

22a notte.

Il fuoco ha proceduto come nel giorno. Ben inteso che si è tirato nuovamente sul tratto della seconda paralella sulla dritta della strada ferrata, tanto col mortai da 8 pollici delle due cortine della fronte di attacco, che con palle e granate dal bastione n.° VI. Dalla lunetta n.° XIV si è tirato con un cannone da 12 da campo tre tiri ogni ora ai lavori della seconda paralella sulle due rive del canale di Mestre. Si è cambiato un sottafusto da costa al bastione n.° VII. Si sono proseguiti i lavori non ancora portati a termine nel corso del giorno. Il rimanente come nella notte precedente.

23° giorno, 18 maggio.

I lavori del nemico sulle due rive del canale delle Verze si sono scorti sempre più migliorati col far del giorno, e quello nel tratto della 2° paralella sulla sinistra della strada di ferro più decisamente prendere l'aspetto di una grande batteria. A recare danno a questi lavori e tormentare i travagliatori nemici, si è regolato il fuoco della piazza come nella notte scorsa, Essendosi inoltre condotto a termine l'armamento della faccia sinistra della lunetta n.° XIV, si è tirato coi cannoni nuovamente montati all'istesso sito ov'era stato indirizzato il cannone da 12 della stessa lunetta nel corso della notte. Si sono eseguiti taluni riatti occorsi a parecchi affusti e sottaffusti pel continuo trarre. Terminata interamente l'opera in legno del blindaggio al bastione n.° VI si è cominciato a covrirlo con salsiccioni e terra. Si sono proseguiti i lavori in corso. Avendo dovuto per grave malattia recarsi a Venezia il capitano Vergili, il quale comandava la batteria dell'ala sinistra del fronte di attacco, lo si è fatto surrogare dal maggiore Giuseppe Sirtori dello Stato Maggiore Generale.

23a notte.

Il fuoco della piazza ha proceduto come nel corso del giorno. Si sono compite le due traverse al bastione n.° V. - Si è cambiato un affusto ed un sottaffusto al ridotto Rizzardi e quivi racconciata pure una piattaforma Il rimanente come nella notte precedente.

24° giorno, 19 maggio.
I lavori del nemico sulla sinistra della strada ferrata si sono veduti tutti maggiormente migliorati. Si è pure osservata racconcia in parte la 2° paralella dalla strada ferrata al canale di Mestre. Per la qual cosa il fuoco ha proceduto nel corso del giorno allo stesso modo della notte scorsa, diretto a danneggiare tutti cotesti lavori e disturbare i lavoratori nella trincea. Per garantire alquanto gli artiglieri della lunetta n.° XIII dai tiri di *stilzen* del nemico, tanto dalla 2° paralella, che dai successivi lavori, si è tirato indietro l'obice ch'è in capitale, e costruito il piano della cannoniera con inclinazione dall'esterno all'interno. - Per covrire dall'infilata e dal rovescio il cannone da 18 ch'è nell'estremo della faccia sinistra del bastione n. V, il quale aveva fortemente sofferto nell'attacco del giorno 4, si è dato cominciamento ad una traversa a martello a quello accosto. Un cannone da 12 della faccia sinistra del bastione n.° VI, evasato nella lumiera, si è cambiato con quello dello stesso calibro ch'era nell'angolo alla spalla sinistra, ove si è collocato un cannone da 18, il quale meglio batta i lavori nemici, e garantisca la dritta e la sinistra della lunetta n.° XII. Si è aperta una terza cannoniera al fianco sinistro del bastione n.° VII per un cannone da campo tolto dalla lunetta n.° XIII, e si è intrapresa la costruzione della corrispondente piattaforma. Si sono proseguiti i lavori in corso.

24a notte.
Il fuoco del giorno ha continuato per tutta la notte. Si è compiutamente montato il terzo cannone da campo sul fianco sinistro del bastione n° VI. Si sono proseguiti i lavori in corso. - Il rimanente come nelle notti precedenti.

25° giorno, 20 maggio.
I lavori sulla sinistra della strada ferrata si sono veduti spinti con tanta alacrità, da non fare più dubitare che di colà dovesse l'inimico sviluppare grande quantità di artiglierie, deputate ad estinguere i fuochi di tutte le opere dell'ala sinistra; per quindi procedere di filato lungo la diga della strada ferrata, e studiarsi d'accerchiare la piazza e tagliarne le comunicazioni con Venezia, donde viene giornalmente provveduta di viveri e munizioni. Il che ridurrebbe la guarnigione a capitolare fra due o tre giorni, se i reiterati assalti del nemico venissero a frangersi sotto i nostri rampari. D'altra parte essendo già sufficientemente provveduti di artiglierie il forte Rizzardi, la batteria Speranza e la batteria dei Cinque Archi, si è cercato migliorare l'armamento del bastione n.° I e della controguardia n.° XI, che, una alle opere precitate ed al bastione n.° v, formano il complemento della difesa da quel lato. A quale oggetto si è passato sulla faccia dritta della controguardia n.° XI, ed accosto al cannone sul saliente, un cannone da 18 della faccia sinistra; si è aggiunto all'armamento un cannone da 6 lungo di ferro sopra affusto d'assedio ed in cannoniera; e perché potessero liberamente tirare i cannoni della faccia dritta del bastione n.° I che sono verso l'angolo alla spalla, si è stretto verso il saliente un obice della controguardia n.° XI. Si è terminato di montare il cannone all'angolo alla spalla sinistra del bastione n.° VI, il quale vede pure sullo stesso terreno di attacco. - La parte della seconda paralella sulla sinistra della strada ferrata, nella quale, per le accresciute dimensioni si presumeva che il nemico costruisse una batteria, ne ha definitivamente prese le forme, e già otto cannoniere vi si vedono aperte. Per la qual cosa si è, come nei giorni precedenti, quivi indirizzato il fuoco della piazza, ed alquanto più gagliardo sino al meriggio. Su tutta la fronte il fuoco delle nostre opere ha proceduto come nei giorni precedenti, sempre nell'intento di danneggiare i lavori e disturbare i travagliatori nemici, flavori dell'assedio sono a tal punto, da far supporre che fra pochi giorni l'inimico apre il suo fuoco. Pochi dei nostri usciti presso il mezzodì per ricevere un parlamentario nemico, hanno scorto una batteria nemica costruita alquanto dietro la seconda paralella, e poco discosta dal canale di Mestre, e però parte dei tiri fatti sulla seconda paralella lo sono stati in quella direzione in tutto il rimanente del giorno.

Nel corso del giorno il nemico ha poco tirato. Si sono proseguiti i lavori in corso. Al forte Rizzardi si sono evasati due cannoni da 24 in bronzo, pei quali si è domandato il rimpiazzo a Venezia: non per tanto perché non rimanesse sguarnito uno dei punti più minacciati dagli attacchi nemici, si è surrogato uno di cotesti cannoni con comandava le opere della sinistra del fronte di attacco, per modo che ha dovuto recarsi a Venezia, lo si è rimpiazzato nel comando col maggiore Sirtori dello stato maggiore del comando in capo.

25a notte.
I lavori intrapresi nel giorno, e quelli in corso, sono stati proseguiti durante la notte. Il fuoco della piazza ha proceduto come nel giorno. Il rimanente come nelle notti precedenti.

26° giorno, 21 maggio.

Al far del giorno si è scorto un lavoro, appena tracciato con fascine e gabbioni, sull'estremo della seconda paralella al di là del canale delle Verze, il quale si crede possa essere una novella batteria quivi intrapresa dal nemico. – Tal punto si è tenuto di mira nei fuochi fatti nel corso del giorno dal forte Rizzardi. – Nei rimanenti lavori nulla si è scorto di nuovo, e solamente si sono veduti migliorati. – Per la qual cosa il fuoco della piazza ha in tutto proceduto come nel giorno precedente. Si sono proseguiti i lavori della notte scorsa. – Si è dato termine alla costruzione delle cannoniere del bastione n° I. Si è terminata la piattaforma da piazza-costa alla contro guardia n° XI, e vi si è definitivamente montato il cannone da 1 S. Si sono rifatte due piattaforme per mortai sulla cortina fra i bastioni n° V e VI delle quali una da 12, l'altra da 8. – Si è cambiato un affusto da campo alla lunetta n° XII ed un sottaffusto al bastione n° V. - È giunto da Venezia un cannone da 24 in bronzo pel forte Rizzardi, da cambiarsi col cannone evasato quivi esistente, che le acque basse non hanno permesso di quivi trasportare. – Si è cambiato un affusto al forte stesso. Il fuoco del nemico ha proceduto lentamente.

26a notte.
Il fuoco si è mantenuto eguale a quello del giorno. Si è terminata una piattaforma da campo alla controguardia n° XI e VI si è montato il cannone da 6. – Si sono proseguiti gli altri lavori in corso. – Si sono ricevute le munizioni da Venezia, e si sono approvisionate le riserve delle batterie come nelle notte precedenti.

27° giorno, 22 maggio.

I lavori nemici si sono veduti quasi presso al loro compimento. Racconcie ed innalzate le batterie della prima paralella: perfezionate quelle già osservate nella seconda paralella nei giorni precedenti; in gran parte rasciutte le trincee ed il terreno circostante. – Ma non han potuto scorgersi novelle batterie nella seconda paralella, oltre alle succitate. E però nulla si è cangiato nella specie e nella direzione dei tiri dei giorni precedenti. - Si è dato termine alla traversa a martello all'estremità della faccia sinistra al bastione n° V. Si è compiuto l'armamento della controguardia n° XI. Si è cambiato un cannone da 6 di ferro alla lunetta n° XII, perché evasato nella lumiera. Si sono eseguiti taluni piccoli riatti al materiale di artiglieria in batteria. Si è quasi condotto a termine la costruzione del blindaggio al bastione n° VI. Si è dato cominciamento all'altro al saliente del bastione n° V; il che ha dovuto protrarsi sin'oggi, per difetto dell'ossatura di legname, che dall'arsenale non si è potuto prima compiere, per quante premure sieno state fatte dal comandante costruzioni di macchine di artiglieria di ogni genere, e nel confezionamento delle munizioni necessarie a supplire al giornaliero consumo della difesa. Nel corso del giorno il nemico non ha per nulla tirato.

27a notte.
Il fuoco si è mantenuto eguale a quello del giorno. I lavori in corso si sono proseguiti. Il rimanente come nelle notti precedenti.

28° giorno, 23 maggio.
L'inimico lavora a compiere le sue opere, e chiaramente si vede imminente il giorno dell'apertura del suo fuoco. Dalla piazza si è cercato tormentarlo con fuoco regolato come nei giorni precedenti. Si è lavorato a covrire di salsiccioni il blindaggio al bastione n° VI, si è proseguita la costruzione di quello al bastione n° V. Si è fatta una piattaforma per mortaio da 12 alla cortina fra i bastioni n° V e VI. Si è intrapreso il lavoro pel collocamento di un mortaio da 12 pollici alla batteria Speranza. Questo mortaio è giunto da Venezia e si è trasportato in quella batteria. Si sono racconciate le cannoniere alla batteria sulla caserma. Si sono intrapresi parecchi piccoli riatti alle macchine di artiglieria sulle opere ed a varie piattaforme. È giunto da Venezia un cannone da 24 in bronzo da spedirsi al forte Rizzardi insieme all'altro giunto il giorno 21; ma le acque basse non hanno ancora permesso di trasportarli colà. Nel corso del giorno il nemico ha taciuto col suo fuoco.

28a notte.
Il fuoco ed i lavori del giorno si sono proseguiti nella notte. Sono giunte dall'arsenale molte munizioni di ogni genere, richieste con grandissima premura per far fronte alle possibili eventualità del giorno vegnente; munizioni che nella maggior parte sono state ripartite nelle riserve delle batterie del fronte di attacco, e le rimanenti depositate nei magazzini. Nella probabilità che al far del giorno il nemico aprisse il fuoco delle sue batterie, un'ora prima su tutta la fronte di attacco si è disposta la nostra gente e quanto occorresse a sostenere il combattimento.

29° giorno, 24 maggio.
Sul far del giorno si sono vedute aperte le cannoniere alle batterie della seconda paralella a ritta e a manca della strada ferrata, ciocché ne ha indicato l'inimico sul punto di aprire il fuoco su tutta la linea. Per la qual cosa dalle nostre artiglierie si è principiato a trarre in quelle direzioni più vivamente; e diffatti poco di poi, verso le cinque del mattino, il fuoco è principiato violento su tutta la linea nemica, e con pari violenza vi si è risposto dalle opere della piazza le quali vedono su quelle dell'attacco. Oltre le batterie della prima paralella racconce e novellamente armate, parecchie ne ha smascherate il nemico nella seconda paralella, delle quali tre sulla sinistra della strada ferrata, una fra la stessa strada ed il canale di Mestre, alcune fra questo canale e l'Osellino, qualche altra sulla dritta dell'O sellino stesso; una a Tombole ed altra a Campalto. Numerarle con precisione sarebbe difficil cosa, perocché può dirsi, come fra batterie di diverso genere e macchine da razzi impiantate lungo la seconda paralella, questa formasse quasi un cerchio di fuoco. Quasi tutte le opere della piazza sono state avviluppate dal fuoco nemico, dal forte Rizzardi a quello di S. Giuliano, comprendendo lunette, bastioni e controguardie. I bastioni n° IV delle altre opere ingombri dalle nemiche offese. Ma segno alla concentrazione delle offese nemiche è stata fatta principalmente la sinistra ed il centro della fronte di attacco; cioè il forte Rizzardi, le batterie della Speranza betta alla batteria sulla caserma n° 1, e nel gran numero di bombe quivi cadute, è rimasto scavalcato uno dei due cannoni montati sopra affusti da marina. Al bastione n° V è stato smontato il cannone al saliente ed il cannone da 12 da campo sul fianco dritto; danneggiata fortemente l'impalcatura del blindaggio, il quale non ancora aveva potuto condursi a termine; evasato il cannone all'angolo alla spalla. Al bastione n° VI sono stati scavalcati due cannoni da campo del fianco sinistro, un cannone da piazza sulla faccia sinistra, ed è scoppiata una cassa da munizione. - Al forte Rizzardi è stato smontato un cannone e grandemente danneggiati i parapetti. Il forte dei Cinque Archi ha avuto smontato il cannone da 18, e danneggiati fortemente quelli da 24; e però ha dovuto tacere col suo fuoco. Fra' proietti che passano superiormente alla caserma n° I ed alla cinta esterna, e vengono a cadere nella conca di sbarco presso al ponte di legname che congiunge l'interno della piazza alla strada ferrata, buon numero ha colpito nell'interno della lunetta n° X, ed ha scavalcato quasi tutte le artiglierie. Il forte Manin in questo primo giorno non ha avuto a controbattere che una sola batteria, ed ha potuto

mantenere vigoroso il suo fuoco. Durante il combattimento si sono evasati due cannoni nelle lumiere, i quali non hanno però cessato dal trarre, In generale i danni più gravi si sono sofferti ai bastioni n.° V e VI, alle lunette n.° XII e XIII, alla batteria dei Cinque Archi, al forte Rizzardi ed alla batteria a cavaliere. Si è poco sofferto dai bastioni n.° I e VII e dalla controguardia n.° XI: quasi nulla dai bastioni n.° IV ed VIII e dalla controguardia n.° IX. Quasi al mezzo del giorno, le palle nemiche già da parecchie ore dirette alle caserme, mal coverte dalla poca elevazione della cinta interna, si son fatte strada a traverso le feritoie; e son venute a cadere nell'interno; e però questi ricoveri della mal sicuri. Il gran numero di bombe cadute in tutto il corso del giorno sui magazzini delle polveri, sebbene costruiti a pruova, li hanno grandemente danneggiati, per modo che si è stati co stretti puntellarli. I fuochi della piazza sono stati diretti in generale a controbattere le batterie nemiche, ma principalmente si è concentrato il fuoco dei mortai della cortina fra bastioni n.° V e VI verso la batteria alla sinistra della strada ferrata e massime contro la batteria del più grande rilievo. In quel punto si sono benanche dirette tutte le bocche da fuoco che poteano tirare in quella direzione, lanciando con esse palle e granate. Sulla batteria di obici alquanto avanzata, collocata in direzione del casello per noi fatto saltare con la mina, e che grandemente danneggiava le lunette n.° XII e XIII, si è pure riunito gran quantità di fuochi, e siccome essa aveva piccolo rilievo, in poche ore si sono ad uno ad uno veduti smontati i suoi pezzi, e poco di poi ha taciuto per tutto il corso del giorno. Di forma che se non pochi sono stati i danni per noi sofferti in cotesto giorno, non minori sono stati quelli del nemico, il quale ha benanche avuti molti pezzi smontati alla batteria a grande rilievo. - Nelle ore pomeridiane sono giunti da Venezia due distaccamenti, uno di 24 artiglieri di marina, l'altro di 60 artiglieri terrestri, coi quali si è supplito ai morti, ai feriti ed agli uomini soverchiamente stanchi. Nel corso del combattimento non si è mai sostato dal trasportar munizioni dai magazzini alle piccole riserve delle batterie, sia con carri, sia a mano. dei Cinque Archi, i bastioni n° V e VI , le lunette n° XII e XIII e la batteria a cavaliere sulla caserma, la quale per la sua elevazione colpiva con tiri ficcanti nelle trincee. Trovandosi al cominciare del combattimento mascherata la cannoniera al saliente del bastione n° VI, perocchè si era intenti a coprire di terra i salsiccioni del blindaggio quivi costruito, un distaccamento di zappatori l'ha sgomberato sotto il più vivo fuoco; talchè, poco di poi, l'obice da 6 pollici quivi collocato ha potuto cominciare a trarre. Il forte S. Giuliano ha poco sofferto dal fuoco delle batterie di Campalto collocate a grande distanza, ma le comunicazioni pel canale militare e pel ponte, ov'è sufficiente che un gran numero di proietti vi cadano senza direzione fissa, si sono per tal modo rese assai mal sicure. A queste offese aggiungi i tiri i quali, indirizzati contro il forte Rizzardi, la batteria dei Cinque Archi ed il forte Manin, vengono quivi a ferire di sbieco, e quelli che di fronte passano superiormente alla cinta interna, e vanno pure a cadere sulla strada e sul canale, e si vedrà di quanta difficoltà sia comunicare con Venezia, donde si ricevono giornalmente viveri e munizioni. Difatti in poche ore gran numero di burchi, i quali trovavansi nel canale, sono stati affondati o malconci, ed è stato rotto il piccolo ponte di legno che dall'argine dritto del canale militare conduce alla gola della piazza. Le lunette n° XII e XIII hanno gravemente sofferto, e parecchi cannoni sono stati smontati, tra quali uno per lo scoppio di una cassa da munizione avvenuto alla lunetta n° XII poco dopo incominciato il fuoco. Da palla nemica è stato smontato il cannone messo a barbetta alla batteria sulla caserma n° 1, e nel gran numero di bombe quivi cadute, è rimasto scavalcato uno dei due cannoni montati sopra affusti da marina. Al bastione n° V è stato smontato il cannone al saliente ed il cannone da 12 da campo sul fianco dritto; danneggiata for temente l'impalcatura del blindaggio, il quale non ancora aveva potuto condursi a termine; evasato il cannone all'angolo alla spalla. Al bastione n° VI sono stati scavalcati due cannoni da campo del fianco sinistro, un cannone da piazza sulla faccia sinistra, ed è scoppiata una cassa da munizione. - Al forte Rizzardi è stato smontato un cannone e grandemente danneggiati i parapetti. Il forte dei Cinque Archi ha avuto smontato il cannone da 18, e danneggiati fortemente quelli da 24;

e però ha dovuto tacere col suo fuoco. Fra' proietti che passano superiormente alla caserma n° 1 ed alla cinta esterna, e vengono a cadere nella conca di sbarco presso al ponte di legname che congiunge l'interno della piazza alla strada ferrata, buon numero ha colpito nell'interno della lunetta n° X, ed ha scavalcato quasi tutte le artiglierie. Il forte Manin in questo primo giorno non ha avuto a controbattere che una sola batteria, ed ha potuto mantenere vigoroso il suo fuoco. Durante il combattimento si sono evasati due cannoni nelle lumiere, i quali non hanno però cessato dal trarre, In generale i danni più gravi si sono sofferti ai bastioni n.° V e VI, alle lunette n.° XII e XIII, alla batteria dei Cinque Archi, al forte Rizzardi ed alla batteria a cavaliere. Si è poco sofferto dai bastioni n.° I e VII e dalla controguardia n.° XI: quasi nulla dai bastioni n.° Ived vili e dalla controguardia n.° IX. Quasi al mezzo del giorno, le palle nemiche già da parec chie ore dirette alle caserme, mal coverte dalla poca elevazione della cinta interna, si son fatte strada a traverso le feritoie; e son venute a cadere nell'interno; e però questi ricoveri della mal sicuri. Il gran numero di bombe cadute in tutto il corso del giorno sui magazzini delle polveri, sebbene costruiti a pruova, li hanno grandemente danneggiati, per modo che si è stati co stretti puntellarli. I fuochi della piazza sono stati diretti in generale a controbattere le batterie nemiche, ma principalmente si è concentrato il fuoco dei mortai della cortina fra bastioni n.° V e VI verso la batteria alla sinistra della strada ferrata e massime contro la batteria del più grande rilievo. In quel punto si sono benanche dirette tutte le bocche da fuoco che poteano tirare in quella direzione, lanciando con esse palle e granate. Sulla batteria di obici alquanto avanzata, collocata in direzione del casello per noi fatto saltare con la mina, e che grandemente danneggiava le lunette n.° XII e XIII, si è pure riunito gran quantità di fuochi, e siccome essa aveva piccolo rilievo, in poche ore si sono ad uno ad uno veduti smontati i suoi pezzi, e poco di poi ha taciuto per tutto il corso del giorno. Di forma che se non pochi sono stati i danni per noi sofferti in cotesto giorno, non minori sono stati quelli del nemico, il quale ha benanche avuti molti pezzi smontati alla batteria a grande rilievo. - Nello ore pomeridiane sono giunti da Venezia due distacca menti, uno di 24 artiglieri di marina, l'altro di 60 artiglieri terrestri, coi quali si è supplito ai morti, ai feriti ed agli uo mini soverchiamente stanchi. Nel corso del combattimento non si è mai sostato dal trasportar munizioni dai magazzini alle piccole riserve delle batterie, sia con carri, sia a mano.

29a notte.

Col far della notte il tiro a palla del nemico è cessato, ed è continuato più gagliardo, sino all'albeggiare, quello delle bombe e delle granate. - La qual cosa ci ha resi certi come esso lavorasse ai cammini a zig-zag, come fosse intento al lavoro di riattare e montare i suoi pezzi. - Nella sera, una granata nemica imboccata nella cannoniera del blindaggio al bastione n.° VI, è scoppiata nell'interno di esso, con danno gravissimo degli artiglieri che quivi trovavansi a servire l'obice da 6 pollici. Comunque fosse pericoloso lavorare sotto lo scoppio incessante dei nemici proietti, si è non pertanto con tutta solerzia lavorato a riparare, per quanto si potesse, i gravi danni sofferti nella giornata ai parapetti, alle traverse ed alle macchine di artiglieria; e ciò mentre si difettava affatto di lavoratori e di materiali sufficienti. Si sono rimontati interamente i cannoni alle lunette ed alla batteria sulla caserma, ed in parte racconciati i parapetti e le traverse. Si è rimontato il cannone da 18 al forte Rizzardi. Ai bastioni n.° V e VI non hanno potuto rimontarsi allo stesso modo le artiglierie scavalcate nel giorno, per difetto di gente. Farlo dopo rimontate le artiglierie delle altre opere, non è stato possibile per la brevità della notte. Erasi pure ordinato di trasportare al forte Rizzardi i due cannoni da 24 giunti da Venezia nei precedenti giorni, e surrogarne altrettanti inutili, ma le acque troppo basse nei canali lo hanno impedito. E però quivi non si è potuto che instaurare alla meglio i danni sofferti dagli affusti, ed in parte racconciare il parapetto fortemente guasto dai proietti nemici nel corso del giorno. Da Venezia sono giunti due burchi con munizioni di vario genere, per supplire in parte allo straordinario consumo del giorno, ed è stato di non lieve pericolo scaricarle sotto il fuoco nemico, principalmente diretto alle comunicazioni, come dicemmo, ed approvvigionarne le riserve delle batterie. lento nel corso della notte, sia pei lavori da eseguirsi, sia per la stanchezza degli artiglieri, sia per le munizioni che non veni vano rimpiazzate da Venezia in quella copia secondo il consumo fatto nel giorno scorso.

30° giorno, 25 maggio.
Col far del giorno è ricominciato il fuoco nemico su tutta la linea più gagliardo del giorno precedente, avendo esso non solo riparati i danni sofferti, ma aperto il fuoco di due altre batterie contro il forte Manin ed un'altra contro il bastione n.° VII. Dalla piazza si è risposto energicamente, ma con fuoco più moderato del giorno precedente, trovandosi costretti a non eccedere nel consumo delle munizioni, già superiore di molto al rimpiazzo ricevuto dall'arsenale di Venezia. Di guisa che quelle ricevute nella notte, non essendo state in sufficiente quantità, han dovuto spedirsene in pieno giorno. - Giunte queste in due burchi nel momento del più forte fuoco, si è corso non lieve pericolo a scaricarne una parte. Ma fattosi impossibile scaricare il secondo burchio, si è stati nella dura necessità di gettare in acqua le polveri, affine di non lasciarle esposte alle bombe ed alle granate nemiche, ed evitarne lo scoppio. -- La direzione generale dei fuochi del nemico è stata in oggi conservata quale nel giorno precedente; se non che il bastione n.° VI è stato principalmente preso di mira, massime dalle bombe e granate. Di guisa che non v'è stata parte del suolo che non fosse stata solcata. Le piramidi di palle e di mitraglie si son vedute tutte sperperate o sepolte. In cotesto giorno si è molto sentito il difetto di bombe e granate, e per molto tempo i nostri mortari hanno taciuto affatto. e per le stesse ragioni. Di tempo in tempo si sono fatte delle scariche a metraglia, affine d'impedire che il nemico potesse costruire la terza parallela alla zappa volante. Si sono rimontate le artiglierie alle lunette n.° XII e XIII, ed in parte instaurati i danni ai parapetti ed alle traverse. Rotte e slargate dalle palle nemiche le feritoie nel muro delle caserme, n' è rimasto in parecchi siti libero l'adito ad ogni sorta di proietti. E però due granate han potuto per quelle aperture penetrare nella caserma n.° 1, l'una da sei pollici, della porta d'ingresso v'era molta gente agglomerata, ed ha pro dotto parecchie ferite; la seconda è penetrata nella camera attigua a quella del comandante, ov'erano parecchi uffiziali e sottuffiziali a dormire, e con lo scoppio ne ha feriti molti ed uccisi alcuni. In seguito sono penetrate nella camera del comandante parecchie grosse schegge di bombe da 12, passando a traverso le finestre. Sono state compiutamente scavalcate tutte le artiglierie della lunetta n.° X, la quale per altro non aveva vista sugli attacchi. Al mezzodì sono stati riuniti in consiglio presso il comandante del forte tutti i capi dei corpi ed i comandanti dell'artiglieria e del genio, perché riferissero sullo stato del personale, delle munizioni e del materiale dell'artiglieria e del genio. I magazzini delle polveri, i quali avevano già grandemente sofferto sin dal giorno precedente, per cui erano stati puntellati, hanno Maggiormente sofferto in oggi, di guisa che quello di dritta ha dovuto compiutamente sgomberarsi, per esservisi manifestata forte lesione nella parte superiore. E però può dirsi, che al cader del giorno fossero già resi inutili le grandi polveriere, e di ricovero poco sicuro le due grandi caserme, comunque fossero edifici di solidissima costruzione ed a pruova di bomba. Ma era d'uopo che cedessero allo sterminato numero di proietti gittatisi sopra dal nemico. In questo giorno il fuoco della piazza è stato pure diretto come nel giorno precedente. Ma gli effetti non sono stati gli stessi, non solo per la economia che ha dovuto farsi di polvere e perchè il fuoco dei mortai fosse cessato del tutto, ma benanche per essere gli artiglieri alquanto affaticati.

30a notte.
Il fuoco del nemico ha proceduto come nella notte precedente. Il nostro è stato lentissimo come nella precedente notte, e per le stesse ragioni. Di tempo in tempo si sono fatte delle scariche a metraglia, affine d'impedire che il nemico potesse costruire la terza parallela alla zappa volante.

Si sono rimontate le artiglierie alle lunette n.° XII e XIII, ed in parte instaurati i danni ai parapetti ed alle traverse. Si è rimontato il cannone da 18 alla batteria dei Cinque Archi, ed alla meglio racconcio il parapetto. Sono giunti da Venezia due burchi con munizioni di vario genere, che in parte solamente hanno supplito al consumo del giorno. Scaricarle e trasportarle sulle batterie, è stata cosa disagevole e pericolosa; perocchè il suolo, ad ogni passo rotto dalle bombe nemiche, non ha più permesso la circolazione dei carri, ed hanno dovuto eseguirsi i trasporti puramente a braccia d'uomini. - Nemmeno in questa notte han potuto rimontarsi le artiglierie sui bastioni n.° V e VI, per le stesse ragioni della notte precedente, come pure le acque ognora basse non hanno permesso trasportare i due cannoni da 24 al forte Rizzardi.

31° giorno, 26 maggio.
All'albeggiare il fuoco nemico è ricominciato gagliardo come nei due giorni precedenti. Dalla piazza si è risposto con bastante energia, ad onta che molti pezzi fossero rimasti scavalcati per difetto di mezzi e di tempo da rimontarli; perocchè la munizione giunta da Venezia ha fatto abilità di sostenere il fuoco coi pezzi tuttora in piedi, e sopratutto coi mortai che per difetto di munizione aveano dovuto tacere nel giorno precedente. La batteria sulla caserma, rovinata nei parapetti e nelle macchine di artiglieria dal fuoco nemico dei giorni precedenti e dallo scoppio della cassa da munizione, non ha potuto essere racconciata nel corso della notte; e però ha dovuto compiuta mente tacere col suo fuoco. trarre col cannone da 18, solo a giorno inoltrato. Il forte Rizzardi, a mezzo il giorno, è rimasto con un sol cannone nella possibilità di far fuoco. Il bastione n.° VI ha avuto smontato un altro cannone alla faccia sinistra, il quale si è rimontato nelle ore pomeridiane. Sono stati scavalcati due cannoni alla lunetta n.° XII e l'obice lungo alla lunetta n.° XIII. L'inimico, in parte del giorno, ha principalmente preso di mira coi suoi fuochi il bastione n.° VII, come quello ch'era stato poco danneggiato nei giorni precedenti, ed il quale aveva ancora tutte le sue artiglierie in batteria; forse anche per distogliere la nostra attenzione dalla sinistra, ov'esso si studiava procedere verso lo stabilimento della terza paralella con lavoro a zig-zag, al quale aveva pur lavorato nella scorsa notte; ciocché venivagli agevolato dal fuoco rallentato delle nostre opere da quel lato, le cui artiglierie erano state scavalcate in gran parte o messe fuori di servizio. L'avanzar del nemico sulla sinistra della strada ferrata soltanto, faceva chiaro apparire l'intendi mento di volersi avvantaggiare dell'azione della strada, dopo di avere compiutamente estinto i fuochi del forte Rizzardi, della batteria Speranza e di quella dei Cinque Archi, per avviluppare del tutto la piazza e tagliarne le comunicazioni con la città. E però, appena scorto cotesto lavoro di zappa, vi si è diretto il fuoco dei pezzi da campo del fianco sinistro del bastione n° VII, il qual fuoco si è mantenuto vivo in tutto il resto del giorno. L'obice lungo si è evasato nella lumiera. Poco dopo il mezzodì sono stati dal comandante riuniti in consiglio tutti i capi dei corpi, per comunicar loro un decreto del governo, con che veniva ingiunto alla guarnigione di ritirarsi da Marghera, affine di serbarla alla successiva difesa della laguna. Onde si sono date le disposizioni, perché la ritirata seguisse nel maggiore ordine possibile, tenendone il segreto alle masse fino all'ora del movimento. Per l'artiglieria si è segretamente ordinato ai comandanti delle differenti opere della piazza quanto appresso:
1° Dalle cinque pom. in poi regolare il fuoco per modo da consumare l'eccedente munizione, e conservare solo quella necessaria sino al momento della ritirata, tenendone in serbo una parte pei casi imprevveduti, da gittarsi in acqua nel mo mento della ritirata.
2° Perchè il nemico cadesse in inganno e non sospettasse cosa alcuna nel vedere successivamente tacere il fuoco delle opere nell'ora della ritirata, e fare che credesse ad un cambiamento di tattica nei nostri fuochi, si è ordinato che dalle 6 pom. in poi si eseguissero in ogni mezz'ora tre scariche successive con tutte le artiglierie in batteria sulla fronte di attacco dalla dritta procedendo verso la sinistra, tacendo invece compiutamente negli intervalli.

3° Alle ore 10, dopo eseguite le consuete scariche alla lunetta n° XIV, al bastione n° VII ed al forte Manin, inchiodare i cannoni e danneggiarli in ogni maniera, gittare in acqua le rimanenti munizioni, e congiunti gli artiglieri di queste differenti opere alle guarnigioni di fanteria, ritirarsi col massimo silenzio per l'argine dritto del canale militare, che va a mettere capo di riscontro al forte S. Giuliano, per quivi imbarcarsi e ritirarsi a Venezia. Far tenere a quelli della lunetta n° XIV la via del cammino coperto innanzi al bastione n° VIII, affine di uscire sullo spalto della piazza d'armi rientrante fra lo stesso bastione e la controguardia n° IX. A quelli del bastione n° VII fare attraversare il fosso della faccia dritta del bastione n° VIII sul piccolo ponte di legno gittato innanzi all'estremo di questa faccia, e per la piazza d'armi rientrante farli andare a congiungersi agli altri sullo spalto. A quelli del forte Manin fare seguire l'abituale via di comunicazione, per la quale si giunge allo stesso sito. Quivi riuniti di legno le acque che sono alla dritta dell'argine stesso.

4° Cessato allo stesso modo il fuoco alle ore 10 1/2 alle lunette n° XII e XIII dopo eseguite le ultime scariche, doversi la gente ritirare nella cinta interna, lasciando a taluni pezzi delle micce accese, lunghe tanto, da fare che venisse loro comunicato il fuoco nel momento in cui quelle opere avrebbero dovuto eseguire le consuete scariche. Ma vietato espressamente di appiccare il fuoco alle mine, quivi apprestate dal genio solo per farle giuocare quando si fosse giunto a quel periodo dell'assedio, in che le dette lunette avrebbero dovuto cadere in potere del nemico; non già per una ritirata che richiede il massimo silenzio e segretezza.

5° Dopo ritirata la gente dalle lunette, innalzati i ponti e ben chiuse le porte che quivi conducono, innalzato il ponte di sinistra della cinta interna, eseguite le ultime scariche, in chiodati e danneggiati i cannoni e gettate in acqua le munizioni, doversi abbandonare la cinta esterna e tutti insieme ritirarsi pel ponte di dritta nella cinta interna.

6° Ritiratasi la gente dalle opere avanzate e dalla cinta esterna, innalzato il ponte di dritta, ed eseguite le ultime scariche ai bastioni n° II e III, la gente di questi doversi congiungere all'altra già ritirata nella cinta interna, e tutta insieme avviarsi per la strada ferrata.

7° Il bastione n° 1, la controguardia n° XI, il forte Rizzardi e la batteria dei Cinque Archi dover continuare a trarre sino a che non fosse interamente sgombra la cinta interna; quindi ritirarsi gli artiglieri della controguardia n° XI e del bastione n° I, di poi quelli del forte Rizzardi e da ultimo quelli della batteria dei Cinque Archi. Per non lasciare in potere del nemico i due cannoni da 24 che non avevano potuto montarsi al forte Rizzardi, si sono spediti a Venezia insieme a due burchi con munizioni giunte nelle ore pomeridiane. Si è cercato pure far caricare su di un burchio tutte le cartucce per fucili le quali erano di riserva nel forte, insieme a quant'altro mai potesse mettersi in salvo; ma una bomba caduta sul burchio nel momento che lo si stava caricando, lo ha affondato con tutto quello che conteneva. Nel corso del giorno si sono fatti montare due cannoni sopra affusti di marina al fianco dritto della lunetta n° X, per essere al caso di battere sul tratto della strada ferrata innanzi alla controguardia n° XI , donde potrebbe intercettarsi dal nemico la ritirata degli uomini del forte Rizzardi; perocchè due cannoni da campo messi a tal fine nel cammino coperto della controguardia, erano stati scavalcati dal nemico nei giorni precedenti. I preparativi della ritirata si è cercato eseguirli col massimo segreto, sino al punto di lasciare che gli artiglieri montassero il cannone scavalcato durante il giorno alla faccia sinistra del bastione n° XI; e nel mandare a Venezia le munizioni ed i due cannoni da 24, si è fatto credere che si facessero collocare a ridosso del forte S. Giuliano, affine di sottrarle al fuoco del nemico nel corso del giorno, e quindi farle ritornare nella vegnente notte. – Altre precauzioni si sono adoperate per eludere il rinvio a Venezia di parte della guarnigione e di materiale di ogni genere. – Di guisa che si è riusciti a tener celata l'impresa sino all'imbrunire, in che si è cominciato a menarla ad effetto.

31a notte.

Col sopraggiungere della notte, il nemico ha rallentato gran demente il fuoco, di guisa che la guarnigione ha potuto ritirarsi in perfettissimo ordine, senza che soffrisse alcuna perdita. Gli ordini dati nel giorno sono stati compiutamente eseguiti da tutti, di guisa che alle 10 112 erano già sgomberate tutte le lunette, il forte Manin ed il bastione n° VIII; alle 11 tutta la rimaneva che l'estrema retroguardia, la quale l'abbandonava pur essa mezz'ora dopo. La colonna ritiratasi per l'argine dritto del canale militare, giunta a riscontro del forte S. Giuliano, ha quivi trovato buon numero di grosse barche, nelle quali si è ritirata a Venezia. Appena la estrema retroguardia della colonna che ha proceduto per la strada ferrata, è giunta oltre quegli archi del ponte sulla laguna i quali erano stati precedentemente minati, si sono fatte giuocare le mine, e si è per tal modo intercetta ogni comunicazione col forte. In tutto il rimanente della notte pare che l'inimico non avesse sospettata la ritirata della guarnigione della piazza, perocché lo si è veduto quivi entrare alle 6 del mattino dopo essersi fatto precedere da parecchie esplorazioni. Era intendimento del comandante far tenere fermo qualche giorno al forte S. Giuliano, affine di dar tempo a compiersi gli apprestamenti per la difesa della seconda linea innanzi Venezia, ma nato sgomento nella sua guarnigione dopo sgomberato Marghera, lo si è dovuto abbandonare col fare del giorno. Nell'abbandonarlo si dava fuoco ad una mina apprestata sotto il magazzino delle polveri, la quale scoppiava non appena il nemico metteva il piede nel forte, arrecandogli danni gravissimi. Giornale militare il nostro, qui ci convien fermare, aggiungendo nelle seguenti pagine le tabelle de' tiri, per giorno, per ispecie, per numero, poiché questo è il vero e più preciso linguaggio del soldato scrittore. -

Relazioni austriache e italiane sull'assedio del forte di Marghera.

Relazione ufficiale del *Feldmarschall-Lieutenant* **Thurn**
Dal quartier-generale di casa Papadopoli, 28 maggio 1849.
Rapporto del tenente-maresciallo Thurn intorno all'assedio di Marghera.

Quantunque la caduta di Marghera, e l'occupazione di essa per parte delle nostre truppe, sien già pervenute a conoscenza dell'eccelso ministero della guerra, pure io mi credo in dovere di dare ulteriori dettagli su questa importante intrapresa, che ha speciale influenza sulla sorte di Venezia, in continuazione del mio rapporto in data 25 maggio.

E tanto più volentieri lo faccio, poiché mi trovo nella gradita situazione di rivolgere l'attenzione di questo eccelso ministero della guerra alle distinte prestazioni delle nostre brave truppe, le quali incominciarono tale impresa sotto le più difficili circostanze, e l'adempierono felicemente in brevissimo tempo, con rara perseveranza e bravura.

Com'ebbi l'onore di annunciarlo nell'anteriore umilissimo rapporto, il bombardamento, incominciato al 24, fu proseguito con vigore nella notte susseguente. Quantunque gli effetti del nostro fuoco fossero notevolissimi, essendosi smontato più d'un cannone nemico e ridotto in parte al silenzio anche parecchie opere, pure i risultati da parte nostra al 25 furono ancor più rilevanti.

A ciò contribuì specialmente la circostanza che, ad onta del più terribile fuoco nemico, durante la notte del 24 al 25, la nostra valorosa gente non temette sacrificio né fatica alcuna per ristabilire le demolite batterie N.° 3, 8 e 14, e per cambiare i cannoni smontati con nuovi. In questo giorno il nostro fuoco esercitò tale un'influenza devastatrice su tutte le batterie del nemico, che la maggior parte di esse non fu più in istato di proseguire il suo fuoco. La nostra brava ed agile artiglieria andava a gara, e de' quindici mila proiettili che furono scagliati e tirati in questo giorno, pochi soltanto fallirono la loro meta. Ne venne di conseguenza che il più degli edifizi nel forte, e perfin sei caserme libere da bombe, furono quasi totalmente distrutti, e molte opere demolite. Specialmente il forte Rizzardi e la batteria sporgente sul l'argine della strada ferrata, nonché il cavaliere nella caserma destra di difesa, venner ridotti a un mucchio di rovine, e il nemico non poté più servirsene in modo alcuno. Durante questo giorno, ci venne fatto di far saltare in aria due magazzini di polvere, fra' quali uno del genere più grandioso. Siccome, mediante la demolizione del forte Rizzardi, veniva favorito il nostro avanzamento dalla prima parallela, così io ordinai per la notte del 25 al 26 la continuazione de' lavori di trincea sull'ala destra; ma risolvetti, in mezzo a sì favorevoli circostanze, di aprir tosto le trincee dalla prima parallela fino alla sommità della terza.

Durante questo lavoro, io feci progredire il fuoco per tutta la notte da tutti i mortai, onde impedire al nemico di molestare i miei lavori, nonché di rimettere le sue batterie. Sul far del giorno, io apersi nuovamente il fuoco da tutte le batterie, ma lo feci scagliare specialmente su questi punti, da cui il nemico cercava di proseguire il suo fuoco. Del resto, egli cangiò tattica in quel giorno; approfittò principalmente di quel le linee ed opere, che per la loro posizione eran poco esposte al nostro fuoco, servendosi però sugli altri punti dell'artiglieria di campagna, con cui egli dopo pochi tiri mutò di luogo; e mediante queste batterie ambulanti si sottrasse, per quanto fu possibile, al fuoco devastatore de' nostri cannoni.

Verso la sera del 26 si fece poco a poco più debole il fuoco nemico; e siccome io credevo il nemico sufficientemente scosso dal costante bombardamento, diedi le disposizioni per un assalto generale, e così voleva adempiere il desiderio ardente, da sì lungo tempo nutrito da' miei bravi soldati. Però una pattuglia, avanzatasi di soppiatto la notte del 26 al 27 fino alla porta, scôrse con istupore che il nemico aveva in quella notte abbandonato Marghera. A tale notizia tutte le guardie delle trincee, e perfino i lavoranti, si precipitarono nel forte, e bentosto sventolò sulle sommità di esso la bandiera imperiale coll'aquila bicipite. Alle ulteriori opere di fortificazione del nemico apparteneva una forte batteria, armata di sei cannoni, ch'esso avea eretta sulla media piattaforma del ponte della strada ferrata, dopo averne fatti saltare i primi archi.

Dopo l'occupazione del forte di Marghera, la nostra truppa si avanzò verso il ponte della strada ferrata. Una parte di essa si avanzò fino agli archi fatti saltare in aria; l'altra si gettò nelle lagune e nuotò, sotto il fuoco de' cannoni nemici, fino al forte San Giuliano onde impossessarsi di esso. Ma disgraziatamente una granata nemica colpì quel magazzino delle polveri, ed oltre a venti di questi valorosi guerrieri, fra cui due distinti ufficiali, rimasero vittima del loro coraggio; essi saltarono in aria insieme a quello. Però il possesso, a caro prezzo acquistato, di questo forte ci rimase assicurato, e forma un vantaggioso punte d'appoggio pel nostro ulteriore avanzamento. Ora adunque che il forte di Marghera è acquistato, e giunti a termine i difficili lavori d'assedio, mi trovo ancora in dovere di esprimere la mia lode per le prestazioni del corpo assediante in generale.

Tutti i corpi di truppa gareggiarono di rara perseveranza, di coraggio e risolutezza, nell'adempimento dei loro doveri di servigio.

Nè i più faticosi lavori, in mezzo alla stagione sovente inclementissima, né i molteplici pericoli a cui essi erano esposti costantemente, valsero a scoraggiarli. Specialmente i corpi tecnici, e fra questi precipuamente l'artiglieria, manifestarono molteplici prove dell'abilità loro, del loro valore. Per altro in ciò hanno il maggior merito i signori generali e ufficiali; al loro zelo, alla loro bravura si deve il conseguimento di sì favorevoli risultati. Mentre mi riservo d'indicare in un posteriore ragguaglio i nomi di coloro che particolarmente si distinsero durante tutto l'assedio, mi permetto di nominare soltanto quelli che io considero precipuamente degni di essere raccomandati alla grazia sovrana; e sono: il colonnello di Schauroth e il tenente-colonnello di Rautz, del corpo degl'ingegneri; il tenente-colonnello di Bauernfeld e il maggiore Freuka del l'artiglieria. E finalmente il tenente-colonnello Schiller dello stato maggiore generale.

THURN, tenente-maresciallo.

Relazione dell'assedio di Marghera, inserito nel supplemento della *Wiener Tagblatt* del 1 giugno 1849.
Marghera, 27 maggio 1849.

Le operazioni d'assedio cominciate ai 6 avevano subìto un ritardo a motivo delle inondazioni prodotte dal nemico, il quale, favorito dalle continue piogge, era riuscito ad allagare le nostre trincee

coi cannoni e depositi di munizioni, in modo che per molti giorni i nostri soldati, per rimediare a questo inconveniente, dovettero lavorare coll'acqua sino alla cintola; alcuni posti più importanti stettero per dodici ore alla lunga coll'acqua sino al petto. Con gravi stenti si riuscì infine ad asciugare le trincee col forare l'argine della strada ferrata, procurando così uno scolo alle acque. Ai 24, alle ore cinque antimeridiane, cominciò il nostro fuoco da novantasei cannoni; il nemico rispondeva vivamente, e resistette per ben tre giorni, durante i quali noi facevamo fuoco senza interruzione, solo rallentando alquanto la notte per riparare le nostre batterie danneggiate, contro Marghera, il fortino della Stella, il forte Rizzardi e il forte San Giuliano. Noi soli abbiamo tirato sino oggi, 27, circa cinquantamila colpi, fra i quali trentuno mortai gettarono bombe, e quindici obici a granate, oltre a nove alla Paixhans. Almeno altrettanti colpi ha diretto il nemico contro di noi. Noi avemmo la fortuna di fargli saltare in aria sei magazzini di polvere e colare a fondo due bastimenti con munizioni, diretti a Marghera. Il nemico si sostenne bravamente, ad onta del nostro terribile fuoco. Alfine questa mattina ha abbandonato Marghera e i sopranominati forti, e si è ritirato a Venezia pel ponte della Laguna. Le nostre truppe occuparono immediatamente i forti abbandonati; però nel forte San Giuliano scoppiò una mina, che fece saltare in aria venti soldati e tre ufficiali. L'esplosione fu terribile; io stesso, che mi trovava sulla riva della Laguna, ne fui fortemente scosso. Marghera offre un aspetto spaventevole; non si può fare un passo senza incontrarsi nelle tracce di distruzione prodotta da noi: i pochi edifici sono un mucchio di rovine; i terrapieni e le palizzate distrutte in modo, che non si riconosce più la loro forma; insomma noi ammiriamo i nostri nemici, che hanno sostenuto questi giorni terribili senza cedere prima.
(Lettera di un corrispondente della *Wienertagblatt*.).

Ordine del giorno del generale in capo Guglielmo Pepe.
Venezia, 27 maggio 1849.

Il presidio di Marghera, che comandava il colonnello Ulloa, ha meritato l'ammirazione del Governo veneto, del generale in capo, ed otterrà gli applausi dell'Italia tutta, allorché si conoscerà la parte storica dell'assedio che sostenne contro le truppe e le artiglierie nemiche, per numero esorbitanti. Se si avesse potuto consultare, per la durata della sua difesa, soltanto l'audacia, il patriottismo, l'invincibil valore di osar tutto, di sopportare ogni fatica, onde erano animati i difensori della piazza, essa si sarebbe sostenuta per qualche altro giorno, ed avrebbero i nostri respinto più di un assalto. Ma il Governo, il generale in capo, il Consiglio di difesa decisero la sua evacuazione, riflettendo che la perdita di Marghera non compromette la sicurezza della Laguna; che le centocinquanta bocche da fuoco nemiche ne avrebbero scemato i mezzi di difesa; e che infine bisognava conservare quegl'intrepidi alla difesa indispensabile della nostra città e dell'estuario. Fu sgomberato perciò Marghera la notte scorsa, operandovi in tutt'ordine la ritirata.
Se noi deplorar dobbiamo perdite inapprezzabili, non ride il nemico per le sue numerosissime. Sopra il nostro presidio di duemila e cinquecento uomini di tutte le armi, quattrocento rimasero fuori di combattimento. Sappia il popolo della Venezia e d'Italia, che non si conosce piazza in terra-ferma la quale non debba cedere ad un assedio regolare, e che il nemico impiegò contro Marghera mezzi superiori a quelli che richiedonsi per la presa di una piazza di prima linea, mentre la nostra era, tutto al più, di terz'ordine. Dirà il nemico stesso in quale stato deplorabile fosse ridotto Marghera. Le polveriere a prova di bomba, e coperte di sacchi di terra, furono grandemente pregiudicate, e rese inservibili; le due casematte divenute mal sicure; le piatte-forme ed i parapetti disfatti; in fine molti pezzi posti fuor d'uso.
Nondimeno l'ordine conservavasi a segno tale, da potersi ben dire che agl'Italiani nulla manca, neppure la disciplina.

Il tenente-generale comandante in capo
GUGLIELMO PEPE.

Venezia, 4 giugno 1849. Relazione di Nicolò Tommaseo sulla difesa del forte di Marghera.

Marghera abbandonata, è di diritto più nostra che mai, perché guadagnata col sangue de' nostri fratelli. Non sarà sparso invano quel sangue. Perdite tali son più onorevoli che vittorie.

Acciocchè tutta Italia abbia notizia e ricordanza del come a Venezia si sia combattuto e patito, recherò alcuni pochi tra i molti esempi qui dati di virtuoso coraggio e di magnanima affezione. Durò tre giorni la pioggia su Marghera delle palle, delle bombe, delle granate, de' razzi.

La notte del dì 24 i mortai tacquero, non i cannoni. E ogni quarto d'ora cadevano quaranta bombe. E dal ventitré al venticinque possono contarsi settantamila colpi di distruzione varia scagliati dalle trincee del nemico. Smantellati i ripari, esposti e combattenti e cannoni, le casematte non più sicure; il suolo arato dalle bombe, e come a onde. Maggiore il numero delle artiglierie degli assalenti, e più lontano il tiro, e più possente l'impeto, e non men giusta la mira d'artiglieri esperti e dotti che de' nostri giovani, fatti valenti non da altro, che dalle ispirazioni del cuore. Nell'ampiezza del sito e nel trambusto mancando sovente i capi, la gioventù faceva da sé.

Nutrirsi di biscotto per tre dì e così stanchi (che il combattere era loro alimento), intanto che il nemico con forze sempre fresche, e serbandole lontane dal peri colo, risorgeva, bere l'acqua che scaturiva dalle buche aperte per l'impeto delle bombe; andar sotto il diluvio di quelle a prendersi le munizioni e ufficiali e militi semplici; le munizioni che pur venivano meno, e giunsero tardi quando era ordinato di ritirarsi, sì che parte dovette buttarsene nella Laguna, e di parte fare scialo da ultimo contro il nemico, e come disse i valoroso Rossarol a' suoi per non sgomentarli, tirare a festa portare a braccia i feriti, saltar sui cadaveri degli amici che per quarantott'ore giacquero accanto al cannone, spettacolo d pietà e di generosa ira, ma non di spavento; tale fu la vita de nostri, che fa ripensare le alte parole di Senofonte: « morirono irreprensibili nell'amicizia e nel valore ».

Son portate via a un combattente le gambe, egli cade applaudendo con le palme, e muore dicendo: *viva l'Italia.* A un altro del braccio non rimane che un brandello della pelle; e egli se la strappa, e la getta nel buco che gli scavò a' piedi l: bomba. In meno di mezz'ora quattro cadono ad un cannone bersaglio della mira nemica, dopo aver tratti quattro o cinque colpi ciascuno: s'avanza impavido il quinto, un già pacifico giovane, seduto per anni al tavolino d'un uffizio civile; ma il de gno maggiore Cosenz, napoletano, gli vieta esser vittima del su ostinato coraggio. Uno rimasto solo a caricare e ad appuntar per una giornata intera, fa tutto il servizio egli solo. Altri feriti nel braccio destro, e invitato che vada a curarsi, risponde con un pugno di troppo scusabile dispetto, e rimane. È atterrati la bandiera italiana: il maggior Rossarol va per rimetterla in alto; ma un cannoniere gl'invidia il pericolo, e corre in cima e discende non tocco.

Un Correr, patrizio, vecchio soldato di Napoleone, era venuto a far visita in quel dì festivo al figliuolo, ch'era de' Bandiera e Moro: una bomba l'abbatte morto; i figliuolo cade sul padre a soccorrerlo; la bomba, scoppiando lascia le due spoglie abbracciate. Non dirò la fermezza intrepida de' feriti: chi negli spasimi del taglio narra della battaglia; chi prega lo taglino basso, che riman tempo a tagliare più su; e spera anche senza una gamba ritornare al cannone; e con esempi di ciò si consola. Si dolgono per la patria, o del can none danneggiato, non del proprio dolore. Con la febbre ad dosso balzavano al combattimento; e uno di quelli a mezza via cascò sfinito sul ponte. Quando seppero del dovere abbandonar la fortezza, non potevano prestar fede: e taluni gridavano contro, e imaginavano strani sospetti, anziché imaginare la necessità, la possibilità dell'andarsene. E baciavano i cannoni e piangevano. Ai caccia tori del Sile fu forza fare inganno dicendoli destinati a difendere il ponte, e che altri verrebbero quivi in lor vece. Il prode Andreasi voleva dar fuoco alla polveriera, e là rimanere sepolto. Due dei Bandiera e Moro, uno de' quali patrizio, si recarono sulle spalle un compagno amato, al quale nella battaglia di Sorio due ferite all'una e all'altra spalla avevano data un'in segna d'onore, e ora la bomba spiccava il capo dal busto; e se ne portarono a Venezia il cadavere. Tutti valenti al debito loro, e così nella disciplina, come nell'ardimento, militi fatti. Ma se si potesse distinguere, converrebbe in ispecialità rammentare i *Bandiera* e *Moro,* schiera sacra di giovani, che spontanei abbandonarono gli abiti del viver lieto, e durarono non solo contro i pericoli e i disagi, ma contro gli ostacoli e freddezze e le sconoscenze. Di varie città, di varie province, nobili, studenti, ricchi figli di magistrati, scrittori, uguali tutti e ne' modi, e nel sentire, e nel salario ai più poveri. Tra loro il servo de' fratelli Bandiera, che disse: *il 22 marzo io era già morto: tutto quel che io fo, oramai, gli è un di più.*

Tutti rassegnatamente sereni, ilarmente pensosi della patria, consci della nuova dignità del loro e del comune destino. Di quasi dugento, in tanto infuriar della guerra, sei soli morti, ventiquattro feriti. Il maggiore Sirtori, milanese, che era per tutto, quasi sfidando le bombe, pareva temuto da quelle, e con la sua pace invulnerabile ispirava ammirazione e fidanza. Il colonnello Ulloa, che da Marghera ritornò generale, si guadagnò questo titolo. Il nemico ebbe una fortezza di terzo ordine, perché l'assaltò con forze esorbitanti, diffidando vergognosamente del proprio valore: ebbe la fortezza, non vinse.

ORDINE DI BATTAGLIA AUSTRIACO IN VENETO AL 22 MARZO 1849

II. Armee-Korps				
Comandante: *Feldmarschall-Lieutenant Freiherr* d'Aspre	btg	sqd	pz	Padova
Capo di S.M.: Major von Schmerling				
Korps Adjuatant: Major Taude				
Division: *Feldmarschall-Lieutenant Graf* Wimpffen				Stato Maggiore a Padova
Brigade: *General-Major Friedrich Fürst* Liechtenstein				Stato Maggiore a Padova
1. Bat. *Warasdiner St. Georger Grenz-Reg.* Nr. 6	1			Ferrara
1. Bat. *Peterwardeiner Grenz-Reg.* Nr. 9	1			Venezia
8. *Feldjäger-Bataillon*	1			Rovigo, Este e Polesella
9. *Feldjäger-Bataillon*	1			Padova
6pf. *Fussbatterie* Nr. 4			6	Vicenza
Brigade: *General-Major* Wilhelm *Fürst* Taxis				Stato Maggiore a Vicenza
1. e 2. Bat. *Piret Infanterie-Reg.* Nr. 27	2			Vicenza
1. e 2. Bat. *Erzherzog Franz Carl Infanterie-Reg.* Nr. 52	2			Padova
6pf. *Fussbatterie* Nr. 4			6	Vicenza
Division: *Feldmarschall-Lieutenant Graf* Ludolf				Stato Maggiore a Treviso
Brigade: *General-Major* Auer				Stato Maggiore a Udine
1. Bat. *Banal-Grenz-Reg.* Nr. 10	1			Conegliano, Belluno
1. Bat. *Banal-Grenz-Reg.* Nr. 11	1			Bassano, Ceneda, Serravalle
3. Bat. *Zanini Infanterie-Reg.* Nr. 16	1			Treviso
3. Bat. *Erzherzog Ferdinand d'Este Infanterie*-Reg. Nr. 26	1			Udine, Palmanuova
Brigade: *General-Major* von Culoz				Stato Maggiore a Venezia
3. Bat. *Wimpffen Infanterie*-Reg. Nr. 13	1			Venezia
1. e 2. Bat. *Kinsky Infanterie*-Reg. Nr. 47	2			Venezia
Grenadier-Bat. Angelmayer (IR. 16 e 26)	1			Venezia
5. Battaglioni di guarnigione	1			Venezia, Mestre e Chiggia
Division: *Feldmarschall-Lieutenant* Hannibal *Fürst* Taxis				Stato Maggiore a Verona
Brigade: *General-Major* Boccalari				Stato Maggiore a Verona
1. e 2. Bat. *Erzherzog Franz d'Este Infanterie-Reg.* Nr. 32	2			Mantova
1. e 2. Bat. *Haugwitz Infanterie-Reg.* Nr. 38	2			Mantova
6. Battaglioni di Guarnigione	1			Mantova
Pionieren		4		Verona
6pf. *Fussbatterie* Nr. 5			6	Mantova
Brigade: *General-Major* Johann Graf Nugent				Stato Maggiore a Verona

	Batt	Sq	Pz	forza
1. Bat. *Brooder Grenz-Reg.* Nr. 7	1			Verona
3. Bat. *Erzherzog Sigismund Infanterie-Reg.* Nr. 45	1			Verona, Legnago e Peschiera
1. e 2. Bat. *Erzherzog Ernst Infanterie-Reg.* Nr. 48	2			Verona
6pf. *Fussbatterie* Nr. 6			6	Verona
Brigade: *General-Major* Ferdinand Freiherr von Simbschen				Stato Maggiore a Verona
Reuss-Huszaren Nr. 7		8		Padova, Parma, Reggio, Rovigo
Windischgrätz-Chevaulegers Nr. 4		8		Verona, Vicenza, Mantova e Treviso
6pf. *Cavallerie-Batterie* Nr. 5			6	Verona
Reserve-Artillerie:				
12 *pf. Batterie* Nr. 2 e *Raketen-Batterie* Nr. 2			12	Verona
Totale del II. Armee-Korps	26	4	16	42 circa 30,000 uomini

ORDINE DI BATTAGLIA IMPERIALE IN VENETO, LUGLIO 1848.

	Batt	Sq	Pz	forza
Armee-Kommando				
Comandante in Capo: *Feldmarschall Graf* Radetzky				
Capo di S.M.: *Oberst* Johann *Graf* Wratislaw				
Adjutant-General: *Feldmarschall-Lieutenant* Carl von Schönhals				
I. Armee-Korps				
Comandante: *Feldmarschall-Lieutenant* Eugen *Graf* Wratislaw				
Capo di S.M.: *Oberstlieutenant* von Nagy				
Korps Adjutant: *Major* von Woyciechowski				
Comandante l'Artiglieria: *Major* Olivenberg				
Division: *Feldmarschall-Lieutenant* von Weigelsperg				
Brigade: *General-Major Graf* Strassoldo				3600
10. *Feldjäger-Bataillon*	1			
2. Bat. *Warasdiner Kreuzer-Grenzer* Nr. 5	⅔			
1. e 2. Bat. *Hohenlohe-Infanterie* Nr. 17	2			
Radetzky-Husaren Nr. 5		2		
6 *pfündige Fussbatterie* Nr. 2			6	
Brigade: *General-Major Graf* Clam				3900
1. Bat. *Liccaner-Grenzer* Nr. 1	1			
1. Bat. *Gradiscaner-Grenzer* Nr. 8	1			
1. e 2. Bat. *Prohaska-Infanterie* Nr. 7	2			
Radetzky-Husaren Nr. 5		2		
6 *pfündige Cavallerie-Batterie* Nr. 1			6	
Division: *General-Major* Heinrich *Freiherr* von Rath				
Brigade: *General-Major* von Suplikatz				3900
2. Bat. II. *Banal-Grenzer* Nr. 11	1			
1., 3. e Lewehr-Bat. *Latour-Infanterie* Nr. 28	2⅓			
Radetzky-Husaren Nr. 5		2		
Raketen-Batterie Nr. 1			6	
Brigade: *General-Major* von Wohlgemuth				3500
4. Bat. *Kaiser-Jäger*	1			
1. e 2. *Bat. Oguliner-Grenzer* Nr. 3	2			
3. Bat. *Erzh. Albrecht-Infanterie* Nr. 44	1			
Radetzky-Husaren Nr. 5		2		

6 *pfündige Fussbatterie* Nr. 3			6	
Geschütz-Reserve:				
6 *pfündige Cavallerie-Batterie* Nr. 3, 12 *pfündige Batterie* Nr. 1, 1 *Pionnier. Comp.*			12	
Totale I. Armee-Korps	15	8	36	15200
II. Armee-Korps				
Comandante: *Feldmarschall-Lieutenant Freiherr* D'Aspre				
Capo di S.M.: *Major* von Schmerling				
Korps Adjutant: *Oberstlieutenant* Taude				
Comandate l'Artiglieria: *Major* Pittinger				
Division: *Feldmarschall-Lieutenant* Franz *Graf* Wimpffen				
Brigade: *General-Major* Friedrich *Fürst* Liechtenstein				3900
2. *Bat. Kaiser-Jäger*	1			
9. *Feldjäger-Bataillon*	1			
1. e 2. Bat. *Erzherzog Franz Carl-Infanterie* Nr. 52	2			
Reuss-Huszaren Nr. 7		2		
6 *pfündige Cavallerie-Batterie* Nr. 2			6	
Brigade: *General-Major* Ferdinand *Freiherr* von Simbschen (21-27 Luglio, *Oberst* Kerpan)				3200
1. e 2. Bat. *Szluiner-Grenzer* Nr. 4	1⅓			
1. e 2. Bat. *Kinsky-Infanterie* Nr. 47	2			
Reuss-Huszaren Nr. 7		2		
6 *pfündige Fussbatterie* Nr. 6			6	
Division: *Feldmarschall-Lieutenant* Franz *Graf* Schaaffgotsch				
Brigade: *General-Major* Edmund *Fürst* Schwarzenberg				3100
2. *Wiener Freiwilligen-Bataillon*	⅔			
1. e 2. Bat. *Kaiser-Infanterie* Nr. 1	2			
Haugwitz-Infanterie Nr. 38 *combinert*	1			
Kaiser-Uhlanen Nr. 4		1		
6 *pfündige Fussbatterie* Nr. 4			6	
Brigade: *General-Major* Samuel *Graf* Gyulai				2800
11. *Feldjäger-Bataillon*	1			
2. Bat. *Warasdiner S. Georger-Grenzer* Nr. 6	1			
1. e 2. Bat. *Erzherzog Ernst-Infanterie* Nr. 48	2			
Kaiser-Uhlanen Nr. 4		1		
6 *pfündige Fussbatterie* Nr. 5			6	
Geschütz-Reserve:				
6 *pfündige Cavallerie-Batterie* Nr. 7, 12 *pfündige Batterie* Nr. 2, *Raketen-Batterie* Nr. 2			18	
1 *Pionier. Comp.*				
Totale II. Armee-Korps	15⅓	6	42	13400
III. Armee-Korps				
Comandante: *Feldmarschall-Lieutenant* Graf Thurn-Valle-Sassina				
Capo di S.M.: *Major* Maroicic				
Korps Adjutant: *Major* von Bils				
Comandante l'Artiglieria: *Hauptmann* Samek				
Division: *Feldmarschall-Lieutenant Graf* Lichnowsky				
Brigade: *General-Major* von Mátiss				3100

Al comando del l'*Oberst Freiherr* von Zobel sulla riva destra dell'Adige ad Avio				
3. Bat. *Kaiserjäger*	⅔			
2. Bat. *Erzherzog Ludwig-Infanterie* Nr. 8	⅔			
2. Bat. *Grossherzog von Baden-Infanterie* Nr. 59	⅔			
⅓ 6pfündige *Fussbatterie* Nr. 12 e ½ *Raketen-Batterie* Nr. 6			5	
Al comando del *Major* Greschke , sulla riva sinistra dell'Adige ad Ala				
3. *Wiener Freiwilligen-Bataillon*	⅔			
2. Bat. *Grossherzog von Baden-Infanterie* Nr. 59	⅓			
Liechtenstein-Chevauxlegers Nr. 5		½		
6pfündige *Fussbatterie* Nr. 11			6	
Comando indipendente dell' *Oberst von* Alemann a Condino, Pieve di Buono e Tione				3000
3. *Feldjäger-Bataillon*	1			
⅓ 6pfündige *Fussbatterie* Nr. 12			2	
Al comando dell' *Oberstlieutenant Graf* Bernay-Favancourt a Riva, Val di Ledro e Torbole				
3. Bat. *Kaiserjäger*	1/6			
3. Bat. *Grossherzog von Baden-Infanterie* Nr. 59	⅔			
Al comando dell'*Oberstlieutenant Freiherr* von Hohenbruck a Brentonico e S. Giacomo				
3. *Wiener Freiwilligen-Bataillon*	⅓			
3. Bat. *Kaiserjäger*	1/6			
1. Bat. *Erzherzog Ludwig-Infanterie* Nr. 8	1			
½ *Raketen-Batterie* Nr. 6			3	
Riserva a Rovereto				900
3. Bat. *Grossherzog von Baden-Infanterie* Nr. 59	⅓			
Liechtenstein-Chevauxlegers Nr. 5		2½		
⅓ 6 *pfündige Fussbatterie* Nr. 6			2	
Totale III. Armee-Korps	6⅔	3	18	7000
IV. Armee-Korps				
Comandante: *General-Major* von Culoz				
Stato Maggiore non ancora formato				
Brigade: *General-Major* Franz *Fürst* Liechtenstein				3400
2. Bat. *Deutschbanater-Grenzer* Nr. 12	1			
1. e 2. Bat. *Haynau-Infanterie* Nr. 57	2			
Erzherzog Carl-Uhlanen Nr. 3		2		
6 *pfündige Fussbatterie* Nr. 6 e ½ 6pfündige *Cavallerie-Batterie* Nr. 9			9	

CRONOLOGIA DEI MAGGIORI AVVENIMENTI DEL 1848-49 IN ITALIA.

1848

12 gennaio. Rivolta a Palermo. Gli insorti rivendicano la concessione di una Costituzione e costringono le truppe borboniche ad abbandonare la città. In pochi giorni il moto insurrezionale si estende ad altre aree dell'isola e del Regno delle Due Sicilie, fino a raggiungere Napoli.

Febbraio – marzo. Incalzati dal divampare delle insurrezioni, i sovrani del Regno delle Due Sicilie, del Granducato di Toscana, del Regno di Sardegna e dello Stato Pontificio concedono la Costituzione.

4 marzo. Viene promulgato lo Statuto Albertino. La nuova legge fondamentale concessa dalla monarchia sabauda fissa un regime costituzionale parlamentare nel quale, come recita l'articolo 5, «al Re solo appartiene il potere esecutivo», in quanto «Capo Supremo dello Stato». Lo Statuto riconosce l'uguaglianza dei cittadini di fronte alla legge, la libertà di stampa, l'inviolabilità della proprietà privata e il diritto di libera assemblea. Il cattolicesimo è «la sola Religione dello Stato», mentre gli altri culti sono «tollerati conformemente alle leggi» (art. 1). Tra marzo e giugno re Carlo Alberto emana tre decreti per la concessione di diritti civili e politici agli ebrei. Lo Statuto Albertino sarà l'unica carta costituzionale concessa nel 1848 a non essere abrogata al termine del biennio rivoluzionario. Rimarrà anzi in vigore fino alla Costituzione repubblicana del 1948.

17 marzo. Venezia insorge. Manin e Tommaseo vengono liberati. In pochi giorni gli austriaci sono cacciati dalla città.

18 marzo. Il popolo milanese, dopo mesi di tensioni, scatena la rivolta. È la prima delle *cinque giornate* che liberano Milano dall'occupazione austriaca.

20 marzo. Sollevazioni a Modena e a Parma. I sovrani scappano e si formano governi provvisori.

22 marzo. Le truppe austriache si ritirano da Venezia e Milano per riorganizzarsi nel «quadrilatero» tra Mantova, Peschiera, Verona e Legnago.

23 marzo. Viene proclamata la Repubblica Veneta, che durerà 17 mesi. Il Piemonte dichiara guerra all'Austria. Inizia la Prima Guerra di Indipendenza.

Maggio – luglio. Parma, Piacenza, Modena, Reggio, la Lombardia e la Repubblica di Venezia decidono l'annessione al Regno dell'Alta Italia, con re Carlo Alberto.

15 maggio. Colpo di stato reazionario a Napoli. Ferdinando II di Borbone scioglie il Parlamento e revoca la Costituzione.

29 maggio. Battaglia di Curtatone e Montanara. Lo slancio di giovani volontari, in netta inferiorità, argina l'avanzata austriaca e permette alle truppe piemontesi di ottenere il giorno successivo la vittoria di Goito.

30 maggio. Carlo Alberto sconfigge Radetzky a Goito.

25 luglio. I piemontesi vengono battuti nella battaglia di Custoza.

9 agosto. L'armistizio firmato a Vigevano sancisce la sconfitta del Regno di Sardegna. Solo Venezia resiste.

10 agosto. Inizia il bombardamento di Marghera.

11 agosto. Manin assume la dittatura temporanea.

13 agosto. Triumvirato composto da Manin, Graziani e Cavedalis.

27 ottobre. Sortita di Mestre.

1849

9 febbraio. Proclamazione della Repubblica romana. Il papa fugge a Gaeta. La Repubblica durerà fino al 3 luglio.

20-23 marzo. Carlo Alberto riprende la guerra contro l'Austria ma viene sconfitto definitivamente presso Novara. Abdica a favore del figlio Vittorio Emanuele II e va in esilio in Portogallo.

23 marzo-10 aprile Le *dieci giornate di Brescia*. La sollevazione della città è domata con ferocia dagli austriaci di Haynau dopo una strenua lotta.

5- 11 aprile. Alla notizia dell'armistizio Genova insorge per continuare la guerra. Verrà cannoneggiata e saccheggiata dai piemontesi.

Aprile – maggio. Mentre Ferdinando II di Borbone riprende il controllo della Sicilia, anche in Toscana fallisce la breve esperienza della Repubblica cominciata in gennaio.

26 aprile. Inizia il bombardamento di Marghera.

26 maggio. Marghera viene evacuata.

2 luglio. Fallito lancio di bombe con palloni aerostatici su Venezia.

4 luglio La Repubblica romana cede alla superiorità militare delle truppe francesi accorse in aiuto al papa ed è costretta alla resa.

7 luglio. Fallito colpo di mano austriaco contro la batteria S. Antonio.

28- 30 luglio. Bombardamento intensivo della città di Venezia.

24 agosto Anche Venezia si arrende, piegata dalla mancanza di viveri e dall'infuriare del colera.

▲ Vittorio Emanuele, appena diventato re di Sardegna, rifiuta di ritirare lo Statuto come chiesto da Radetzky

NOTA BIBLIOGRAFICA

AAVV, *Venezia Quarantotto. Episodi, luoghi, protagonisti di una rivoluzione, 1848-1849*, Milano, 1998
AAVV, *Storia di Venezia, L'ottocento e il novecento 1 - Venezia città suddita, 1797-1866*, Roma, 2002.
R. Agazzi, *La rivoluzione del 1848. La rinascita della patria*, vol. I, Udine, 2015.
A. M. Banti, P. Ginsborg, *Storia d'Italia. Annali 22. Il Risorgimento*, Torino, 2007.
Ugo Bassani (cur.), *Venezia nel 1849, Cronaca inedita*, Milano, 1938.
D. Beales, Eugenio F. Biagini, *Il Risorgimento e l'unificazione d'Italia*, Bologna, 2005.
S. Bedolo, *Storia esatta dei fatti del 22 marzo 1848 in Venezia*, Venezia, 1848.
P. Bertolazzi, *Cronache risorgimentali. 1831-1849*, Bologna, 1999.
C. Bianchi, *Venezia e i suoi difensori (1848- 49). Memorie storiche*, Milano, 1863.
G. Candeloro, *Storia dell'Italia moderna*. III. *La rivoluzione nazionale (1846-1849)*, Milano, 1970.
Carteggio diplomatico del Governo provvisorio di Venezia co'Governi di Inghilterra e Francia e con le Autorità austriache, Venezia 1849.
F. Carrano, *Della difesa di Venezia negli anni 1848-49*, Genova, 1850.
Consiglio Regionale del Veneto, *La Rivoluzione a Venezia. Diario degli avvenimenti, marzo 1848- agosto 1849,* Venezia,2011
P. Contarini, *Memoriale veneto storico- politico 1848- 1849*, II ed., Venezia, 1874.
F. Cusani, *Venezia e le città venete nella primavera del 1848. Narrazione e riflessi*, Milano, 1848.
A. Errera, *Vita di Daniele Manin*, Venezia, 1872.
J. Debrunner. *Venezia nel 1848- 49. Avventure della compagnia svizzera durante l'assedio fatto dagli Austriaci*, Torino, 1850.
P. de la Farge, *Documents ...de Daniele Manin*, Paris, 1860.
F. Della Peruta, *L'Italia del Risorgimento. Problemi, momenti e figure*, Milano, 1997.
F. dell'Ongaro, *Venezia l'11 Agosto 1848*, Capolago, 1850.
G. Fantoni, *I fasti della Guardia Nazionale del Veneto negli anni 1848 e 49*, Venezia, 1870.
E. Favara, *1848: la rivoluzione del Risorgimento*, Bologna. 2012.
A. Frediani, *101 battaglie che fecero l'Italia*, Roma, 2011.
P. Galletto, *La vita di Daniele Manin e l'epopea veneziana del 1848-49*, San Zenone degli Ezzelini, 1999.
I. Ghiron, *Il valore italiano: storia dei fatti d'armi e atti di valore compiuti dal 1848 al 1870 per l'indipendenza d'Italia*, I, Roma, 1883.
C. Gibin (cur.), *1849- 1849. L'insurrezione di Chioggia. Atti delle conferenze tenute a Chioggia in occasione del 150° anniversario dei moti del 1848-1849*, Venezia- Chioggia, 2008.
P. Ginsborg, A. Bernardello, P. Brunello, *Venezia 1848-49. La rivoluzione e la difesa*, Venezia, 1979.
P. Ginsborg, *Daniele Manin and the Venetian Revolution of 1848-1849*, Cambridge, 1979.
A. von Hilleprandt, *Der Feldzug in Oberitalien im Jahre 1848*, Wien, 1867.
F. Herre, *Radetzky. Eine Biographie*, Köln, 1981.
E. Jäger, *Storia documentata dei corpi militari veneti e loro alleati 1848- 49*, Venezia, 1880.
A. Le Masson, *Venise en 1848 et 1849,* Paris, 1851 (tr.it. *Venezia nel 1848 e 1849*, Venezia [ma in realtà Lugano], 1851).
D. Mack Smith, *Il Risorgimento italiano: storia e testi*, tr.it. Roma-Bari, 1999.
H. Martin, *Daniele Manin*, Paris, 1859.
M. Marzari, "Dodici bragozzi e una tartana verso la libertà: lo sfortunato tentativo di Garibaldi di raggiungere Venezia nel 1849", *Rivista marittima*, luglio 1985.
Memorie istoriche dell'Artiglieria Bandiera- Moro. Assedio di Marghera e fatti del ponte di Venezia, Capolago, 1850.
Miscellanea veneziana (1848- 1849), Roma, 1936
A. Noaro, *Dei Volontari in Lombardia e nel Tirolo e della Difesa di Venezia nel 1848- 49. Memorie di Agostino Noaro, Maggiore*, Torino, 1850.
G. Pepe, *L'Italia negli anni 1847, 48 e 49. Continuazione delle Memorie*, Torino, 1850.
G. Pepe, *Histoire des Revolutions et des guerres d'Italie, 1847- 1849*, Paris, 1850.

P. Pieri, *Storia militare del Risorgimento*, Torino, 1962.
C. A. Radaelli, *Storia dell'Assedio di Venezia negli anni 1848- 1849*, Napoli, 1864
M. Rapport, *1848. L'anno delle rivoluzioni*, tr.it. Roma- Bari, 2009.
P. Romeo di Colloredo Mels, *Luigi Fernaroli e la rivolta veneziana del 1848* in M. Chinaglia (cur.) *"Ad onore a memoria ad eccitamento di fatti gloriosi...". Memorie risorgimentali fiessesi. Atti del pomeriggio di studi storici nel 150°anniversario della liberazione del Veneto dal dominio austriaco (3 dicembre 2016)*, Fiesso Umbertiano, 2017 (in corso di pubblicazione).
M. Rosi, *Dizionario del Risorgimento. Dalle origini a Roma capitale. Fatti e persone*, Milano, 1931-1937.
L. Salvatorelli, *Pensiero e azione del Risorgimento*, Torino, 1943.
M. Scandigli, *Le grandi battaglie del Risorgimento*, Milano, 2001.
Mauro Scroccaro e Alessandro Busso, *1848-1849 Cento Svizzeri per i forti di Venezia. La "Compagnia Cacciatori Svizzeri" alle battaglie del Risorgimento veneziano*, Venezia, 2010.
Venezia libera. Cenni sull'attuale suo governo, sulla milizia cittadina, sull'esercito di terra e di mare, sulle fortificazioni dell'estuario ecc. Con brevi memorie intorno ai principali fatti accaduti dal 17 Marzo al 31 Dicembre 1848. Giornale per l'anno 1849, Venezia, 1849.
L. Villari (a cura di), *Il risorgimento. IV. La prima guerra d'indipendenza 1847-1848*, Roma, 2007.
L.Villari (a cura di), *Il risorgimento. V. La repubblica romana, Brescia e Venezia 1848-1850*, Roma, 2007.
A. Zorzi, *La repubblica del Leone. Storia di Venezia*, Milano 1979.
A. Zorzi, *Venezia Austriaca*, Milano 1986.
A. Zorzi, *Canal Grande*, Milano, 1991.

▲ Il Leone morente, monumento alla Repubblica veneta del 1848-49. Chioggia, Palazzo Comunale

PUBBLICAZIONI STORIA

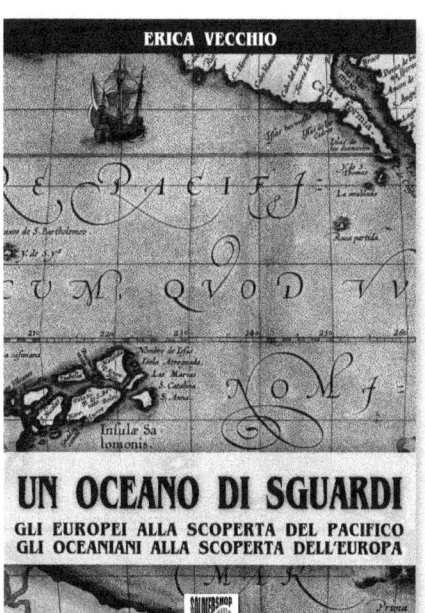

www.ingramcontent.com/pod-product-compliance
Lightning Source LLC
LaVergne TN
LVHW081542070526
838199LV00057B/3755